KB194269

라이프니츠의 형이상학

박제철

1971년 강원도 춘천에서 태어나 서강대학교 사회학과와 같은 대학 철학과 대학원을 졸업했다. 파리 소르본대학 철학과에서 박사학위(「라이프니츠 철학 체계 내에서의 여러 존재자들의 구조와 동일성」)를 취득했고, 현재 서울시립대학교 객원교수로 재직하고 있다. 역서로 『형이상학 강의: 전통 형이상학에 대한 분석적 탐구』가 있으며, 「라이프니츠 철학의 결정론적 성격: 가능세계와 개체의 통세계적 동일성」, 「라이프니츠의 시간론」 등의 논문이 있다.

서강학술총서 049

라이프니츠의 형이상학

박제철 지음

서강대학교 출판부

서강학술총서 049

라이프니츠의 형이상학

초판발행 | 2013년 1월 30일
4쇄 발행 | 2019년 1월 20일
지 은 이 | 박제철
발 행 인 | 박종구
편 집 인 | 이정재
발 행 처 | 서강대학교출판부
등록번호 | 제2002-000170호

주 소 | 서울특별시 마포구 백범로 35번지
전 화 | (02) 705-8212
팩 스 | (02) 705-8612

ⓒ 박제철, 2013 Printed in Korea
ISBN 978-89-7273-222-8   94110

값 22,000원

* '서강학술총서'는 SK SUPEX 기금의 후원으로 제작됩니다.

이 책은 라이프니츠 형이상학에 대한 연구서이다. 전체 9장으로 구성되어 있고, 각 장에서 라이프니츠의 주요 형이상학적 견해들을 검토한다. 1장은 라이프니츠의 생애와 저작, 그리고 라이프니츠 철학에 대한 연구 동향을 살피는 데 할애되었다. 라이프니츠 형이상학에 대한 연구서에 이러한 장을 넣은 이유는 라이프니츠의 사상을 이해하기에 앞서 그가 어떤 삶을 살았는지 보여줌으로써 약간의 흥미를 돋우기 위해서이다. 독자들은 극도로 추상적인 사유를 보이고 있는 라이프니츠가 우리와 마찬가지로 힘든 삶을 살았음을 보게 될 것이다. 그리고 간혹 우리에게 감동을 주는 그런 그의 삶의 장면들도 보게 되기를 기대한다.

2장에서는 라이프니츠의 철학 체계 전체를 간략하게 그려봤다. 본격적인 형이상학적 주제에 들어가기 전에 라이프니츠 형이상학의 전체 구조를 그려본다면 세부 주제들에 대한 이해가 높아질 것이다. 간략한 스케치이기에 등장하는 용어들 각각에 대한 자세한 설명은 생략되었다. 그런 용어들에 대한 설명은 3장 이후에 이루어질 것이다. 2장에서는 그저 흐릿하긴 하지만 전체를 그리고 있는 그런 그림을 보여주고자 했다.

이런 큰 그림을 얻게 되면 다음 장들을 이해하는 데 도움이 될 것이다.

3장에서 9장까지는 본격적인 형이상학적 주제들이 다루어진다. 개념, 관념, 진리론, 개체의 구조, 시간에 대한 라이프니츠의 견해, 개체의 시간적 지속, 라이프니츠 철학의 결정론적 성격, 물질과 물질적 실체 등이 그것이다. 이 모든 주제들은 서로 독립적이지만 그럼에도 불구하고 다음과 같은 한 가지 물음에 대한 답으로서 고찰된다. "개체와 개체가 가지는 속성만 가지고 이 모든 것들이 설명될 수 있는가?" 이 물음이 무엇을 뜻하는지는 2장 "전체 체계" 부분을 읽어보면 명확해질 것이다. 다만 지금은 다음과 같은 점만을 언급하고 넘어가도록 한다. 이 책은 라이프니츠 형이상학의 여러 주제들을 고찰하고 있는데, 이 모든 주제들은 서로 독립적이지만, 통일적으로 이해될 수 있다. 이것은 이 책의 목적이기도 하다. 서로 관련 없어 보이는 주제들에 대한 통일적 설명 말이다. 이 목적이 이루어진다면, 독자들은 라이프니츠 형이상학에 대한 체계적 이해를 얻을 수 있을 것이다.

1999년에 프랑스로 유학을 가서 라이프니츠 철학 공부를 시작했다. 벌써 13년이 지났다. 학위를 따야 했기에 열심히 한 면도 있지만, 처음 생각했던 것보다 훨씬 더 재미가 있어서 다행이라고 생각한다. 그러나 13년의 시간의 결과물이라고 하기에는 이 책이 너무 피상적이라는 생각이 든다. 구체적이며 아주 치밀한 연구서의 예로서, 본 저서에서 인용되고 있는 애덤스의 저작을 들 수 있을 것 같다. 애덤스의 경우, 예를 들자면, 날짜가 적혀 있지 않은 라이프니츠의 원고들에 추정 가능한 날짜들을 부여한 다음, 부여된 날짜가 옳다는 가정 하에서 그 원고의 특정 구절이 어떻게 해석되어야 할지를 정하고 있다. 누군가의 생각을 읽는 데 있어서, 마치 고고학자가 숨겨진 유적을 찾아나가는 과정과 같은 그런 과정을 거치는 것이다. 그래서 하나의 해석적 길을 따라가다가 막히면 다른 해석적 길을 따라가 보고, 그래도 막히면 또 다른 길을 모색해보는 그런 식이다. 이런 이유에서 복잡함도 생기지만, 그만큼의 깊이를 가지게 된다. 필자는 그렇게 하지 못했다. 그래서 애덤스의 책보다 덜 복잡할 것이며, 깊이는 떨어질 것이다. 필자는 이것을 장점으로 봐주길 독자들에게 부탁한다. 이런 단순함으로 인해 빠르고 선명한 이해가 생길 것이라고 생각해주시길.

이제 이 책이 나오는데 도움을 주신 분들을 떠올릴 때인 것 같다. 많은 분들이 많은 도움을 주셨다. 우선 은사이신 서강대 강영안 선생님께 감사드린다. 유학을 갈 때, 유학을 마치고 왔을 때, 선생님의 격려는 많은 힘이 되었다. 서양근대철학회의 여러 선생님들께 감사드린다. 논쟁의 장을 열어주시고, 지켜주신 분들이다. 익명의 두 심사위원께도 감사드린다. 많은 문제들을 지적해주셨고, 그 문제들을 해결하면서 책의 내용이 좋아졌다. 서강대학교 출판부에 감사의 말씀을 전한다. 많은 수고와 도움을 주셨다. 마지막으로, 이 자리에서 언급하지는 않았지만, 내가 항상 고마운 마음을 갖고 있는 많은 분들이 계신다. 이 자리를 빌려 그분들께 감사드린다.

2013년 겨울
박제철

차례

제1장
생애와 저작, 연구 동향

1. 생애와 저작

1) 유년기(1646~1672)

고트프리트 빌헬름 라이프니츠(Gottfried Wilhelm Leibniz)는 1646년 7월 1일에 독일의 라이프치히(Leipzig)에서 태어났다. 30년 전쟁이 막 끝나기 2년 전이었고, 그로 인한 혼란의 시기였다. 이때는 지적 세계의 대가들이 모여 있는 시기이기도 한데, 당시 홉스는 58세, 데카르트는 50세, 호이겐스는 17세, 스피노자와 로크는 14세, 말브랑슈는 8세, 그리고 뉴턴은 3세였다. 아버지 라이프니츠(friedrich Leibniz, 1597~1652)는 라이프치히 대학의 도덕철학 교수였고, 어머니 슈무크(Catherina Schmuck, 1621~1664)는 라이프치히 대학 법학과 교수의 딸이었다. 아버지는 라이프니츠가 6세이던 1652년에 죽고, 어머니가 라이프니츠의 교육을 맡게 된다. 학교에 들어가

---

* 이 장의 주요 내용은 다음과 같은 문헌들에 기초해 작성되었다.
Cambridge Companion to Leibniz, The Philosophy of Leibniz, 『라이프니츠』.

기 전 일곱 살 때 라이프니츠는 아버지의 도서관에서 시인 · 연설가 · 역사가 · 법학자 · 철학자 · 수학자 · 신학자들에 대한 방대한 독서를 하는데, 이를 통해 그는 여러 고전, 스콜라 철학자들에 대한 지식을 갖추게 된다. 여덟 살이 되어 학교에 입학하는데, 여기서 라틴어 · 희랍어 · 신학 · 논리학 등을 공부하게 된다.

1661년, 그러니까 그의 나이 열다섯에 라이프니츠는 라이프치히 대학에 입학한다. 그는 철학 · 수학 · 그리스어 · 라틴어 · 히브리어 그리고 문학 수업을 듣는다. 2년 후 그는 자신의 첫 번째 논문을 출판하게 되는데, 논문 제목은 『개체화 원리에 대한 형이상학 논고』(*Disputatio metaphysica de principio individui*)이다. 이 논문은 라이프치히 대학의 역사 · 철학 교수 토마시우스(Jakob Thomasius)의 지도 아래 작성된 학사논문인데, 라이프니츠의 후기형이상학 체계의 방향을 결정하는 중요한 논문이다. 여기서 라이프니츠는 사물들이 그들의 '존재 전체'(*entitas tota*)에 의해 개체화된다고 주장한다. 다시 말해, 한 사물이 갖는 모든 속성들은, 그 사물의 정체성과 관련해 본질적이라는 것이다.

열일곱 살인 1663년에 라이프니츠는 라이프치히 대학에서 철학 석사학위를 받는다. 논문 제목은 『법률에서 발견되는 철학적 문제들』(*Specimen quaestionum philosophicarum ex jure collectarum*)이다. 이 논문은 그의 두 번째 출판물로서, 이 논문에서 라이프니츠는 철학과 법률 사이의 긴밀한 연관성을 강조하고 있다. 이 시기, 그러니까 라이프니츠가 학위를 받기 얼마 전, 그의 어머니 슈무크는 별세한다.

이후 박사학위를 따기 위해 라이프니츠가 선택한 과목은 법률이었다. 그러나 박사학위를 받으려는 학기에 나이가 너무 어린 학생들은 다음 학기까지 기다려야 한다는 통보를 받고, 라이프니츠는 다른 대학으로 전학을 하게 된다. 그는 뉘렘베르크(Nüremberg)에 있는 알트도르프 대학으로 전학을 해서 1666년 10월 4일에 이미 준비된 박사논문을 제출해 다음해 학위논문 자격을 획득한다. 그의 학위논문은 『법률에 있어서의 어려운 사례들에 대해』(De casibus perplexis in Jure)라는 제목이 붙여졌다. 알트도르프 대학은 라이프니츠의 재능을 알아보고, 그에게 교수직을 제안한다. 그러나 라이프니츠는 이를 거절한다.

학위를 마칠 때 즈음, 라이프니츠는 보이네부르크(Johann Christian von Boineburg)를 만나게 된다. 보이네부르크는 마인츠의 선제후 쉔보른(Johann Philipp von Schönborn)의 장관인데, 그는 라이프니츠의 재능을 알아보고, 그에게 자신이 살고 있는 프랑크푸르트로 오라고 제안한다. 이 시기에 라이프니츠의 저술들은 주로 법률에 관한 것이었다. 1669년, 그는 보이네부르크의 조언을 통해 『법학을 배우고 가르치는 새로운 방법』(Nova methodus discendae docendaeque jurispiudentiae)이라는 저서를 쉔보른에게 개인적으로 헌정한다. 보이네부르크와 쉔보른은 이 논문에 감동을 받는다. 그들은 라이프니츠에게 재정적 지원을 약속하게 된다. 라이프니츠는 그들이 사망할 때까지(1673년) 변호사로서, 사서로서, 외교 고문관으로서 이들을 돕게 된다.

라이프니츠가 스물네 살이었던 1670년에 그의 첫 번째 철학적 작품이 나오게 된다. 니졸리우스(Marius Nizolius)라는 철학자가 1553년에 『참된 원리에 대해서, 그리고 거짓 철학자들에 대적해 철학하는 진정한 방법에 대해서』(De veris principiis, et vera ratione philoso-phandi contra pseudophilosophos)라는 저서를 발표하는데, 니졸리우스가 말하는 "거짓 철학자"란 스콜라 학파 철학자들이었다. 여기서 니졸리우스는 스콜라 학파 학자들의 생각과 언어들을 비판했다. 라이프니츠는 이 책을 출판하면서, 서문을 통해, 그리고 몇 가지 메모를 통해 자신의 넓은 지식과 철학을 과시하게 된다. 그는 아리스토텔레스의 오류가 나무랄 만하지 않았음에도 니졸리우스가 과도하게 비판했음을 지적했다. 서문에 부록으로 인쇄된 "토마시우스에 대한 편지"에서 라이프니츠는 자신이 데카르트의『성찰』보다 아리스토텔레스의 물리학 책에서 더 많은 것을 얻었다고 주장한다.

같은 기간에 라이프니츠는 자연철학에 관한 그의 첫 번째 작품을 발표한다. 1671년에 그는『새로운 물리학 가설』(Hypothesis physica nova)이라는 2부의 논문을 발표하는데, 첫 번째 부문인『추상 운동론』(Theoria motus abstracti)은 파리 과학아카데미(Academie des Sciences de Paris)에, 그리고 두 번째 부문인『구체 운동론』(Theoria motus concreti)은 런던 왕립학회에 헌정된다. 여기서 라이프니츠는 데카르트의 운동량 보존법칙을 비판하는데, 철학적 완숙기에 나타나는 근원적 힘 개념에는 아직 이르지 못하고 있다.

라이프니츠의 거대 프로젝트인 이집트 계획이 1671년 가을에 시작된다. 프랑스의 루이 14세는 이웃 국가들, 특히 네덜란드를 위협하고 있었다. 인접한 독일 주들 역시 혹시나 자신들도 공격받게 되지나 않을지 두려워하고 있었다. 라이프니츠와 보이네부르크는 프랑스의 관심을 다른 곳으로 돌리기 위한 음모를 계획하게 된다. 그들은 루이 14세로 하여금 이집트를 공격하도록 설득할 참이었다. 라이프니츠는『정당한 논문』(Justa dissertatio)이라는 수백 페이지의 글에서 왜 루이 14세가 네덜란드 대신 카이로와 콘스탄티노플을 공격해야 하는지에 대한 그 이유를 밝히게 된다.

루이 14세의 외무장관 퐁폰(Arnauld de Pomponne)을 통해 라이프니츠는 파리에 초대받게 된다. 그는 자신의 계획을 왕에게 제시할 참이었다. 그러나 라이프니츠가 파리에 도착할 때 즈음, 영국이 이미 네덜란드와의 전쟁을 선언하고, 프랑스 역시 여기에 막 동참하려는 태세였다. 따라서 라이프니츠의 계획은 수정되어야 했다. 그러나 이 일은 이루어지지 않았다. 파리는 그에게 다른 매력을 주었고, 보이네부르크와 쉔보른이 죽자마자(1673년) 이 계획 역시 끝났다.

Bust of Gottfried Wilhelm Leibniz by Johann Gottfried Schmidt (ca. 1788)

2) 파리 시절(1672~1676)

17세기 후반의 지적 세계는 큰 혼란에 빠져 있었다. 13세기에 아리스토텔레스의 문헌들이 대량으로 재발견되어 그리스어·아랍어·라틴어로 번역되었고, 그 후로 아리스토텔레스의 철학은 유럽을 지배했다. 그런데 라이프니츠의 시기에 이르러 많은 일들이 벌어졌다. 갈릴레오와 그의 제자들, 토리첼리, 카발리에리, 데카르트와 그의 추종자들, 가상디, 파스칼, 홉스 등 수없이 많은 다른 이들에 의해 새로운 사상들이 등장했다. 1632년에는 로마에서 갈릴레오가 심판을 받고 1663년에는 데카르트의 저서가 금서 목록에 올라 있어서 새로운 철학이 주춤하고 있었지만, 실질적으로는 기하학과 원자론 등을 통해 새로운 유물론의 세계가 펼쳐지고 있었다. 이러한 새로운 세상의 도래는 기하학의 발전을 가져왔으며, 필연·우연 그리고 운동의 법칙에 의해 통제되는 원자 세계 내의 자유의 문제, 영혼과 육체의 관계 문제, 불멸, 신과 창조, 지속의 문제 등을 포함한 오래된 문제들을 새로 일으켰다.

라이프니츠가 파리를 방문하기 이전인 1672년에 그는 새로운 철학들에 대해 많이 모르고 있었다. 그는 본래 아리스토텔레스-스콜라 철학 전통, 그리고 르네상스 인문주의의 진보적 해석을 교육받았지만, 15세에는 아리스토텔레스의 전통을 포기하고 새로 등장한 기계론에 매력을 느끼고 있었다. 그럼에도 불구하고 1672년 이전에 이루어진, 새로운 철학에 대한 그의 작업은 아직 아마추어적이었다.

1672년에서 1676년까지의 파리 체류 동안, 라이프니츠는 세상을 배우는 문을 마련하게 된다. 그는 파리를 배움의 중심으로 만든 아르노(Antoine Arnauld)와 말브랑슈(Nicolas de Malebranche) 같은 지적인 전문가들을 만난다. 또 파스칼의 수학 원고를 연구함으로써 미적분 발견의 예비적 작업을 수행했으며, 데카르트의 발표되지 않은 원고를 얻어 연구한다. 가장 중요한 점은 라이프니츠에게 최신의 학문을 소개해준 호이겐스(Christiaan Huygens)를 알게 되었다는 것이다. 이때, 라이프니츠는 자신을 수학사의 선두적 지위에 오르도록 만들어준 연구 결과물 대부분을 얻을 수 있었다. 한편 이 시기에 라이프니츠는 자신의 계산기를 완전하게 하는 일에 매진했는데, 이 계산기는 파스칼의 계산기보다 훨씬 뛰어난 것이었다. 왜냐하면 파스칼의 계산기는 덧셈과 뺄셈만이 가능했지만, 라이프니츠의 계산기는 곱셈과 나눗셈까지 가능했기 때문이다(부룬스비크의 프리드리히 공작에게 보내는 편지에서 라이프니츠는 자신의 계산기가 제곱근, 세제곱근까지 구할 수 있다고 자랑했다. 그러나 불행하게도 이것은 거짓말이다).

1673년 1월에 라이프니츠는 마인츠의 선제후 쉔보른의 조카와 보이네부르크의 아들과 함께 외교적 임무를 띠고 런던에 간다. 그곳에서 그는 영국 왕립학회장인 독일인 동료 헨리 올덴부르크를 만난다. 이 학회는 그의 『구체 운동론』(Theoria motus concreti)을 환영했지만 그의 계산기에 더 깊은 관심을 보였다. 이때 라이프니츠는 물리학자 보일(Boyle), 수학자 렌(Wren), 펠(Pell)을 만나게 된다. 그리고 펠리송(Pellisson)과 처음 만나게 되는데, 이 둘은 기독교 교회의 재통합을 위한 문제를 논의하게 된다. 이후에도 라이프니츠는 개신교와 가톨릭을 화해시키고자 많은 노력을 하는데, 라이프니츠가 보여주려는 것은 이 두 교회 사이에 그 어떤 교리적 차이도 없다는 것이다. 이러한 노력의 결과는 1686년에 그의 저작 『신학 체계』(Systema theologicum)에서 잘 드러난다. 그는 이 논문에서, 분화된 교회들이 서로 의견의 일치를 볼 수 있는 방법을 제시하고 있다.

라이프니츠의 영국 방문은 1673에 그가 왕립학회의 회원이 되는 결과를 낳았지만 두 후견인의 갑작스러운 죽음으로 여행은 중단된다. 1672년 12월에 보이네부르크가, 그리고 뒤이어 1673년 2월에는 쉔보른이 죽었던 것이다. 라이프니츠는 3월 초에 파리로 돌아왔지만, 계약이 만료되는 1674년 12월까지 보이네부르크 아들의 가정교사 역할을 계속한다는 조건으로 파리에 머물 수 있었다. 그 후 라이프니츠는 하노버의 공작 프리드리히의 제안으로 하노버 도서관의 사서 자리를 받아들이게 된다. 계약 기간은 1676년 1월부터였지만 그는 그해 12월까지 부임을 늦추며 파리에 머문다. 이즈음 라이프니츠는 미적분을 발견한 상태였다. 그는 10월에 파리를 떠나 런던과 네덜란드를 경유하는 우회로를 선택했는데, 짧은 런던 체류가 있은 후(이때 라이프니츠는 뉴턴의 수학 원고를 보게 된다), 암스테르담에서 선구적인 현미경 학자인 레벤후크(A. van Leeuwenhoek)를 알게 된다. 헤이그에서 라이프니츠는, 렌즈를 갈면서 철학 공부를 하고 있던 저명한 철학자 스피노자(Baruch de Spinoza)와 나흘 동안 집중적인 토론을 벌이기도 한다.

3) 하노버(1676~1716)

1676년 12월, 라이프니츠는 하노버 도서관의 사서로서, 그리고 앞서 언급한 프리드리히 공작의 고문관으로서, 독일 하노버[1]로 돌아온다. 그는 이 직책을 그의 나머지 일생 동안 유지하게 된다. 여기서 그는 세 공작의 재정적 지원 아래 있게 되는데, 부룬스비크 가문의 요한 프리드리히 공작(Johann Friedrich)(1676년에서 1679년까지), 그의 동생 에른스트 아우구스트 공작(Ernst August)(1680년에서 1698년까지), 그리고 그의 아들 게오르그 루드비히 공작(Georg Ludwig)(1698년에서 1716년까지)이 그들이다. 게오르

---

[1] 오늘날 라이프니츠가 많은 관심을 받고 있지만, 그가 마땅히 받아야 할 만큼의 관심을 받고 있지는 못하다. 메이츠는 자신의 저서에서 다음과 같이 적고 있다. "오늘날 하노버 시민들에게 '라이프니츠'라는 이름을 물으면, 그들은 제일 먼저 '라이프니츠-케이크'라는 과자를 떠올릴 것이다"(Mates, 1986, p. 16).

그 루드비히 공작은 나중에(1714년) 영국의 조지 1세가 된다.

(1) 하노버, 요한 프리드리히 밑에서(1676~1679)

라이프니츠는 하노버 궁정을 위해 광범위하고 다양한 일을 맡았다. 광산 기술자로서 그는 하르츠 광산의 은광 채취를 감독했다. 라이프니츠의 관심은 하르츠 광산의 현대화에 있었는데, 그 내용은 풍차, 기어링 메커니즘, 흡입 펌프 등을 이용하는 것이었다. 그러나 이는 실패로 끝났다. 라이프니츠는 이 실패가 자신들이 일을 하지 못하게 될까봐 두려워한 많은 하위 감독자들과 노동자들 때문이라고 믿었다. 그는 또한 신규 및 중고 서적을 구입하고 이를 정리하는 사서장 직을 맡아 막대한 책과 원고를 수집하게 된다. 1679년에 그는 하노버 교외의 헤렌하우센궁(Herrenhausen)의 모든 도서를 도시 안으로 이송하는 작업을 수행한다. 1681년에는 다시 더 큰 공간으로 도서를 이송하고, 1698년에는 영구적 장소(사서들이 숙박할 수 있는)인 라이프니츠-하우스(Leibniz-Haus)로 책들을 옮긴다(라이프니츠-하우스는 제2차 세계대전 중에 파괴되지만 이후 재건되었다).

라이프니츠는 고문관과 외교관으로도 재직한다. 그는 1678년에 하노버 궁정의 고문관 직을 맡게 되는데, 그의 외교적 사업의 한 가지는 독일에서의 가톨릭과 루터교의 화해에 관한 것이었다. 1679년에 라이프니츠는 자연신학을 통해 개신교와 가톨릭을 화해시키려는 목적을 가진 저서 『가톨릭 증명』(*Demonstrationes Catholicae*)을 저술한다.

(2) 하노버, 에른스트 아우구스트 밑에서(1680~1698)

1680년에 요한 프리드리히 공작이 사망하고, 그의 동생 에른스트 아우구스트가 형의 직위를 이어받는다. 라이프니츠는 아우구스트를 위해

일하면서, 자신의 철학 체계를 계속 발전시킨다. 라이프니츠는 1682년에 라이프치히의 과학 잡지 『지식인의 기록』(*Acta eruditorum*)을 창간하고, 1684년에는 논문 「지식, 진리, 관념에 대한 성찰」(Méditations sur la connaissance, la vérité et les idées)을 작성한다. 그리고 1686년에 자신의 철학적 성숙기를 알리는 저서를 쓰게 되는데, 그 저서는 『형이상학 서설』 (*Discours de Métaphysique*)이다. 그는 백작 라인펠스(Ernst von Hessen Rheinfels)에게 쓴 편지를 통해 자신이 최근 형이상학에 대한 책을 썼으며, 이것을 아르노 신부에게 평가받기 원한다고 말한다. 라이프니츠는 라인 펠스에게 자기 저서의 요약본을 보내는데, 아르노가 이 요약본을 받게 된다. 라이프니츠의 원래 의도는 아로노로부터의 인정이었지만, 아르노 는 라이프니츠의 글 13절에 대한 비판이 담긴 답장을 라이프니츠에게 보내게 된다. 이로부터 아르노와 라이프니츠의 서신 교환이 시작된다. 이들의 철학적 서신 교환은 2년 정도 지속되며, 이 서신 교환을 통해 라이프니츠의 사상은 점차 발전하게 된다.

　라이프니츠의 성숙한 철학 뒤에는 논리와 그 밖의 주제에 대한 주목할 만한 논문들이 있다. 논리학에 관한 논문 「개념과 진리의 분석에 대한 일반 탐구」(Generales inquisitiones de analysi notionum et veritatum), 신학적 논문 「신학 체계」(Systema theologicum), 그리고 철학적 논문인 「데카르트의 주목할 만한 오류에 대한 간략한 증명」(Brevis demonstratio erroris memorabilis Cartesii)이 그것이다. 「신학 체계」에서 라이프니츠는 분화된 교회들이 서로 의견 일치를 볼 수 있는 방법을 제시하며, 또 「데카르트의 주목할 만한 오류에 대한 간략한 증명」에서는 물체들의 충돌에 대한 데카르트의 법칙을 비판하고 있다. 데카르트에 대한 비판은 베일(Bayle)과 서신을 교환하게 되는 계기가 된다.

　1687년에 아우구스트는 라이프니츠에게 엄청난 시간을 요구하는 작업을 부여한다. 이 작업은 그의 일생 동안 계속된다. 이 작업은 부룬스비크 가문의 세부적 역사를 편찬하는 것이었는데, 오토 더 차일드(Otto the Child)(768년)부터 현재까지의 가문사이다. 이 작업의 목적은 아우구스트가 이탈리아의 부유하고도 유명한 가문 에스테(Este)와 연관이 있으며, 따라서 상속권이 있음을 법적으로 주장하기 위한 것이었다. 라이프니츠는 이 작업을 마치지 못했다. 그가 죽을 때까지 완성한 역사는 1005년까지이다.

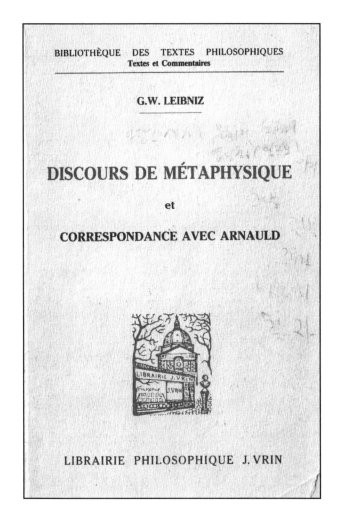

이 역사의 자료를 구하기 위해 라이프니츠는 1687년부터 1690년까지 남부 독일, 오스트리아, 이탈리아 등지를 여행하면서, 도서관을 방문하고, 학자들을 만나고, 수도원의 문서와 자료, 그리고 개인 자료 등을 조사하게 된다. 그는 프랑크푸르트 · 뮌헨 · 비엔나 · 베니스 · 플로랑스 · 로마 · 나폴리 등지를 여행하게 된다.

1689년 12월에 라이프니츠는 모데나(Modena)에 도착하게 되는데, 이 도시는 에스테 가문의 주요 자료가 있는 지역이다. 그의 여행은 여기서 끝나게 된다. 모데나에서 두 달 동안 매일 12시간씩 자료와 문서를 조사하면서, 그는 마침내 그가 찾고 있었던 것을 찾게 된다. 그는 부룬스비크 가문과 에스테 가문의 실제 연관 관계에 대한 자료를 발견하게 된 것이다.

라이프니츠가 하노버에 이 사실을 편지로 알렸을 때, 그는 축하 대신 전혀 다른 종류의 일을 부여받게 된다. 라이프니츠의 절친한 친구, 공작 부인 소피(아우구스트 공작의 아내)가 그로 하여금 모데나의 공작과 죽은 프리드리히의 딸들 중 하나를 결혼시켜달라고 부탁한 것이다. 원래 이 일은 백작 드라고니(Dragoni)가 맡았었는데, 그는 이 일에 실패했었다. 라이프니츠는 이보다는 성공적이었다. 왜냐하면 5년 후, 프리드리히의 딸 샤를로트 펠리시타스(Charlotte Felicitas)가 모데나의 공작 부인이 되었기 때문이다.

이 시기에 라이프니츠의 인생에 있어서 매우 중요한 인물 두 사람이 있는데, 바로 아우구스트 공작의 부인인 소피와 그녀의 딸 소피 샤를로트 (나중에 프로이센의 여왕이 된다)이다. 라이프니츠는 1714년에 공작 부인 소피가 죽을 때까지 34년 동안 그녀와 친분관계를 유지했는데, 그녀는 활달하고 유머감각이 있는 여성이었다. 그녀는 하노버의 첫 번째 선제후의 부인으로서, 그리고 프로이센의 첫 번째 여왕의 어머니로서, 그리고 영국의 첫 번째 하노버 출신 왕의 어머니로서, 그 당시 유럽에서 매우 중요한 역할을 수행하고 있었다. 그녀와 라이프니츠는 정치적·사회적·철학적 주제들에 대한 토론을 자주 벌였으며, 라이프니츠가 하노버 이외의 지역에 있을 때에도 약 300통의 편지를 주고받았다.

공작 부인 소피의 딸 소피 샤를로트는 라이프니츠의 좋은 학생이었다. 그녀의 예리한 정신은 라이프니츠로 하여금 자신의 생각을 정교하게 만드는 데 도움을 주었다. 라이프니츠에 따르면 『변신론』(Essais de Théodicée)은 소피 샤를로트와의 철학적 대화를 통해 나온 것이라고 한다. 소피 샤를로트의 성품과 라이프니츠에 대한 그녀의 호감은 그녀가 죽을 때 남긴 말에서 잘 드러난다. "나 때문에 슬퍼하지 마세요. 왜냐하면 난 라이프니츠조차도 설명할 수 없었던, 사물에 대한 나의 호기심을 이제 막 채우려는 참이니까요. 공간, 무한, 존재, 그리고 무에 대한 나의 호기심……"

1690년에 라이프니츠는 하노버로 돌아왔다. 이때부터 라이프니츠는 몇 차례의 여행을 빼고는 계속 하노버에 머물렀다. 1690년은 로크의 『인간 지성론』(Essay concerning human understanding)이 최초로 출판된 해이다. 라이프니츠는 로크의 저작에 대한 몇 가지 생각을 적어나가기 시작했는데, 이 작업은 1703년에 『신 인간 지성론』(Nouveaux essais sur entendement humain)이라는 저작으로 그 빛을 보게 된다. 그러나 1704년에 로크가 죽게 되고, 라이프니츠는 이 저작에 대한 출판을 포기하게 된다. 1697년에는 「사물의 근원적 기원에 대해」(Sur l'origine radicale des choses)라는 논문을 작성하는데, 이 논문은 현존하는 세계를 최고의 세계로 만들어 주는 그러한 형이상학적 기계론에 대한 그의 생각을 보여주고 있다.

(3) 하노버, 게오르그 루드비히 밑에서(1698~1716)

1698년에 아우구스트가 사망하고 그의 아들 루드비히(George Ludwig)가 아버지를 계승해 부룬스비크의 공작이 된다(루드비히는 1714년에 영국의 조지 1세가 된다). 루드비히는 라이프니츠가 유럽을 돌아다니면서 학회나 만들고 하는 것보다는, 하노버의 집에 머물면서 가문의 역사에 관한 작업에 집중하기를 원했다.

1701년에는 라이프니츠의 친구 소피 샤를로트가 프로이센의 여왕이 된다. 따라서 부룬스비크 가문과 베를린(프로이센) 사이의 정치적 관계가 중요해졌다. 라이프니츠는 여기서 자신의 계획을 실현시키는 중요한 기회를 맞게 된다. 이 계획 중 하나는 과학과 문화를 진작시키고자 베를린에 프랑스 아카데미 같은, 그런 아카데미를 설립하는 것이었다. 여왕의 도움으로 베를린(프로이센) 과학 아카데미가 1700년 7월 11일에 설립된다. 그리고 라이프니츠는 초대 의장이 된다.

1714년 즈음, 라이프니츠는 자기 사상의 종합판이 되는 두 개의 저서를 작성하게 된다. 그것은 『이성에 근거한, 자연과 은총의 원리』(*Principes de la Nature et de la Grace, fondes en raison*), 그리고 『모나드론』(*La Monadologie*)이다. 이 저서에서 그는 실체, 실체의 자족성, 실체들 간의 관계, 물질, 신, 신의 왕국 등에 대한 그의 최종적 견해들을 밝히게 된다. 그 해에 루드비히는 영국의 왕 조지 1세가 된다. 이때 라이프니츠는 궁정 역사가로서 그를 따라 영국에 가길 원했지만, 루드비히가 이를 거절한다. 그 이유는 라이프니츠가 하노버에 남아 그가 몇 년 동안 해오던 지루한 가문사 작업을 마쳐야 한다는 것이다. 라이프니츠는 하노버에 남게 되며, 2년 후 1716년에 하노버에 있는 자신의 집에서 숨을 거두게 된다.

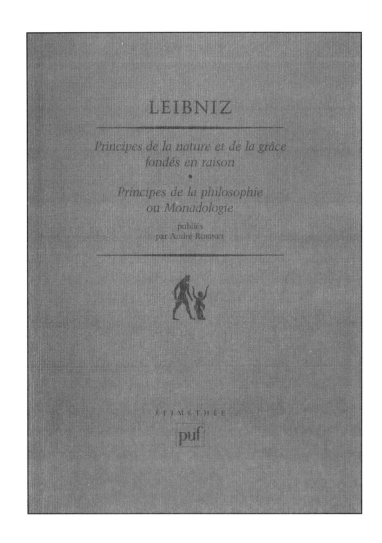

LEIBNIZ

*Principes de la nature et de la grâce
fondés en raison*

•

*Principes de la philosophie
ou Monadologie*

publiés
par André ROBINET

ÉPIMÉTHÉE

puf

라이프니츠는 결혼하지 않았다. 그는 50세에 이르러서야 결혼을 생각하지만 그의 결혼 제안을 받은 사람은 생각할 시간을 원했다. 이 또한 그로 하여금 생각할 시간을 필요로 하게 했다. 라이프니츠는 일반적으로 건강했고, 잘 먹었으며 좀처럼 술을 마시지 않았다. 그는 거창한 늦은 저녁식사를 했고, 새벽 한두 시에 책을 읽다가 의자에서 잠이 들곤 했다.

그리고 아침 7~8시에 일어나 그의 작업을 계속했다. 그는 인색하다고 비난받기도 했지만 검소하게 살았으며 그의 상속자에게 거액의 유산을 남겼다. 또한 그는 쉽게 화를 냈지만 빠르게 안정을 찾았다. 마찬가지로 그는 비판에 민감했지만 이후에는 이를 잘 받아들였다. 그는 훌륭한 기억력을 가지고 있어서 그의 많은 고용주 중 마지막 고용주였던 게오르그 루드비히는 그를 살아 있는 사전이라고 불렀다. 그는 자주 그의 화려한 옷과 거대한 검은 가발 때문에 늙은 화석이라는 조롱을 받았다. 쉰 살부터 죽을 때까지 라이프니츠는 통풍으로 고생했는데, 나중에는 절룩거리며 걸어야만 했다. 다리가 상했는데, 점점 심해져 그는 침대에 누워 있어야 했다. 거기에 더해 신장 질환도 앓게 되었다.

라이프니츠의 장례식은 매우 쓸쓸했다. 뉴턴의 경우, 그의 관은 공작 · 백작, 그 밖의 유명인사들에 의해 호위되었으며, 그 유명한 웨스트민스터 사원에 안치되었다. 수없이 많은 런던 시민들은 그의 죽음에 경의를 표했다. 반면 라이프니츠의 경우는 하노버 궁전의 모든 이들이 그의 장례식에 초대받았음에도 불구하고, 몇몇 하인들을 제외하고는 아무도 참석하지 않았다.

라이프니츠의 시신은 공작 령의 개신교 교회 노이스테터(Neustädter Kirche)에 안치되었다. 라이프니츠의 묘지는 50년 동안 잊혀졌으며, 1790년에 사암으로 된 석판이 올려졌지만, 이 석판이 제대로 된 자리에 올려졌는지조차도 확실하지 않았다. 1902년에 라이프니츠의 시신이 발굴되어, 크라우스(W. Krause) 박사에 의해 검시가 이루어졌다. 크라우스 박사는 발굴된 뼈가 라이프니츠의 것이 맞다고 결론 내렸다. 제2차 세계대전 중에는 노이스테터 교회가 공중 폭격을 당해 라이프니츠 무덤의 석판이 다 부서졌다. 나중에 대리석으로 교체되었는데, 지금 관광객들이 보고 있는 석판이 그것이다.

2. 연구 동향

1) 논리주의와 반역사주의

현대적 의미에서 볼 때 라이프니츠 철학에 대한 체계적인 연구는 러셀과 꾸투라로부터 시작되었다고 할 수 있다.2 이들의 연구는 라이프니츠의 철학에 대해 그것이 형이상학적 동화가 아니라 고도로 체계적이며 연역적인 그러한 철학임을 보여주었다.3 러셀과 꾸투라는 서로 독립적인 작업을 통해 동일한 결론에 도달했는데, 그 결론이란 다음과 같은 것이다. 즉 라이프니츠의 형이상학은 오로지 그의 논리학에만 근거하고 있다.4 이들에 따르면, 라이프니츠의 철학 체계 전체는 다음과 같은 그의 논리학

----

2 Russell, B. (1900), *The Philosophy of Leibniz*, Cambridge University Press, Cambridge, p. 1: "라이프니츠의 철학은, 비록 한 번도 체계적인 전체로서 세상에 알려진 적이 없지만, 그럼에도 불구하고 주의 깊게 연구해보면, 이것은 흔치 않을 정도로 완전하고 일관적인 그러한 체계이다."

3 Russell, B. (1900), *The Philosophy of Leibniz*, Cambridge University Press, Cambridge, xvii~xviii: "다른 여러 사람들이 그렇게 느꼈던 것처럼, 나도 『모나드론』이 일종의 공상적인 동화라고 느꼈었다. 일관적일지는 몰라도 완전히 자의적인 그런 동화 말이다. 이 지점에서 나는 『형이상학 서설』과 아르노에게 보내는 서신을 읽었다. 그리고 갑자기 엄청난 빛이, 라이프니츠의 철학적 건축물의 가장 내밀한 곳에 비추어졌다. 나는 그러한 철학적 건축물의 토대가 어떻게 해서 놓이게 되었는지, 그리고 그러한 철학적 건축물의 상부구조가 어떻게 그러한 토대로부터 만들어지게 되었는지를 보게 되었다. 공상적으로 보이는 이 철학체계는 적은 수의 간단한 전제들로부터 연역될 수 있는 그러한 것이다."

4 Couturat, L. (1902), "Sur la métaphysique de Leibniz", *Revue de métaphysique et de morale*, X, 1 (repris 1995), *Revue de métaphysique et de morale*, p. 7: "『라이프니츠의 논리학』(*La Logique de Leibniz*)에서 우리는 다음과 같은 주장을 했다. 즉, 라이프니츠의 형이상학은 그의 논리학에 완전히 근거하고 있다고."

적 주장, 즉 "모든 참인 명제에 있어 술어는 주어 안에 포함되어 있다"(*Praedicatum inest subjecto*)라고 하는 논리학적 주장으로부터 모두 연역된다. 그래서 이들에 따르면 라이프니츠의 철학은 일종의 공리 체계이다. 이러한 입장을, 즉 라이프니츠의 철학 체계 전체는 그의 논리학적 명제로부터 모두 연역될 수 있다고 하는 그러한 해석적 입장을, 라이프니츠 철학의 해석사에 있어 '논리주의'(logicism)라고 부른다.

라이프니츠의 철학을 일종의 공리 체계로 보는 이러한 논리주의적 입장은 또 다른 해석적 입장과 자연스럽게 연계되는데, 그러한 해석적 입장이란 바로 반역사주의적 입장이다. 일반적으로 1686년부터 1716년까지를, 다시 말해 라이프니츠가 『형이상학 서설』(*Discours de métaphysique*)을 쓴 시기부터 시작해서 그가 『모나드론』(*Monadologie*)을 쓰고 죽음을 맞이하게 되는 시기까지를 "라이프니츠 철학의 성숙기"로 간주한다. 논리주의에 따르면 라이프니츠의 철학은 일종의 공리 체계로서, 그 체계는 일단 완성된 이후 그 어떠한 변화도 겪지 않았다. 그래서 이들에 따르면 라이프니츠 철학은 1686년부터 1716년까지, 다시 말해 "라이프니츠 철학의 성숙기"라고 불리는 그 기간 동안 그 어떠한 중요한 변화도 겪지 않았다. 이렇게 논리주의는 라이프니츠 철학을 해석함에 있어서, 그것을 일종의 공리 체계로 보는 까닭에 자연스럽게 반역사주의적 입장과 연결된다.[5]

라이프니츠 철학에 대한 해석에 있어서 논리주의는 매우 커다란 기여를

---

5 Couturat, L. (1902), "Sur la métaphysique de Leibniz", *Revue de métaphysique et de morale*, X, 1 (repris 1995), *Revue de métaphysique et de morale*, p. 13: "불행하게도 이 논문[*Primae veritates*]은 날짜가 적혀 있지 않다. 그러나 우리가 날짜를 알고 있는 다른 작품들 그리고 편지들과 이것을 비교해볼 때, 우리는 매우 높은 개연성을 가지고서 다음과 같이 그 날짜를 추정해볼 수 있다. 즉 이 논문은 1686년경에 쓰였다. 다시 말해 라이프니츠가 먼저, 『형이상학 서설』(*Discours de métaphysique*)에서, 그리고 그 다음에 아르노와의 편지에서, 자신의 체계에 대한 원리들과 또 본질적인 철학적 주장들을 완성한 그 시기 말이다."

했다. 첫째, 이들은 라이프니츠의 철학이 황당한 동화가 아니라 고도로 체계화된 철학임을 보여주었다. 둘째, 논리주의의 입장은 교육적 측면에 있어서도 매우 큰 장점을 보여준다. 논리주의에 따르면, 우리는 하나의 논리적 원리로부터 출발해 라이프니츠 철학의 전 체계를 둘러볼 수 있다. 즉 라이프니츠의 철학에 접근함에 있어 우리에게는 출발점이 주어져 있는 것이다. 이것은 라이프니츠 철학을 연구함에 있어서 직관적으로 매우 안정된 그러한 연구 방법론을 제공한다. 셋째, 논리주의에 따르면 라이프니츠의 철학에 접근함에 있어서, 우리는 1686년 이후의 저작에 관해서는 그 어떤 역사성도 고려할 필요가 없다. 다시 말해 『형이상학 서설』(1686)을 읽든, 아니면 『신 인간 지성론』(*Nouveaux essais sur l'entendement humain*, 1704)을 읽든, 아니면 『모나드론』(1714)을 읽든, 우리는 이것들이 언제 쓰였는지, 그리고 각각의 저작에 등장하는 개념들이 어떤 의미의 변화를 겪었는지 생각할 필요 없이 이것들을 읽을 수 있다.

이러한 장점을 갖는 논리주의는 비판에 직면한다. 그리고 논리주의가 갖는 장점들은 해석상의 장점이 아니라 오히려 단점임이 드러나게 된다. 이러한 논리주의에 대한 비판들이 이제 논리주의 이후의 라이프니츠 철학 해석사의 주요한 부분을 이루게 된다.

2) 반논리주의와 역사주의

라이프니츠 철학에 대한 논리주의의 입장은 일종의 단선적인 해석적 입장이다. 이들에게 있어서 라이프니츠의 철학은 하나의 출발점을 갖는 철학 체계이며, 그 출발점으로부터 시작해 하나의 단선적인 길을 따라가다 보면, 우리는 그의 철학 전체를 둘러볼 수 있다. 논리주의와 이러한 단선적인 해석적 입장을 공유하는 그러한 입장들이 있다. 예를 들어 세르(Michel Serre)는 라이프니츠의 철학을 범수학주의(pan-mathesis)로 해석한다.6 또 바루지(Jean Baruzi)에 따르면 라이프니츠의 철학 전체는 종교적인 관점에서 의도된 그러한 철학이다.7 라이프니츠 철학에 대한 이러한 해석적 입장들은 논리주의와 하나의 해석적 입장을 공유하고 있는데, 그것은 바로 라이프니츠의 철학을 단선적인 것으로 이해한다는 것이다. 단 하나 차이라면, 그것은 이들의 출발점들이 서로 다르다는 것이다. 즉, 논리주의는 출발점으로서 논리학적 명제를, 세르는 출발점으로서 수학적 명제를, 또 바루지는 출발점으로서 종교적 명제를 취하고 있는 것이다. 따라서 단선적 해석에 대한 비판들은 논리주의뿐만 아니라 범수학주의, 범물리주의, 혹은 범종교주의 모두에게로 향해진다. 게루(Martial Gueroult)의 비판이 바로 이러한 맥락에서 이루어지고 있다.

이처럼 어떤 이들에게 있어서, 라이프니츠 형이상학은 역학에 대한 개념화로부터 나오는 것이고(이것이 고전적 견해이다), 또 다른 이들에게 있어서, 라이프니츠의 형이상학은 논리학에서 나오는 것이다(러셀과 꾸뚜라). 또 다른 이들에게 있어서 이 형이상학은 수학적 연구로부터 나오는 것이며, 혹 또 다른 이들에게 있어서, 이 형이상학은 종교적인 관심에서 나오는 것이다(바루지[Baruzi]). 이러한 단선적인 해석들은 라이프니츠 사상에 대한 참된 관점들을 왜곡할 위험이 많다. 그러나 그보다 더 심각한 문제가 있다. 이러한 해석들은 라이프니츠의 아주 젊은 시절 이래로의 활동에 대해 우리가 알고 있는 것들과 어긋난다. 사실 이러한 라이프니츠의 활동은 본질적으로 백과사전적인 천재의 활동인 것으로 드러난다. 독창적인 주제들의 다양성(논리학·수학·물리학·법학·도덕학·종교학

---

6 Serres, M. (1968), *Le système de Leibniz*, PUP, Paris.

7 Baruzi, J. (1907), *Leibniz et l'organisation religieuse de la terre*, Paris.

· 신학 · 철학)을 인정하기 위해서는 초기 저작들의 목록을 검토하는 것으로 충분하다. 또 이러한 주제 각각 안에서 각각의 모든 것들을(그러나 이 모든 것들이 서로 다른 관점 하에서 이해되는) 재발견하기 위해서는 단지 저작들을 분석하기만 하면 된다.[8]

이것이 라이프니츠 철학에 대한 해석에 있어서의 단선적인 해석적 입장에 대한 비판이다.[9] 이러한 비판의 핵심은 라이프니츠의 철학이 하나의 문을 가진 혹은 하나의 출발점을 가진 그러한 체계가 아니라는 것이다. 단선적 해석에 대한 비판자들은 라이프니츠의 철학이 여러 문을 가진, 그래서 그 어떤 문으로 들어가더라도 결국엔 모든 것들을 둘러보고 나올 수 있는 그러한 철학이라고 생각한다. 즉 라이프니츠의 철학은 쇠사슬의 모양을 띠는 것이 아니라 그물망의 모양을 띠는 철학이다.[10]

....

8 Gueroult, M. (1967), *Leibniz, Dynamique et métaphysique, Aubier−Montaigne*, pp. 1~2.

9 피샹은 『형이상학 서설』에 대해, 그것이 세 가지 이론적 관심에 의해 쓰여졌다고 주장한다. 첫째는 종교적인 관심이며, 둘째는 새로운 물리학에 대한 관심이며, 셋째는 논리학적 관심에 의한 것이다(DMF, pp. 25~43).

10 Mates, B. (1986), *The Philosophy of Leibniz. Metaphysics and Language*, Oxford University Press, New York, 4: "가장 먼저의, 그리고 가장 주요한 어려움은 다음과 같은 것이다. 즉 라이프니츠의 철학을 설명함에 있어서 우리는 어디서부터 시작해야 할지 알 수 없다는 것이다. 이런 문제와 관련해 어떤 조언을 찾을 수 있겠는데, 그것은 『이상한 나라의 엘리스』에 서의 다음과 같이 잘 알려진 구절에서이다.

흰 토끼가 안경을 썼다. 그리고 물었다. "어디에서 시작해야 하죠, 왕이시여?"
왕이 근엄하게 말했다. "출발점에서 시작해라. 그리고 끝에 도달할 때까지 계속 가라. 그리고 정지해라."

그러나 불행하게도 우리는 이 좋은 조언을 따를 수가 없다. 왜냐하면 라이프니츠 철학은 출발점이 없기 때문이다. 다시 말해 단일한, 그리고 논리적으로 기본적인 그러한 공리들의 집합이 없기 때문이다. 여러 주석가들이 가정했던 것과는 반대로 라이프니츠는 자신의 논리주의에 대한 비판은 이 입장이 가진 단선적인 해석 경향에만 집중되는 것이 아니다. 라이프니츠 철학에 대한 새로운 해석적 입장들은 논리주의가 전제하고 있는 반역사주의적 경향에 대해서도 비판적 입장을 취한다. 졸리(Nicholas Jolley)가 말하고 있듯이,11 최근의 라이프니츠 연구는 1686년부터 1716년까지 라이프니츠 철학이 어떤 개념적 변화를 겪었는지를 추적한다. 다시 말해 최근 라이프니츠 연구는 반역사주의에 반대해 역사주의적 경향을 띤다. 대표적인 학자로서 피샹(Michel Fichant)을 들 수 있다. 2004년에 나온 그의 편집서 『형이상학 서설과 모나드론』(Discours de métaphysique suivi de Monadologie)의 서문에서 그는 라이프니츠의 철학이 1686년의 『형이상학 서설』로부터 1714년의 『모나드론』까지 많은 중요한 변화를 겪었음을 보여준다. 여러 해석자들에 따르면 『형이상학 서설』에서의 개체적 실체는 『모나드론』에서의 모나드이다.12 이들에 따르면 개체적 실체는 그 이름만 다를 뿐 모나드와 어떠한 이론적 · 개념적 차이도 갖지 않는다. 그러나 피샹은 1686년부터 1714년까지의 라이프니츠의 저작들을 역사적으로 고찰하면서 이러한 견해를 비판한다. 그에 따르면 개체적 실체와 모나드는 각각 서로 다른 이론적 맥락에서 고안된

철학적 원리들을 연역 체계로, 다시 말해 어떤 명제들은 증명 없이 받아들여지고, 또 나머지 것들은 이러한 명제들로부터 연역되는 그러한 연역 체계로 간주하지 않는다. 대신 그는 자신의 철학적 주장을, 논리적 연관 관계를 지닌 여러 중요한 진리들의 그물망으로 간주한다."

11 Jolley, N. (éd.) (1995), *The Cambridge Companion to Leibniz*, Cambridge, p. 5: "더욱 최근의 작업들은 라이프니츠 형이상학 사상의 진화를 추적하는 데 힘을 쏟고 있다."

12 대표적인 예로 하이데거를 들 수 있다. "우리가 밝히려고 하는 중요한 형이상학적 테제는 다음과 같은 것이다. 즉 개체적 실체는 모나드이다. 존재에 대한 라이프니츠적 해석은 모나드적 해석인 것이다"(*Metaphysische Anfangsgrunde der Logik im Ausgang von Leibniz*, cours du semestre d'été 1928, Gesamtausgabe, Bd. 26, Frankfurt am Main, Klostermann, 1990, p. 87).

개념 장치이다. 그래서 이것들은 서로 다른 이론적 역할을 한다. 결국 개체적 실체와 모나드는 서로 다른 실재물이다.[13]

　이렇게 해서 논리주의 이후의 라이프니츠 철학에 대한 해석은 반논리주의적 경향, 반단선주의적 경향, 그리고 역사주의적 경향을 띠면서 발전해 왔다. 이제 논리주의－반논리주의, 이렇게 대립되는 입장들이 만들어낸 해석사를 떠나 또 다른 방향에서 이루어지고 있는 라이프니츠 철학에 대한 해석 경향을 살펴보도록 하자. 영미 계통에서 이루어지고 있는 라이프니츠 철학에 대한 해석 풍토, 즉 '라이프니츠 르네상스'라고 불리는 그러한 해석적 경향들이 그것이다.

3) 라이프니츠 르네상스

　1970년대 이후부터 주로 영어권을 중심으로 라이프니츠에 대한 연구가 굉장히 활발해졌다. 연구자들은 라이프니츠의 철학을 현대적 관점에서 재해석하고, 또 자신들의 관심 주제가 이미 라이프니츠에 의해 체계적으로 그리고 직관적으로 연구되었음을 보이고자 노력한다. 이들의 관심은 라이프니츠의 논리학,[14] 언어학,[15] 물리학,[16] 형이상학 등 모든 중요한

---

13 DMF, 135: "따라서 모나드는 개체적 실체와 이름만 다른 것이 아니다. 1686년에 실현된 종합의 불완전성이 부가했던 개념적 장치들의 변형 내에서, 모나드는 시저나 알렉산더와 같은 개체적 실체들을 대체한 것이 아니다. 오히려 모나드는 실체적 형상이 했던 역할을 이어받는다. 이처럼 모나드는 형이상학 서설에서 보여지는, 단일성 논제를 불안정하게 만들었던 긴장을 푼다. 실재성을 단일화하는 개념적 장치를 주면서 말이다. 실체성을 인정하기 위한 어느 정도 조율된 두 개의 장치로서의 완전 개념 그리고 실체적 형상, 이 둘의 불안정한 병렬 대신에 이제 개념적 단일성이 온다. 실재성 안에는 이제, 모나드 혹은 모나드들의 집적체밖에 없다. [……] 이 개념의 외연은 질적인 다양함의 가능성을 제거한다. 왜냐하면, 단일성의 정도만이 있는데, 거기서 물체의 유기적 결합은 모나드들의 위계에 대응하기 때문이다."

14 Hacking, I. (1982), "A Leibnizian Theory of Truth", *Leibniz: Critical and Interpretive Essays*,

주제들에 펼쳐져 있다. 형이상학 분야는 사실 라이프니츠의 거의 모든 철학적 주제들을 다룬다. 실체17라든가, 관념18이라든가, 신19이라든가, 자유20라든가, 아니면 결정론21 등등의 모든 라이프니츠 철학의 핵심 주제들이 이 영역에서 다루어진다. 그 중 특기할 만한 것이 라이프니츠의 유명론적 입장에 대한 연구와 그의 가능세계론에 대한 것이다. 우선

----

ed. Hooker, Minneapolis, pp. 185~195; Angelelli, I. (1967), "On Identity and Interchangeability in Leibniz and Frege", *Notre Dame Journal of Formal Logic* 8, pp. 94~100; Martin, G. (1960), *Leibniz. Logik und Metaphysik*, Köln (tr. Fr.: *Leibniz, Logique et métaphysique*, Paris, 1966); Knecht, H. H. (1981), *La logique chez Leibniz. Essai sur le rationalisme baroque*, Lausanne; Roninet, A. (1988), "Situation architectonique de la logique dans l'oeuvre de Leibniz", *Studia Leibnitiana.* Sonderheft 15, pp. 1~15; Rossi, J.−G. (1988), "Le problème des propositions singulières dans la philosophie leibnizienne", *Studia Leibnitiana.* Sonderheft 15, pp. 82~93.

15 Kneale, W. (1966), "Leibniz and the Picture Theory of Language", *Revue internationale de philosophie* 20, pp. 204~215; Verburg, P. (1976), "The Idea of Linguistic System in Leibniz" *History of Linguistic Thought and Contemporary Linguistics*, Berlin, pp. 593~615; Eco, U. (1994), *La recherche de la langue parfaite dans la culture européenne*, Le Seuil, Paris.

16 Fichant, M. (1998), *Science et Métaphysique chez Descartes et Leibniz*, P. U. F., Paris.

17 Abraham, W. (1980), "Monads and the Empirical World", *Studia Leibnitiana Supplementa* 21, pp. 183~199; Clatterbaugh, K. (1973), *Leibniz's Doctrine of Individual Accidents. Studia Leibnitiana*, Sonderheft 4, Wiesbaden; Courtine, J.−F. (1983), "Le principe d'individuation chez Suarez et chez Leibniz", *Studia Leibnitian, Supplementa* 23, pp. 174~190.

18 Knecht, H. H. (1979), "Logique du concept et pensée formelle chez Leibniz", *Studia Leibnitiana.* Sonderheft 8, pp. 24~45; Jolley, N. (1990), *The Light of the Soul. Theories of Ideas in Leibniz, Malebranche, and Descartes*, Clarendon Press.

19 Blumenfeld, D. (1972), "Leibniz's Modal Proof of the Possibility of God", *Studia Leibnitiana* 4, pp. 132~140; Blumenfeld, D. (1974), "Leibniz's Proof of the Uniqueness of God", *Studia Leibnitiana* 6, pp. 262~271; Blumenfeld, D. (1978), "On the Compossibility of the Divine Attributes", *Philosophical Studies* 34, pp. 91~103.

20 Parkinson, G. (1970), *Leibniz on Human Freedom, Studia Leibnitiana*, Sonderheft 2; Yakira, E. (1989), *Contrainte, nécessité, choix. La métaphysique de la liberté chez Spinoza et chez Leibniz*, Editions du Grand Midi, Zurich.

21 Adams, R. M. (1994), *Leibniz Determinist, Theist, Idealist*, New York/Oxford.

라이프니츠의 유명론적 입장에 대한 연구가 여럿 이루어졌는데, 이들의 관심은 라이프니츠가 어떻게 보편자 혹은 추상적 실재물을 유명론적으로 환원하는가를 보는 것이다.[22] 다음으로 라이프니츠의 가능세계론에 대한 연구들 역시 활발히 진행되었다. 라이프니츠의 가능세계론이 현대에 와서 부활하게 된 과정은 매우 드라마틱하다. 양상적 추론이 완전히 체계화된 것은 근래의 일이다. 그것은 1920년대의 일인데, 이때서야 비로소 C. I. 루이스와 그 밖의 논리학자들이 양상 추론들을 체계화하기 시작했다. 그런데 양상 추론들이 체계화되는 동안 두 가지 문제가 발생했다. 첫 번째 문제는 양상 체계가 하나가 아니라 적어도 네 개 이상이라는 것이다. 두 번째 문제는 그러한 각각의 논리 체계 내의 여러 문장들이 도대체 뭘 의미하는지 알 수 없다는 점이었다. 이 두 문제는 크립키가 라이프니츠의 가능세계 개념을 도입해 양상 논리 의미론을 수립하면서 모두 해결되었다. 이에 따르면 가능과 필연이라는 양상적 개념은 가능세계들을 양화함으로써 가장 잘 이해될 수 있는 것이며, 또 가능세계들 간의 접근 가능성 관계가 어떤 속성을 갖느냐(재귀적·추이적·대칭적)에 따라 각각의 양상 논리 체계가 분화된다는 것이다.

가능세계라고 하는 라이프니츠의 착상이 양상 논리 의미론에 큰 기여를 했지만, 사실 이것은 라이프니츠가 특별히 의도한 바는 아니다. 따라서 양상 논리 의미론의 탄생에 라이프니츠의 착상이 어떤 역할을 했다 해도 이것을 너무 과장해서는 안 된다. 다만 양상 논리 의미론을 둘러싼

---

22 Mates, B. (1980), "Nominalism and Evander's Sword", *Studia Leibnitiana Supplementa* 21, pp. 213~225. 라이프니츠의 유명론에 대한 프랑스 연구자로서는 다음을 참조: Rauzy, J.-B. (1993), "Leibniz et les termes abstraits un nominalisme *par provision*", *Philosophie*, 39, pp. 108~128; Rauzy, J.-B. (2004), "An Attempt to Evaluate Leibniz' Nominalism", *Metaphysica. International Journal for Ontology & Metaphysics*, vol. 5, No. 1, pp. 43~58.

현대적 논쟁에 있어 라이프니츠의 사상이 지니는 독창성을 지적하는 것은 의미 있는 일일 것이다. 개체가 가능세계들을 넘나들 수 있는가의 문제를 둘러싸고 여러 논쟁들이 있었다. 루이스와 플란틴가 같은 학자들이 이 논쟁의 양축을 형성하며 논쟁했는데, 라이프니츠는 이들과는 또 다른 형이상학적 입장을 취하고 있음이 여러 학자들에 의해 밝혀졌다. 이렇게 라이프니츠의 제3의 입장이 어떤 모습을 띠는가를 살펴보는 것이 이 주제와 관련해 라이프니츠 해석사의 한 부분을 이루게 된다.23

4) 베를린 아카데미판

라이프니츠가 남긴 글들 중 대다수는 잡지에 실은 논문들, 편지들, 메모들 등이다. 이것들의 양은 굉장하다. 그는 매우 많은 수의 사람들과 편지 교환을 했으며, 또 종이 위에 그의 생각을 써나가는 버릇이 있었다(하노버 도서관에 저장되어 있는 이것들의 수는 57,000을 헤아린다. 이것들 중 15,000개가 편지이고, 이 편지들은 적어도 1,050명의 사람들에게 보내진[보내려고 준비된] 것들이다).24

라이프니츠의 글들에 대한 완전한 편집본을 만들고자 계획한 것이 1901년의 일이다. 1912년까지 만족할 만한 초기 작업이 이루어졌지만

---

23 Blumenfeld, D. (1982), "Superessentialism, Counterparts, and Freedom", *Leibniz: Critical and Interpretive Essays*, ed. Hooker, Minneapolis, pp. 103~123; Mates, B. (1972), "Individuals and Modality in the Philosophy of Leibniz", *Studia Leibnitiana* 4, pp. 81~118; Mates, B. (1968), "Leibniz on Possible Worlds", In van Rootselaar and staal, ed., *Logic, Methodology, and Philosophy of Science*, vol. 3 Amsterdam, pp. 507~529; Fitch, G. (1979), "Analyticity and Necessity in Leibniz", *Journal of the History of Philosophy* 17, pp. 29~42; Hunter, G. (1981), "Leibniz and the 'Super-Essentialist' Misunderstanding", *Studia Leibnitiana* 13, pp. 123~132.

24 Mates, B. (1986), *The Philosophy of Leibniz. Metaphysics and Language*, Oxford University Press, New York, p. 34.

제1차 세계대전과 제2차 세계대전으로 인해 이 일은 중단되었다. 1980년대에 다시 이 작업이 시작되었는데, 그 결과는 라이프니츠 저작에 대한 베를린 아카데미 편집본이다. 그러나 이 작업은 아직 끝나지 않고 여전히 진행 중이다. 이렇게 기존의 라이프니츠 철학에 대한 해석들은 완전한 판본에 근거해 이루어진 것이 아니다. 라이프니츠 철학에 대한 해석사는 라이프니츠의 미발표된 글들을 발굴하고, 그에 대해 주석을 달고, 또 거기에 근거해 그의 철학 전체를 재해석하는 그러한 복합적인 과정이다. 따라서 새로운 판본이 나온다든지, 아니면 새로운 글들이 발굴된다든지 하는 일이 생기면 또 다른 해석 틀들이 나올 가능성이 있는 것이다. 그러한 경우 이제 다른 새로운 연구들이 새롭게 라이프니츠 철학에 대한 해석의 역사를 이루게 되는 것이다.

제2장
철학 체계

1. 존재론

'무엇이 존재하는가?' 이 질문에 대해 우리는 다음과 같이 생각한다. '우리를 둘러싸고 있는 모든 것.' 그러나 모든 형이상학자들이 이렇게 생각하는 것은 아니다. 그들은 우리가 존재한다고 믿는 모든 것들이 실제로 존재하는 것은 아니라고 생각한다. 예를 들어 우리는 시간이 존재한다고 믿는다. 그러나 어떤 형이상학자들은 시간의 존재를 부정한다. 그들에 따르면 시간은 없는 것이다. 어떻게 이럴 수 있을까? 시간만큼 우리에게 익숙한 것도 없을 텐데, 어떻게 시간이 없다는 것인가? 이것은 환원의 문제이다. 시간의 존재를 부정하는 형이상학자들은 시간을 다른 더 기본적인(primitive) 사물들로 환원시킨다. 이들에 따르면, 기본적인 존재들이 있고, 그 기본적 존재에 기반해 파생적으로 존재하는 것들이 있는 것이다.

기본적 존재들의 목록을 존재론(Ontology)이라고 한다. 각 형이상학자들의 존재론을 살펴보면, 그 형이상학자의 취향을 알아낼 수 있다. 어떤 형이상학자들은 많은 종류의 사물들을 자신의 존재론에 포함시킨다. 예를 들어 어떤 철학자의 존재론을 살펴보면, 거기에는 우리와 같은 개체뿐만 아니라, 보편자·시간·공간·개념·명제·가능세계 등 온갖 종류의 사물들이 포함되어 있다. 한편 다른 철학자의 존재론을 살펴보면, 거기에는 매우 적은 종류의 사물들만 포함되어 있다. 예를 들어 오직 우리와 같은 개체만을 포함시키는 존재론이 그것이다.

라이프니츠의 존재론을 살펴보면 우리는 그의 존재론이 극단적으로 단순하다는 것을 발견하게 된다. 라이프니츠의 존재론에는 오직 개체, 혹은 모나드(Monad)밖에 없다. 다른 모든 것들은 이 개체 혹은 모나드의 몇 가지 특징으로 환원된다. 이 책에서 우리는 이런 일이 어떻게 이루어지는지를 살펴보게 될 것이다. 이 극단적으로 단순한 존재론을 통해 라이프니츠가 세계를 어떻게 설명하고 있는지 말이다.

통상적으로 우리가 개체라고 말할 때, 우리는 그것의 예로서 각 사람, 각 동물, 각 식물 등 우리가 주변에서 접하는 사물이라고 생각한다. 라이프니츠는 조금 다르다. 라이프니츠에 따르면, 개체는 물질을 포함하지 않은, 영혼 같은 것이다. 그래서 라이프니츠의 용어로 개체적 실체(individual substance), 혹은 모나드는, 예를 들면 몸을 가진 소크라테스를 지칭하는 용어가 아니라, 소크라테스의 영혼만을 지칭하는 용어인 것이다. 소크라테스의 영혼이 바로 개체적 실체 혹은 모나드이다. 라이프니츠는 자신의 존재론에 오직 이것만을, 즉 개체적 실체 혹은 모나드만을 허용한다. 다른 모든 것들은 이것들로 환원된다.

실재하는 것은 오직 우리 영혼과 같은 개체적 실체들뿐이다. 그런데 여기에는 특별한 종류의 존재자가 하나 포함되어 있다. 그것은 바로 신이다. 신은 개체적 실체로서, 우리와 많이 유사하지만(오히려 우리가 신과 많이 유사하다는 표현이 더 옳겠다), 한 가지 차이점은 그가 우리와 달리 완전하다는 것이다. 신은 전지하다. 그래서 그는 모든 것을 안다. 신은 전능하다. 그래서 그는 모든 것을 행할 수 있다. 신은 전선하다. 그래서 그는 최선의 것만을 행한다.

2. 신

창조 이전에 신은 모든 것을 알고 있었다. 만약 자신이 소크라테스를 창조하면 그가 어떻게 행동할지, 혹은 만약 자신이 피터 팬을 창조하면 그가 어떻게 행동할지를 말이다. 소크라테스나 피터 팬은 아직 창조된 존재가 아니다. 이것들은 가능한 존재들로서, 신의 선택에 의해 창조된다. 창조 이전에 신은 이런 가능한 존재들로 구성된 여러 가능한 시나리오들을 가지고 있었다. 예를 들면 아담과 이브, 그리고 그 후손들이 이런저런 행위를 하는 시나리오, 혹은 단군과 웅녀, 그리고 그의 자손들이 이런저런 행위를 하는 시나리오 등등. 신은 이 각각의 시나리오들 중 하나를 선택해 창조를 한다.

라이프니츠는 이 각각의 시나리오들을 가능세계라고 부른다. 그래서 아담, 이브, 그리고 그 후손들이 존재하는 가능세계가 있고, 또 단군 · 웅녀, 그리고 그 후손들이 존재하는 가능세계가 있다. 이러한 가능세계들은 신의 사유방식일 뿐, 실재하는 것은 아니다. 이것은 마치 목수가 책상을 제작하기 전에 여러 가능한 책상들을 머리에 떠올려보는 것과 마찬가지인 것이다. 다양한 색, 다양한 모양, 다양한 크기, 다양한 서랍을 가진 책상들. 이런 가능한 책상들을 머리에 떠올려본 다음, 그 중 가장 마음에 드는(가장 좋은) 책상을 제작하는 것처럼, 신도 여러 가능세계들을 머리에 떠올려본 다음, 그 중 가장 마음에 드는(가장 좋은) 가능세계를 창조한다. 라이프니츠에 따르면, 이 가장 좋은 가능세계는 바로 현실세계 (우리 세계)이다.

우리 세계는 악을 포함하고 있다. 이로 인해 라이프니츠에게 반론이 제기된다. 이 세계는 가장 좋은 세계가 아니지 않은가? 악이 없는 세계가 있을 수 있지 않은가? 이 반론은 신의 전선(全善)에 대한 의문에 기반한다. 신은 더 좋은 세계를 만들 수 있지 않았을까? 라이프니츠의 대답은 다음과 같다. 전체로 봤을 때 가장 좋은 것이라고 하더라도, 그 부분에 있어서 모두가 가장 좋을 필요는 없다. 좋은 그림이 있을 때, 그 그림의 모든 부분들이 좋다고 할 수는 없다. 어두운 부분들의 조화로운 협력으로 인해, 그림 전체가 좋아질 수 있는 것이다. 우리 세계도 마찬가지이다. 유다가 저지른 악행은 기독교 역사상 가장 훌륭한 사건을 결과시킴으로 써, 우리 세계를 가장 훌륭한 세계로 만들어준다. 예수의 대속 말이다. 유다의 악행은 전체에 봉사함으로써, 그 전체를 가장 좋은 것으로 만든다.

각 가능세계는 가능한 개체들을 포함하고 있다. 예를 들면, 아담 · 이브 · 단군 등이 그것이다. 가능세계가 단지 가능한 존재인 것처럼, 가능한 개체들도 단지 가능한 존재이다. 이러한 가능한 개체들을 라이프 니츠는 완전 개체 개념(complete individual notion)이라고 부른다. 예를 들어 가능한 존재로서의 아담은 일종의 개념이다. 이것은 창조된 실체가 아니 라, 단지 신의 정신 속에 있는 어떤 개념 같은 것이다. 한편 아담이라는 개념은, 인간이라든지, 아니면 남자라든지 하는 보편적 개념과는 다르다. 여러 인간이 창조될 수 있고, 여러 남자가 창조될 수 있지만, 여러 아담이 창조될 수는 없다. 그래서 이 개념은 보편적 개념이 아니라, 개체적 개념이다. 또한 이 개념은 완전(complete)하다. 인간이라는 보편적 개념 안에는 이브의 남편이라든지, 사과를 먹음 등등의 개념이 들어 있지 않지만, 아담이라는 개체적 개념 안에는 이 모든 개념들이 포함되어 있다. 그래서 아담이라는 개체적 개념은 완전하다. 신은 아담이라는 개체 개념을 보고, 아담이 행할 모든 것을 안다.

각 가능세계는 완전 개체 개념들의 총체이다. 그래서 아담·이브 등의 완전 개체 개념으로 이루어진 가능세계가 있고, 또 단군·웅녀 등의 완전 개체 개념으로 이루어진 가능세계가 있다. 그래서 신이 이 중 하나의 가능세계를 선택해 창조한다는 것은 그 세계를 이루는 완전 개체 개념들을 현실화한다는 말이다. 라이프니츠에 따르면, 신이 선택한 세계는 아담·이브 등의 완전 개체 개념으로 이루어진 가능세계, 즉 우리 세계이다.

3. 창조된 세계: 모나드들

완전 개체 개념을 모델로 해 창조된 사물들을 개체적 실체(후에 모나드라는 이름을 얻음)라고 부른다. 라이프니츠의 존재론을 보면, 존재하는 것은 오직 개체적 실체들뿐이다. 이러한 존재론에서 부정되는 것이 무엇인지 아는 것이 중요하다. 시간·공간·보편자·물질 등은 존재하는 것들이 아니다. 이것들은 관념적인 것들로서, 우리 정신이 만들어낸 것들이다.

모나드는 단일한 것으로 이해된다. 다시 말해 모나드는 부분을 갖지 않는 것으로서, 분할이 되지 않는다. 라이프니츠에 따르면, 모든 물질은 무한 분할 가능하다. 그래서 원자도 더 작은 물질로 분할된다. 그렇다면, 부분을 갖지 않음으로써 더 이상 분할이 되지 않는 모나드는 물질적인 것이 아니다. 물질이 아니라면, 다른 범주의 사물일 텐데, 자연스럽게도 모나드는 정신적인 그 무엇으로서, 마치 우리 영혼과 같은 것이다.

부분이 없다는 것과 속성을 갖지 않는다는 것은 다른 말이다. 원자론자들도 원자가 부분을 갖지 않는다고 주장하지만, 원자들은 속성만큼은 가진다. 크기·모양·운동 등의 단순 속성 말이다. 마찬가지로 라이프니츠도 더 이상 분할되지 않는 모나드가 속성을 가진다고 주장한다. 모나드가 우리 영혼과 같은 것이라면, 그 영혼이 갖는 속성이 어떤 것일지는 대략 짐작 가능하다. 데카르트의 사유 실체가 자신의 속성으로서 '생각함'을 갖듯이, 라이프니츠의 모나드도 자신의 속성으로서 '지각함'을 갖는다. 그래서 모나드가 하는 일이란, 세계를 지각하는 것(perception)이다.

지각이란 외부 세계가 우리 영혼에 새겨지는 것이다. 내가 파도 소리를 들을 때, 내 정신에 뭔가가 새겨진다. 내 정신에 새겨지는 그 무언가를 분석해보면, 라이프니츠가 말하는 지각이 무엇인지 알 수 있다. 내 정신을 집중해 파도 소리를 들을 때, 나는 파도 소리를 듣는다고 생각한다. 그러나 파도 소리 자체는 내 의식이 동반되어 나타난 그 무엇이다. 누군가 와 얘기하고 있을 때, 그래서 내가 내 의식을 오직 그와의 얘기에만 집중할 때도, 바다로부터 나에게 뭔가가 분명 주어진다. 바로 이것, 즉 의식을 동반하지 않고도 나에게 주어지는 것, 그것을 라이프니츠는 지각이라고 부른다. 내 정신을 집중했을 때 파도 소리가 들리지만, 그렇지 않고도 내게 주어지는 것, 어쩌면 각각의 물방울이 나에게 보내는 신호, 그것을 라이프니츠는 지각이라고 부른다. 이러한 것들은 분명 내게 주어진다. 만약 이것들이 나에게 주어지지 않는다면, 나는 내 정신을 집중하고도 파도 소리를 들을 수 없을 것이다.

통상적으로 지각이라는 것은 2항 관계로 여겨진다. 지각 주체가 있고, 지각 대상이 있고, 이 둘은 지각이라는 관계를 통해 서로 연결된다.

반면 라이프니츠는 지각을 이렇게 보지 않는다. 모나드가 갖는 지각이란, 모나드 안에서 자발적으로 발생하는 것이다. 하나의 모나드는 다른 대상 없이도 지각을 한다. 다시 말해, 이 세상에 오직 하나의 모나드만 있더라도, 그 모나드는 우리가 통상적으로 '지각한다'고 말할 때의 그 상태에 놓여 있게 된다. 지각이라는 것은 지각 대상으로부터 우리에게 주어지는 것이 아니라, 지각 주체 내부에서 자발적으로 발생하는 것이다(이것이 "모나드는 창이 없다"라는 말의 의미이다).

우리 영혼을 들여다보면, 우리는 우리 영혼이 특정 상태에 놓여 있음을 발견하게 된다. 우리 영혼의 특정 상태를 라이프니츠는 지각이라고 부른다. 그런데 우리가 우리 영혼을 들여다보면, 우리는 우리 영혼이 한 상태에서 다른 상태로 연속적으로 이행해감을 관찰하게 된다. 이렇게 하나의 지각 상태에서 다른 지각 상태로 이행하게 해주는 우리 내부의 힘을 라이프니츠는 욕구(appetition)라고 부른다. 우리 영혼이 하는 일이란 하나의 지각 상태에서 다른 지각 상태로 이행하는 것이며, 그러한 일을 가능케 해주는 우리 내부의 힘이 바로 욕구이다. 그래서 하나의 모나드는 지각 상태의 연속적 계열을 통과한다.

한 모나드의 지각은 그 모나드 내에서 자발적으로 발생하는 것이다. 그럼에도 불구하고, 그 지각은 외부 세계를 표현한다. '표현'(expression)이라는 단어를 사용함으로써 라이프니츠는 지각 주체와 지각 대상 사이의 인과적 관계를 배제하면서, 동시에 이 둘 사이의 대응 관계를 확립한다. A가 B를 표현한다는 말은 A가 가지는 속성과 B가 가지는 속성이 대응한다는 것이다. 예를 들어, 한 도시와 그 도시에 대한 정밀한 지도 사이에는 표현관계가 성립한다. 그 도시가 갖는 속성(예를 들어, 시청과 어떤 집 사이의 거리는 1km이다)과 정밀한 지도가 갖는 속성(시청 그림과 어떤 집 그림 사이의 거리는 1cm이다)이 대응한다. 이러한 표현관계는 인과적이지 않다. 도시가 갖는 속성이 정밀 지도의 속성을 인과적으로 결정하지 않는다. 다른 예를 들면 이것이 분명해질 것이다. 한 도시와 그 도시의 지하철 노선도를 비교해보자. 여기서는 거리의 중요성이 사라지게 된다. 오직 그 도시의 지하철역들의 순서적 관계, 그리고 지하철 노선도의 각 점들의 순서적 관계, 이 둘이 대응하기만 하면 된다. 표현관계가 이렇게 이해된다면, 한 모나드의 지각이 외부 세계를 표현한다는 말의 의미가 좀 더 분명해진다. 한 모나드의 지각은 그 모나드 내에서 자발적으로 발생하는 것이다. 다시 말해, 그 지각은 외부 대상에 의해 인과적으로 결정되는 것이 아니다. 그럼에도 불구하고, 그 지각은 외부 대상을 표현한다. 다시 말해, 그 지각은 외부 대상이 갖는 속성들에 대응하는 그러한 속성을 갖는다. 그래서 신은 한 모나드의 지각 상태를 읽고는, 그에 대응하는 다른 모든 대상들(다른 모나드들)의 지각 상태를 알 수 있다. "모든 것은 다른 모든 것과 연관되어 있다."

4. 물질

각각의 모나드는 우주에 있는 다른 모든 것들을 지각한다. 그러나 대부분의 우리 지각은 의식적이지 않다. 그리고 우리의 의식적 지각조차도(이를 라이프니츠는 통각[apperception]이라고 한다) 다소간 혼동되어 있다. 또한 상대적으로 명확하고 분명한 통각조차도 대상의 구조만을 그린다(표현한다).

우리가 물질적 대상, 혹은 물체를 지각하는 경우 실제로 이루어지고 있는 사건은, 모나드들의 집적체를 혼동된 방식으로 지각하는 것이다.

무의식적으로 우리는 각각의 모나드를 구분해서 지각한다. 이러한 많은 지각들이 똑같이 강하고, 또 영혼의 관심을 똑같이 끌기 때문에, 그것들은 한꺼번에 영혼에 주어지고, 또 혼동된 방식으로만 지각된다. 물리적 대상을 지각하는 것은 파도 소리를 듣는 것과 같다. 혹은 무지개를 보는 것과 같다. 무의식적으로 우리는 각각의 물방울을 본다. 그러나 의식적 수준으로 가면 우리는 색깔의 띠만을 알아차린다.

우리가 물체(body)라고 하는 것은 단지 현상(phenomena)일 뿐이다. 라이프니츠는 물체를 덩어리(mass), 혹은 유기적 기계라고 부른다. 물체는 수없이 많은 모나드들의 집적체이다. 실제의 모습은 모나드들의 집적체이지만, 우리 정신은 이 모든 모나드들을 구분해 파악할 수 없다. 그래서 우리에게 드러나는 모습은, 즉 현상적 모습은, 물체이다. 물체가 현상이기는 하지만, 이것은 잘 정초된 현상이다. 꿈이나 환상과는 다르다. 왜냐하면, 혼동되어서 지각되긴 해도, 모나드들의 집적의 실제적 모습을 상대적으로 명확하게 드러내기 때문이다.

5. 물체적 실체

이 세상을 구성하고 있는 것은 영혼과 같은 단순실체들, 혹은 모나드들이다. 물질은 모나드들로 환원된다. 다시 말해, 물질은 모나드들의 집적체이다. 물질의 실제 모습은 모나드들의 집적체지만, 우리에게는 물질의 모습으로서 드러난다.

영혼과 물질 이외에, 이 둘의 결합체가 있다. 이것은 생명체로서, 라이프니츠는 이를 물체적 실체(corporeal substance)라고 부른다. 소크라테스 같은 생명체가 물체적 실체이다. 그래서 소크라테스는 단순실체인 소크라테스의 영혼, 그리고 단순실체들의 집적체인 물질, 이 둘의 결합체이다. 만약 소크라테스가 죽으면, 그래서 소크라테스의 영혼이 소크라테스의 몸을 떠나면, 남은 것은 물체적 실체가 아니라 그냥 시체이다. 이것은 모나드들의 집적체일 뿐이다.

몸을 가진 소크라테스는 물체적 실체이며, 그의 영혼은 그 몸을 지배하는 지배 모나드이다. 영혼이 몸을 지배함으로써, 소크라테스의 몸은 영혼의 목적에 봉사하며, 그런 의미에서 전체 소크라테스는 실체가 된다.

6. 몸과 영혼의 관계

라이프니츠 시대에 가장 첨예한 철학적 논쟁이 있다고 한다면, 그것은 몸과 영혼의 관계에 대한 것이다. 데카르트는 몸과 영혼이 인과적으로 작용한다고 믿었다. 내 팔이 바늘에 찔리면, 몸에서의 그 찔림 상태가 직접적 원인이 되어 내 영혼에 고통 감각이 주어진다고 믿었다. 몸과 영혼에 대한 이러한 입장을 직접 인과론이라고 하자. 말브랑슈는 또 다른 이론을 냈다. 그에 따르면 모든 사건들의 원인은 신이다. 내 팔이 바늘에 찔리는 사건, 이것은 신이 발생시킨 사건이다. 내 영혼에 고통 감각이 주어지는 사건, 이것도 신이 발생시킨 사건이다. 말브랑슈가 이런 이론을 낸 이유는 몸과 영혼이라는 완전히 서로 다른 실체들 사이에 직접적인 인과관계가 성립할 수 없다고 보았기 때문이다. 이런 입장, 즉 모든 사건의 원인은 신이라는 철학적 입장을 기회원인론이라고 부른다. 신이 내 영혼에 고통 감각을 주는 것이지만, 하필 바로 그때, 내 팔이 찔리는 사건이 발생한 것이다(이것도 신이 발생시킨 것이다). 그래서 고통의 실제 원인은 신이지만, 고통이 일어나는 그 기회를 타 팔이 찔리는 사건이 원인으로(기회 원인) 나타난다고 하는 이론이 바로 기회원인론이다.

라이프니츠는 데카르트도, 말브랑슈도 받아들일 수 없었다. 직접 인과론은 완전히 서로 다른 두 실체 사이에 인과관계를 설정한다는 문제점이 있다. 말브랑슈의 기회원인론은 매순간마다 신이 세계에 개입하게 되는 문제점이 있다. 이 두 이론의 문제를 해결하고자 라이프니츠가 개발한 이론이 바로 예정 조화설(pre-established harmony)이다. 이 이론에 따르면, 몸과 영혼은 직접적인 인과관계에 놓이지 않는다. 그래서 몸은 몸 나름의 인과 계열을 따라가고, 영혼은 영혼 나름의 인과 계열을 따라간다. 내 팔이 찔리는 사건은 이전 몸 사건이 원인이 돼 결과가 된 것이다. 내 영혼의 고통 사건은 이전 영혼 사건이 원인이 돼 결과가 된 것이다. 그런데 신이 이 세계를 창조할 때, 신은 이 둘이 나란히 가도록 설계했다. 그래서 내 팔이 찔리는 사건은 몸의 인과적 계열 내의 한 사건일 뿐이지만, 이 사건이 발생할 때, 미리 계획된 바에 따라, 내 영혼에 고통 사건이 발생하는 것이다.

7. 세계

라이프니츠에 따르면, 이 세계는 단순실체, 모나드들로만 이루어져 있다. 이것들이 이런저런 방식으로 결합함으로써, 물질·생명체 등등이 생겨나는 것이다. 이런 단순한 존재론은 이제 많은 것을 설명해야 한다.

우리가 보편자라고 생각하는 것, 우리가 개념·관념이라고 생각하는 것은 이러한 단순한 존재론적 틀 내에서 어떻게 처리될 수 있을까? 또 단순실체만을 상정했을 때, 그 실체의 구조는 어떻게 분석될 수 있을까? 소크라테스만 존재한다면, 가능한 대상들, 예를 들어 피터 팬 같은 존재는 어떻게 설명할 수 있을까? 우리에게 너무나 익숙한 물질·시간·공간 등은 어떻게 설명될 수 있을까? 소크라테스는 멈춰 있는 존재가 아니라 변화하는 존재인데, 그러한 변화는 이런 단순한 존재론적 틀 내에서 적절히 설명될 수 있는가? 우리를 둘러싸고 있는 세계의 모습은 너무나도 다양하고, 너무나도 많은 문제를 던지고 있다. 그래서 라이프니츠 식의 단순한 존재론적 틀이 이 모든 물음들에 대해 적절한 답을 내 줄지 의심스럽다. 이 책은 라이프니츠적인 단순 존재론 내에서 어떻게 우리를 둘러싸고 있는 세계의 다양한 모습이 설명될 수 있는지를 고찰하고자 한다. 그 과정에서 우리는 라이프니츠가 매우 성공적으로 이러한 설명을 제시하고 있음을 볼 수 있게 될 것이다.

제3장

개념 · 관념

『형이상학 서설』(*Discours de métaphysique*)을 집필하기 9년 전인 1678년에 라이프니츠는 『관념이란 무엇인가』(*Qu'est-ce que l'idée*)라는 소논문을 작성하게 된다. 이 소논문에서 라이프니츠는 관념이라는 것에 대한 자신의 견해를 밝히고 있는데, 비록 짧은 글임에도 불구하고 여기서 라이프니츠는 관념이 무엇인지에 관한 여러 논쟁들과 관련해 자신이 어떤 입장을 취하는지 분명히 밝히고 있다. 이 논문에서 개진된 관념에 대한 전반적인 견해는 1686년으로부터 시작되는 그의 후기 철학 전체로 이어진다. 그러한 증거로 1703년부터 쓰이기 시작한 『신 인간 지성론』(*Nouveaux essais*)을 들 수 있다. 이 책에서 관념에 대해 라이프니츠가 말하는 것은 『관념이란 무엇인가』에서 개진된 내용을 벗어나지 않는다. 따라서 이 소논문에서 주장되고 있는 관념에 대한 라이프니츠의 견해는, 그의 최종적인 견해로 간주될 수 있다.

매우 짧은 글임에도 불구하고 이 소논문은 커다란 중요성을 갖는다. 우선 이 소논문은 17세기 관념의 문제를 둘러싸고 벌어졌던 여러 논쟁들과 관련해, 라이프니츠가 어떠한 입장을 취하고 있는지를 보여주고 있다.

라이프니츠는 관념의 실재성에 대한 아르노와 말브랑슈의 입장 각각을 비판하는데, 그런 가운데 이에 대한 제3의 관점을 취하게 된다. 이 제3의 입장이 바로『관념이란 무엇인가』에 어떤 씨앗처럼 담겨 있는 것이다.

이 소논문이 커다란 중요성을 갖는다고 평가할 수 있는 또 다른 이유 중 하나는 다음과 같다. 즉, 이 소논문에서 라이프니츠는 관념을 '표현관계'라고 하는 그 자신의 핵심적 개념과 관련시켜 논하고 있다. 이에 대한 기존의 연구는 찾아보기 힘들지만, 필자가 생각하기에 관념을 표현관계와 관련해 논의하는 것은 데카르트 이후의 심신 이원론 문제의 해결과 관련해 중요한 의미를 지니고 있다. 이러한 이유로 필자는 라이프니츠의 관념 문제를 관념의 실재성과 관련한 논쟁, 그리고 데카르트의 이원론과 관련한 논쟁 등과 연관시켜 다루고자 한다. 이를 위해 우선 관념 일반에 관한 라이프니츠의 입장부터 살펴보도록 한다. 관념이 무엇인지, 그리고 그러한 관념들에는 어떤 종류가 있는지가 우선 논의될 것이다.

1. 관념의 정의

라이프니츠에 있어서 관념[1]은 정신이 갖는 기능으로서, 이것이 하는 역할은 정신으로 하여금 사물들을 생각할 수 있게 해주는 것이다.『관념이란 무엇인가』에서 라이프니츠는 관념에 대해 다음과 같이 말한다.

---

1 라이프니츠는 '관념'(idea), '개념'(concept), '개념'(notion), '속성'(attribute) 등의 단어를 동의어로 사용한다. 따라서 이 책에서는 '관념', '개념' 등을 구분 없이 사용하도록 할 것이다.

관념이라는 말로써 우리가 우선적으로 이해하는 것은, 그것이 우리 정신 안에 있는 무엇이라는 것이다. 그러므로 뇌에 새겨진 자국들은 관념이 아니다. 왜냐하면 정신은 뇌하고 다르며, 뇌라고 하는 실체의 어떤 예민한 부분과도 또한 다르기 때문이다.

그런데 우리 정신 안에는 그 밖의 여러 가지 것들이 있다. 예를 들면 생각·지각·감각작용 등이 그러하다. 이러한 것들은 관념 없이 생기지는 않지만 그럼에도 불구하고 관념과 구분되는 것으로 인식된다. 왜냐하면 우리에게 있어서 관념이란, 어떤 기능에 근거하는 것이지, 어떤 생각하는 활동에 근거하는 것은 아니기 때문이다. 따라서 우리는, 어떤 사물에 대해 생각하고 있지 않다고 하더라도, 그 사물에 대한 관념을 가지고 있다고 말한다. 기회가 될 때, 그 사물을 생각할 수 있기만 하면 되는 것이다.

그러나 또 어려움이 남는다. 왜냐하면 우리가 갖는 기능은, 모든 것들을 생각하게 하는, 하물며 우리가 그것에 대한 관념을 갖지 않는 그러한 사물들까지도 생각하게 하는 기능과는 거리가 멀기 때문이다. 우리는 사물들을 받아들이는 기능을 갖는다. 따라서 관념은 사물을 생각하게 하는 어떤 기능, 혹은 사물을 생각하기 쉽게 하는, 그러한 기능을 전제한다.[2]

여기서 우리가 주목할 것은 다음과 같은 라이프니츠의 세 가지 주장이다. (1) 관념은 우리 정신 안에 있는 무엇이다. (2) 관념은 어떤 기능에 근거하는 것이지 어떤 생각하는 활동에 근거하는 것이 아니다. (3) 관념은 사물을 생각하게 하는 기능을 전제한다. (1)과 (2)의 주장은 관념의 존재론적 지위에 관한 주장으로서 이 주장들은 17세기 관념을 둘러싸고 벌어진 논쟁 내에서 라이프니츠가 어떤 입장을 취하고 있음을 보여준다. 필자는 이러한 논쟁과 관련한 라이프니츠의 입장을 본 이 장의 4절에서 다룰

---

2 DMFR, p. 113.

것이다. 따라서 지금으로서는 이 주장들을 특정 논쟁과 관련시켜 이해하지 않도록 할 것이다. 그렇다면, 라이프니츠의 주장은 다음과 같이 이해될 수 있다. 즉, 관념이란, 정신이 갖는 어떤 기능으로서, 이것이 수행하는 기능은, 정신으로 하여금 사물들을 생각할 수 있도록 해주는 것이다.

이것이 관념에 대한 라이프니츠의 일반적 정의이다. 그런데 우리로 하여금 사물들을 생각할 수 있도록 해준다는 것이 정확히 무엇을 의미하는가? 가장 기본적인 의미에서 이것은 다음과 같은 것이다. 즉, 우리는 관념을 통해 사물들을 구별해낼 수 있다. 이제 이 문제를 다루어보자. 관념의 종류를 열거함으로써 우리는 이 작업을 수행할 수 있을 것이다.

2. 관념의 종류

라이프니츠는 여러 종류의 관념을 구분한다. 그의 구분에 따르면, 우선 분명한(clear) 관념이 있고, 이에 대립하는 모호한(obscure) 관념이 있다. 다음으로, 구분된(distinct) 관념이 있고, 이에 대립하는 혼동된 (confuse) 관념이 있다. 다음으로, 적절한(adequate) 관념이 있고, 마지막으로 직관적(intuitive) 관념이 있다.

우선 관념에는 분명한 관념과 모호한 관념이 있다. 분명한 관념은 대상을 구분할 수 있게 해주는 관념이고, 모호한 관념은 대상을 구분할 수 있게 해주지 못하는 관념이다. 라이프니츠는 이 둘에 대해 다음과 같이 말한다.

따라서 나는 다음과 같이 주장한다. 어떤 관념이 분명하다는 것은, 우리가 그 관념을 가지고서 어떤 사물을 충분히 알거나 혹은 그 사물을 구분할 수 있다는 것이다. 예를 들어 내가 어떤 색에 대한 분명한 관념을 가지고 있다면, 나는 다른 색을 그 색으로 생각하지 않을 것이며, 혹은 내가 어떤 별에 대한 분명한 관념을 갖고 있다면 나는 다른 이웃별로부터 그 별을 구분해낼 수 있을 것이다. 이렇게 할 수 없다면, 그 관념은 모호한 관념이다. 나는 감각적 사물들에 대해서는 우리가 결코 완전히 분명한 관념을 얻을 수 없다고 믿는다.[3]

라이프니츠의 주장은 다음과 같은 것이다. 예를 들어 내가 '닭'이라는 관념을 가진다고 해보자. 만약 이 관념이 분명하다면, 나는 닭인 대상들과 그렇지 않은 대상들을 잘 구분할 수 있다. 반면에 어린아이는 '닭'이라는 관념을 모호하게 가지고 있다. 그래서 그 어린아이는 닭인 대상들과 그렇지 않은 대상을 잘 구분할 수 없다. 예를 들어 '닭'에 대한 모호한 관념을 가진 어린아이는 오리를 보고 닭이라고 할 것이다. 그래서 분명한 관념과 모호한 관념을 나누는 기준은, 이 관념을 가졌을 때 내가 사물들을 잘 구분할 수(distinguishing) 있는가, 없는가의 문제이다. 이렇게 우리는 분명한 관념을 가짐으로 해서 사물들을 구별해낼 수 있다.

다음으로, 관념에는 구분된 관념과 혼동된 관념이 있다. 구분된 관념과 혼동된 관념의 구분은, 관념을 통해 사물을 구분해내는 문제와 관련이 있다기보다는, 오히려 관념 자체의 내적 구분과 관련이 있다. 구분된 관념은 그 자체로 구분되어 있는(distinguished) 관념이다. 그리고 혼동된 관념은 그 자체로 구분되어 있지 않은 관념이다. 『신 인간 지성론』에서 테오필(라이프니츠의 대변인)은 필라레트(로크의 대변인)가 분명한 관념과 구분된 관념을 제대로 나누고 있지 못함을 지적하면서, 구분된 관념의

---

3 NE, p. 197.

기준에 대해 다음과 같이 말한다.

　바로 이 때문에, 나는 여기서 데카르트의 용법을 따르기로 한다. 데카르트에 의하면, 하나의 관념은 분명하면서 동시에 혼동되어 있을 수 있다. 우리 기관들에 영향을 끼치는 감각적 성질들에 대한 관념들이 이러한데, 색의 관념이나 열(뜨거움)의 관념들이 이러한 것들이다. 이러한 관념들은 분명하다. 왜냐하면, 우리는 이것들을 알아차리며, 또한 다른 것들로부터 이것들을 쉽게 구분해내기 때문이다. 그러나 이것들은 전혀 구분되어 있지 않다. 왜냐하면 우리는 이러한 관념이 포함하고 있는 것들을 구분하지 않았기 때문이다. 그래서 우리는 이 관념의 정의를 내릴 수 없는 것이다. 우리는 이러한 관념에 대해 정의 대신 예를 들 뿐이며, 우리가 이 관념을 분해할 때까지는, 이 관념은 내가 모르는 그 무엇(je-ne-sais-quoi)이라고 말해야 한다. 이처럼 우리가 보기에, 구분된 관념이 어떤 대상을 다른 대상으로부터 구분해주는 것처럼 보인다. 그러나 사실 이렇게 구분해주는 일은, 혼동되어 있긴 하지만 그럼에도 불구하고 분명한 그러한 관념이 하는 것이다. 따라서 우리는 구분된 관념을 이렇게 부르고자 한다. 구분된 관념은 잘 구분하는 관념이 아니다. 혹은 구분된 관념은 대상을 잘 구분하는 관념이 아니다. 구분된 관념이란, 잘 구분된 관념, 다시 말해 스스로 안에서 구분된 관념, 혹은 대상 안에 있으면서 대상을 구별할 수 있게 해주는 표지들을 구분하는 관념, 혹은 대상의 분석이나 정의를 제공하는, 그러한 관념이다. 그렇지 않을 경우 우리는 그 관념들을 혼동되어 있다고 한다.4

　라이프니츠의 주장은 다음과 같은 것이다. 내가 '금'이라는 관념을 갖는다고 해보자. 이 관념은 분명한 관념이다. 왜냐하면 나는 이 관념을

----

4 NE, p. 198.

가짐으로 해서 금인 대상들과 그렇지 않은 대상들을 구분할 수 있기 때문이다. 그러나 내가 가지고 있는 관념 '금'은 구분된 관념이 아니다. 왜냐하면, 나는 이 관념을 이루고 있는 요소 관념들이 어떤 것인지 알지 못하기 때문이다. 반면 금 세공사는 구분된 '금' 관념을 가질 것이다. 왜냐하면 그는 '금'이라는 관념을 이루고 있는 요소 관념들을 가지고 있기 때문이다. 예컨대, '황산에 잘 녹음', '노란빛을 띰', '철보다 단위 무게당 부피가 큼' 등등 말이다. 이렇게 볼 때, 구분된 관념과 혼동된 관념을 나누는 기준은, 그 관념 자체가 구분될 수 있는가, 없는가의 문제이다.

분명한 관념은 대상을 구분하는(distinguishing) 관념이고, 구분된 관념은 그 관념 자체가 구분된(distinguished) 관념이다. 다시 말해, 구분된 관념은 그 관념을 이루는 요소 관념들이 구분되어 나타나는 관념이다. 그런데 이러한 구분된 관념은 그 구분된 정도에 따라 등급을 갖는다.

> [……] 일반적으로 정의를 하는 개념들은, 그 스스로 또한 정의를 필요로 하며, 따라서 오직 혼동되게만 인식된다. 반면, 정의를 구성하는 모든 것, 혹은 구분된 지식을 구성하는 모든 것이 또한 구분되게 인식될 때, 그래서 정의되지 않는 관념으로까지 도달할 때, 나는 이 인식을 적절하다고(adequate) 부른다. 그리고 내 정신이 한 번에 그리고 구분되게 한 개념의 모든 정의되지 않는(primitive) 요소를 파악할 때, 내 정신은 직관적인(intuitive) 인식을 갖는다.5

라이프니츠의 주장은 다음과 같은 것이다. 내가 '금'이라는 관념을 갖는다고 해보자. 그리고 내가 금 세공사라고 해보자. 그렇다면 나는

---

5 DMFR, p. 238.

'금'에 대한 구분된 관념을 갖는 것이다. '금'이라는 관념을 이루는 요소 관념들을 어느 정도 알기 때문이다. 그러나 이 경우 나는 '금'에 대한 적절한(adequate) 관념을 갖는 것은 아니다. 왜냐하면 나는 '금'에 대한 모든 요소 관념들을 구분해 알고 있는 것은 아니기 때문이다. 만약 내가 수많은 실험과 관찰을 통해 '금'이라는 관념을 이루고 있는 요소 관념들 모두를 알게 된다면, 그 경우 나는 적절한 '금' 관념을 갖게 되는 것이다. 그러나 내가 적절한 '금' 관념을 갖게 될 수 있다고 하더라도, 나는 금에 대한 직관적(intuitive) 관념을 갖는 것은 아니다. 왜냐하면, 나는 '금' 관념을 이루는 모든 요소 관념들을 한꺼번에, 한 번에 알 수 없기 때문이다. 그래서 어떤 관념이 적절하다는 것은, 그 관념을 이루는 모든 요소 관념들이 파악된다는 것이고, 또 어떤 관념이 직관적이라는 것은, 그 관념을 이루는 모든 요소 관념들이 한꺼번에, 한 번에 파악된다는 것이다. 이러한 구분을 하고 나서 라이프니츠는 다음과 같이 말한다. 적절한 관념을 갖는다는 것, "이는 매우 드문 일이고, 인간의 인식이란 대부분 혼동되어 있거나, 혹은 가정적일 뿐이다."[6]

따라서 적절한 인식 혹은 관념, 직관적인 인식 혹은 관념은 우리에게 속하는 것이 아니다. 이러한 관념들은 대부분 신에게 속하는 것들이다. 이러한 사실은 특히 완전 개체 개념에 대한 인식에서 두드러지는 특징이다.

신은 알렉산더의 개체 개념, 혹은 이것임(hecceité)을 봄으로써, 그에게 말되어질 수 있는 모든 술어들의 이유, 그리고 그 근거를 본다. [……] 그래서 신은 선험적으로(경험을 통하지 않고) 알렉산더가 자연사했는지, 혹은 독을

6 DMFR, p. 238.

먹고 죽었는지를 알 수 있다.[7]

3. 완전 개체 개념

아르노와 니콜의 『포르루와얄 논리학』(*Port Royal Logique, La logique ou l'art de penser*) 이래로 철학자들은 개념·관념의 외연과 내포를 구분해왔다. 개념의 내포란 그 개념을 이루고 있는 요소 개념이고, 개념의 외연이란 그 개념에 포섭되는 대상들을 말한다. 그래서 전통적으로, '인간'의 내포는 '합리성'과 '동물'이라고 알려져왔으며, '인간'의 외연은, 소크라테스, 플라톤, 아리스토텔레스 등등이다. 어떤 개념의 내포의 증감은 그 개념의 외연의 증감과 반비례 관계에 있다. 예를 들어 '인간'이라는 개념에 '남성'이라는 규정성을 더해 내포를 증가시키면, 결과 되는 개념 '남자'에 포섭되는 대상의 수는 '인간'이라는 개념에 포섭되는 대상의 수와 관련해 대략 절반이 된다. 또한, '남자'라는 개념에 '학생'이라는 규정성을 더해 내포를 증가시키면, 결과 되는 개념 '남학생'에 포섭되는 대상의 수는 '남자'라는 개념에 포섭되는 대상의 수와 관련해서 극히 적어지게 된다. 이렇게 한 개념의 내포의 증감과 외연의 증감은 서로 반비례 관계에 있다. 이 지점에서 라이프니츠는 내포가 극단적으로 증가해서 결과 되는 개념 밑에 포섭되는 대상의 수가 오직 하나인, 그러한 개념을 허용한다. 그리고 그러한 개념을 완전 개체 개념(complete individual concept)이라고 부른다.

이러한 입장, 즉 내포가 극단적으로 증가함으로써 결과 되는 개념에

---

7 DMFR, p. 214.

오직 하나의 대상만이 포섭되는 그러한 개념이 있다고 하는 입장은 개념에 대한 일반적인 입장은 아니다. 한 예로 칸트를 들 수 있다. 칸트는 개념과 직관을 구분하면서, 개념은 일반적인 것이며, 직관은 개별적인 것이라고 주장한다. 따라서 칸트에 의하면, 개별적 개념(라이프니츠의 용어로, 완전 개체 개념)은 있을 수 없다. 그의 저서 『논리학』(*Logik*)에서 다음과 같이 말한다.

3) § 1. 개념 일반. 개념과 직관의 차이.

모든 인식은, 다시 말해 하나의 대상과 의식적으로 연계된 모든 표상은, 직관이거나 혹은 개념이다. —직관이란 단칭 표상(représentation singulière)이다. 개념은 일반 표상, 혹은 반성적 표상이다.

개념에 의한 인식을 사유(la pensée)라고 부른다.

주의. 개념은 직관에 대비된다. 왜냐하면 개념이란 일반적 표상, 혹은 여러 대상들에 공통적인 것에 대한 표상이기 때문이다. 따라서 이러한 일반적인 것으로서의 표상은 여러 서로 다른 대상들에 포함될 수 있는 것이다.

[······]

주의. 예를 들어, 철·금속·물체·실체·사물 등등과 같이 서로 종속 관계에 있는 여러 개념들의 계열을 우리가 생각한다면, 이러한 경우 우리는 언제나 상위류를 얻을 수 있다. 왜냐하면 우리는 각각의 종(species)에 대해 이것은 언제나 그것보다 하위인 개념과 관련해 류(genre)인 것으로 생각해야 하기 때문이다. 예를 들어 지식인이라는 개념은 철학자라는 개념과 관련해 류(genre)인 것이다. 이러한 과정은 자기 차례에 있어서 더 이상 종(species)이 될 수 없는 그러한 류(genre)에 우리가 도달할 때까지 계속된다. 우리는 이러한 류(genre)에 도달할 수 있음이 분명하다. 왜냐하면 최상위 개념(conceptum summum)이 있어야 하기 때문이다. 최상위이므로, 이 개념으로부터는 더 이상

아무것도 추출될 것이 없다. 만약 무언가를 추출한다면, 이 개념은 사라지게 된다. ―그러나 종(species), 류(genre)의 계열에 있어 최후 개념(conceptum infimum), 혹은 최후 종(species), 다시 말해 이러한 종(species) 안에 더 이상 그 어떠한 것도 포함될 수 없는 그러한 최후 종(species)은 없다. 왜냐하면, 이러한 개념은 규정 불가능하기 때문이다. 우리는 우리가 즉각적으로 개체들에게 적용하는 그러한 개념을 갖는다. 그럼에도 불구하고 이 개념과 관련해 종차(différences spécifiques)가 있을 수 있는 것이다. 우리가 알아채지 못한, 혹은 우리가 고려하지 않은 그러한 종차 말이다. 최후 개념이 있다고 한다면, 그것은 단지 상대적인 방식으로만, 혹은 관습상으로만 그렇게 말하는 것이다. 최후 개념이라는 것은 단지 규약에 의해서만 최후라는 의미를 갖는다. 더 이상 내려가지 말자고 우리가 동의했다는 말이다.

종(species)과 류(genre) 개념의 규정과 관련해 우리는 다음과 같은 법칙을 세울 수 있겠다. 더 이상 종(species)이 되지 않는 그러한 류(genre)가 있다. 그러나 더 이상 류(genre)가 되지 않는 그러한 종(species)은 없다.[8]

칸트에 따르면, 최고류가 되는 개념은 있을 수 있지만, 최하위 종(species)이 되는 개념은 없다. 최하위 종은 개념적인 것이 아니다. 그것은 직관에 의해서만 파악될 수 있는 것이다.

반면 라이프니츠는 최하위 종이 되는 개념, 즉 완전 개체 개념을 인정한다. 이것은 라이프니츠 형이상학의 독특한 특징 중 하나로서, 라이프니츠가 이러한 개념을 인정하는 이유는 그의 생각에 신이 바로 이러한 개념을 갖고 있기 때문이다. 라이프니츠에 따르면, 완전한 존재인 신은 직관적인 (칸트적인 의미에서가 아니라 라이프니츠적인 의미에서의 직관적인, 즉, 모든 요소 관념들을 한꺼번에, 한 번에 파악한다는 의미에서의 직관적인) 완전 개체

---

8 Kant(1800), p. 99.

개념들을 갖는다. 그래서 그는 그 개념을 구성하는 모든 요소 개념들을 한꺼번에, 한 번에 파악한다. 예를 들어 신은 '알렉산더'라고 하는 완전 개체 개념을 갖는데, 그는 이 개념을 구성하는 모든 요소 개념들, 예를 들면, '왕임', '아리스토텔레스의 제자임' 등등을 한꺼번에, 한 번에 파악한다. 즉, 신에게 있어서 '알렉산더'라는 완전 개체 개념은 분명하고, 구분되어 있으며, 또 적절하고 직관적이다. "신은 알렉산더의 개체 개념, 혹은 이것임(hecceité)을 봄으로써, 그에게 말 되어질 수 있는 모든 술어들의 이유, 그리고 그 근거를 본다. [……] 그래서 신은 선험적으로(경험을 통하지 않고) 알렉산더가 자연사했는지, 혹은 독을 먹고 죽었는지를 알 수 있다."[9] 결국 완전 개체 개념은 신이 이 세계를 인식하는 신의 정신적 기능인 것이다.

4. 관념의 존재론적 지위: 관념의 실재성

앞에서 우리는 관념의 특징에 대한 라이프니츠의 세 가지 주장을 살펴보았다. 그 세 가지란 다음과 같다. (1) 관념은 우리 정신 안에 있는 무엇이다. (2) 관념은 어떤 기능에 근거하는 것이지 어떤 생각하는 활동에 근거하는 것이 아니다. (3) 관념은 사물을 생각하게 하는 기능을 전제한다. 앞에서 미리 말했듯이 여기서 (1)과 (2)의 주장은 관념의 존재론적 지위에 관한 주장으로서, 이 주장들은 17세기 관념을 둘러싸고 벌어진 논쟁 내에서 라이프니츠가 어떤 특정 입장을 취하고 있음을 보여준다. 이제

---

9 DMFR, p. 214.

이 문제를 다루어보자.

데카르트 이후로 관념의 존재론적 지위, 혹은 관념의 실재성이 어떠한 것인지에 대한 문제가 논쟁거리가 되었다. 관념이 대상적 실재성(objective reality)을 갖는다는 입장이 이 논쟁의 한 축을 이루고, 또 관념이 형상적 실재성(formal reality)을 갖는다는 입장이 이 논쟁의 다른 축을 이룬다. 관념이 대상적 실재성을 갖는다는 것은 관념이 우리 정신과 독립적으로 존재하는, 그래서 우리 정신과 맞서 있는 하나의 대상이라는 것이고, 관념이 형상적 실재성을 갖는다는 것은 관념이 우리 정신의 속성·형상이라는 것이다. 관념이 대상적 실재성을 갖는다는 주장은 주로 말브랑슈에 의해 지지되고 있는 입장이며, 관념이 형상적 실재성을 갖는다는 주장은 주로 아르노에 의해 지지되고 있는 입장이다.

말브랑슈는 관념을 어떻게 이해해야 할지와 관련해서 심리적인 것과 추상적·논리적인 것의 구분을 시도한다. 예를 들어 우리가 수 1에 대해 생각한다고 해보자. 말브랑슈에 따르면, 심리적인 것은 일시적이며 생각하는 사람들에 따라 서로 다르다. 예를 들어, 수 1이 심리적인 것이라면, 그것은 수 1에 대한 어떤 이미지 정도일 것이며, 내가 지금 수 1에 대해 갖고 있는 심리적 이미지(예를 들어 주사위 점 하나)와 내가 나중에 수 1에 대해 갖게 될 심리적 이미지(예를 들어 줄자의 눈금 하나)는 서로 다른 것이 될 것이다. 또한 지금 내가 수 1에 대해 갖고 있는 심리적 이미지(주사위 점 하나)와 다른 사람이 수 1에 대해 갖고 있는 심리적 이미지(줄자의 눈금 하나)는 서로 다른 것이 될 것이다. 그러나 말브랑슈에 따르면, 관념이라는 것은 이러한 심리적 이미지, 심적 사건과는 구분되어야 하는 것이다. 즉 관념은 우리의 정신에 대해 놓여 있는 대상과 같은 것이어서, 내가 갖는 수 1에 대한 관념과 다른 사람이 갖는 수 1에 대한 관념은 동일해야 한다는 것이다. 따라서 관념은 심리적인 것이 아니다. 혹은 관념은 심적 사건이 아니다. 관념은 어떤 추상적·논리적인 것으로서 우리 정신에 마주 놓여 있는 어떤 대상인 것이다. 관념에 대한 이러한 이해를 따른다면 관념은 다음과 같이 정의될 수 있다. 즉, 관념이란 일종의 정신 독립적인 대상으로서, 항구적이고, 객관적이며, 또 추상적인 그러한 실재물이다.

말브랑슈의 입장은 관념에 관한 일종의 플라톤주의적 입장이다. 이에 반대해 아르노는 관념이 형상적 실재성을 갖는다고 주장한다. 관념이 형상적 실재성을 갖는다는 것은, 관념이 우리 정신에 마주 놓여 있는 어떤 대상이 아니라, 우리 정신의 형상·속성·변용이라는 것이다. 즉, 이러한 입장은 관념이 우리 정신과 독립해 존재하는 어떤 대상임을 부정하면서, 그것을 정신의 어떤 존재 방식으로 이해하고자 하는 것이다. 관념에 대한 이러한 이해를 따르자면 관념이란 다음과 같이 정의된다. 즉, 관념이란 정신 내재적인 것으로서, 일시적이고, 주관적이며, 심리적인 그러한 것이다.

라이프니츠는 이 두 입장 모두를 받아들이지 않는다. 그는 다음과 같이 말한다.

'관념'(Idea)은 두 가지 의미로 이해될 수 있다. 즉, (1) 관념은 생각(thought)의 속성(quality) 혹은 생각의 형식·형상(form)으로서 이해될 수 있다. 이것은 속력과 방향이 운동의 속성 혹은 형식·형상인 것과 마찬가지이다. 혹은 (2) 관념은 지각의 무매개적(immediate) 혹은 최근접(nearest) 대상으로서 이해될 수 있다. 이 경우 관념은 우리 영혼의 존재 방식(mode of being)이 아닌 것이다. 플라톤과 『탐구』(Recherche)의 저자[말브랑슈]가 이러한 견해를 취하고 있는 것으로 보인다. 왜냐하면, [이들에 따르면] 영혼이 존재에 대해, 동일성에 대해, 생각에 대해, 혹은 지속에 대해 생각할 때, 영혼은 어떤 무매개적 대상을, 혹은 자기 지각의 최근접 원인을 갖기 때문이다. 이런 의미에서는 다음과 같은 것이 가능하다. 즉 우리는 모든 것들을 신 안에서 본다. 그리고 관념들이나 무매개적 대상들은 신의 속성들(attributes)이다. 이러한 정식화 혹은 말하는 방식은, 어떤 진리를 포함하고 있긴 하다. 그러나 우리가 올바르게 말하고자 한다면, 우리는 이러한 용어들에 대한 확고부동한 의미를 제공해야 한다.[10]

라이프니츠는 우리가 '관념'이라는 용어에 대해 올바르게 말하기 위해서는, '관념'에 대해 위의 두 입장이 제공하는 의미 말고 또 다른 확고부동한 의미를 제공해야 한다고 주장한다. 그 이유는 다음과 같은 것이다. 우선 라이프니츠는 관념이 형상적 실재성을 갖는다고 하는 아르노의 주장에 반대한다. 분명 라이프니츠는 관념의 실재성에 대한 아르노의 주장 중 일부를 받아들이긴 한다. 즉, 관념이란 우리 정신이 갖는 심적 사건이라는 주장, 혹은 관념이란 우리 정신이 갖는 형상·속성·변용이라는 주장 말이다. 그러나 라이프니츠는 이러한 관념이 일시적이며, 주관적이라는 아르노의 주장에 반대한다. 관념은 정신의 내재적·심적인 속성이긴 하지만 이 관념은 항구적이며 또 객관적인 것이다. 『신 인간 지성론』에서 라이프니츠는 관념이 일시적인 생각에 선행하며 또 후행한다고 말함으로써, 관념이 항구적인 어떤 것이라고 말하고 있다.

관념이란 무매개적이며 내재적인 대상입니다. 그리고 이 대상이란 자연에 대한, 혹은 사물들의 성질에 대한 일종의 표현입니다. 만약 관념이 사유의 형상이라면, 관념은 그 관념에 대응하는 현재적인 생각들과 함께 나타났다가 또 사라졌다가 할 수도 있을 것입니다. 그러나 대상인 한, 그러한 관념은 생각들에 선행하며, 또 후행하는 것입니다.[11]

---

10 L, p. 155.
11 DMFR, p. 87.

또 앞에서 인용한 『관념이란 무엇인가』에서 라이프니츠는 다음과 같이 말한다.

왜냐하면 우리에게 있어서 관념이란 어떤 기능에 근거하는 것이지, 어떤 생각하는 활동에 근거하는 것은 아니기 때문이다. 따라서 우리는 어떤 사물에 대해 생각하고 있지 않다고 하더라도, 그 사물에 대한 관념을 가지고 있다고 말한다. 기회가 될 때, 그 사물을 생각할 수 있기만 하면 되는 것이다.[12]

다음으로 라이프니츠는 관념이 대상적 실재성을 갖는다고 하는 말브랑슈의 주장에 반대한다. 분명 라이프니츠는 관념의 실재성에 대한 말브랑슈의 주장 중 일부를 받아들이긴 한다. 즉, 관념이란 항구적이며 객관적이라는 주장 말이다. 그러나 라이프니츠는 이러한 관념이 정신 외적인 추상적 실재물이라는 말브랑슈의 주장에 반대한다. 관념은 항구적이며 객관적이긴 하지만, 우리 정신에 독립해 존재하는 어떤 추상적 실재물이 아니라, 우리 정신에 내재하는 그러한 심리적인 사건, 혹은 정신의 형상·속성·변용이라는 것이다. 말브랑슈의 견해에 반대하면서 라이프니츠는 다음과 같이 주장한다.

관념에 대한 말브랑슈의 견해는 공격받을 만하다. 왜냐하면 관념을 우리 밖에 있는 어떤 것으로 간주할 필요성이 전혀 없기 때문이다. 관념을 개념 (Notions)으로 이해하는 것으로 충분하다. 다시 말해 관념을 우리 정신의 변용 (modifications)으로 이해하는 것으로 충분하다. 이것이 바로 스콜라 철학자들,

---

12 Qu'est-ce que l'idée, p. 113.

데카르트, 그리고 아르노가 관념을 이해하는 방식이다.[13]

또 앞에서 인용한 『관념이란 무엇인가』에서 라이프니츠는 다음과 같이 말한다.

관념이라는 말로써 우리가 우선적으로 이해하는 것은, 그것이 우리 정신 안에 있는 무엇이라는 것이다.[14]

관념의 실재성에 대한 아르노와 말브랑슈의 견해를 각각 비판하고 수용함으로써 라이프니츠는 관념의 실재성에 대한 제3의 견해를 내고 있다. 이 제3의 견해에 따르면, 관념은 우리 정신의 기능, 혹은 우리 정신의 성향적 속성(disposition[qualité])이다. '성향적'이라는 말은 현재적이지도, 또 일시적이지도 않음을, 그렇다고 외적이지도 않음을 뜻하는 말이다. 예를 들어, 컵은 '깨지기 쉬운'이라는 성향적 속성을 가진다. 컵은 일시적으로 이러한 속성을 가지는 것이 아니다. 컵은 항상 이 속성을 가지고 있다. 그러나 컵이 이 속성을 항상 가지고 있다고 해서, 컵들이 항상 깨져 있는 상태에 놓여 있다는 것은 아니다. 컵이 이 속성을 가지고 있다는 것은 언제든 기회가 되면 그 컵은 깨지게 된다는 것이다. 관념도 이와 마찬가지이다. "우리는, 어떤 사물에 대해 생각하고 있지 않다고 하더라도, 그 사물에 대한 관념을 가지고 있다고 말한다. 기회가 될 때, 그 사물을 생각할 수 있기만 하면 되는 것이다." 그래서 이 견해에 따르면, 관념은 우리 정신의 내재적인 그리고 심리적인 속성이지만,

---

13 G iii, p. 659.
14 DMFR, p. 113.

일시적이고 주관적인 심적 속성이 아니라, 항구적이며 객관적인 그러한 심적 속성이다. 『형이상학 서설』에서 라이프니츠는 관념의 성향성에 대해 다음과 같이 말한다.

> 나는 다음과 같이 생각한다. 즉 우리 영혼의 이러한 성향성(disposition[qualité])은, 그것이 어떤 본성, 형식·형상, 혹은 본질을 표현하는 한에 있어, 진정으로 사물(the thing)에 대한 관념인 것이다. 이러한 경향성은 우리가 그것을 생각하든 생각하지 않든, 우리 안에 있으며, 또 항상 우리 안에 있는 것이다.15

관념의 실재성에 대한 라이프니츠의 견해는 아르노와 말브랑슈의 견해를 섞었다기보다는 이들의 견해를 종합하고 통일했다고 볼 수 있다. 관념이 일시적이며 주관적이라는 주장은 받아들여지기 어렵다. 내가 어떤 하나의 관념을, 예를 들어 '삼각형'이라는 관념을 떠올릴 때, 매번 떠올릴 때마다 그 관념이 달라진다면, 나는 내 사유의 정합성을 설명할 수 없을 것이다. 또한 내가 가진 '삼각형'이라는 관념과 다른 사람이 가진 '삼각형'이라는 관념이 서로 다르다면, 합리적인 의사소통의 가능성과 학문의 가능성은 사라질 것이다. 따라서 사유의 정합성, 의사소통의 가능성, 그리고 학문의 가능성이 인정된다면, 관념은 항구적이며 객관적이어야 할 것이다. 라이프니츠는 이 점에서 말브랑슈의 입장을 수용하며 아르노를 비판하는 것이다.

한편 관념이 항구적이며 객관적인 특성을 갖는다고 해서, 이것이 우리 정신과 독립해 존재하는 어떤 실재물이라고 보기도 어렵다. 만약 관념을 우리 정신과 독립해 존재하는 어떤 실재물이라고 한다면, 우리는 바로

---

15 DMFR, p. 240.

플라톤주의적인 이데아의 존재에 개입하게 되기 때문이다. 그러나 라이프니츠는 중세의 유명론적 전통을 이어받고 있는 철학자로서, 이러한 추상적 실재물의 존재에 반대한다. 바로 이 점에서 라이프니츠는 관념이 우리 정신에 내재하는 어떤 심적 속성이라고 하는 아르노의 견해를 수용하면서 말브랑슈를 비판하는 것이다. 이러한 변증법적 의미에서, 관념에 대한 라이프니츠의 견해, 즉 관념은 정신 내재적이며, 항구적이며, 또 객관적인 그러한 우리 정신의 성향성이라고 하는 라이프니츠의 견해는 혼동이 아니라 진정한 종합이라고 할 수 있다.

5. 관념과 표현관계

『관념이란 무엇인가』에서 라이프니츠는 관념을 다음과 같이 설명한다. 즉, 관념이란 우리 정신 안에 있는 무엇으로서, 그것의 기능은 사물들을 생각할 수 있게 해주는 것이다. 그런데 관념에 대한 이러한 설명을 하고 나서 라이프니츠는 곧바로 '표현관계'에 대한 설명으로 옮겨간다.

내 안에는 사물에 접근하게 해줄 뿐만 아니라 그 사물을 표현하기도 하는 무언가가 있어야 한다. 어떤 것이 다른 것을 표현한다는 말은 다음과 같은 것이다. 즉, '표현하는 것이' 표현되는 사물이 갖는 비례에 대응하는 그러한 비례를 드러낸다는 것. 그런데 이러한 표현들은 다양하다. 예를 들어, 모듈은 기계를 표현하고, 어떤 사물에 대한 원근화는 평면에다가 입체를 표현하며, 대화는 생각과 진리를 표현하고, 또 숫자는 수를 표현한다. 그리고 대수 방정식은 원 혹은 기타 다른 도형을 표현한다. 이 모든 표현들에 공통적인 것은 다음과 같은 사실이다. 즉 표현하는 것의 비례를 살펴보기만 하면, 우리는 표현되는 것의 대응 속성들에 대한 지식을 얻을 수 있다. 이렇게 본다면 우리는 표현하는 것과 표현되는 것이 닮을 필요가 없음을 알게 된다. 요구되는 것은 단지 비례들의 어떤 유비가 유지되어야 한다는 것뿐이다.[16]

라이프니츠에 따르면 관념이 수행하는 역할이란 바로 사물들을 표현하는 것이다. 여기서 라이프니츠는 여러 가지 예를 드는데, 모둘과 기계, 그림과 사물, 대화와 생각, 숫자와 수, 그리고 대수방정식과 도형이 그러한 예들이다. 이러한 예들을 통해 라이프니츠는 표현관계의 특성이 어떠한 것인지를 설명하는데 다음과 같은 두 가지 주장이 핵심이다.

(1) 표현하는 것의 비례를 살펴보기만 하면, 표현되는 것의 대응 속성을 알아낼 수 있다.
(2) 표현하는 것과 표현되는 것이 닮을 필요는 없다.

대수방정식과 도형을 예로 들어보자. 대수방정식 $x^2+y^2=4$는 반지름이 2인 원을 표현한다. 기하학자는 $x^2+y^2=4$라는 대수방정식의 비례를 살펴보기만 하면, 원이 갖는 대응 속성, 즉 반지름이 2라고 하는 속성을 알아낼 수 있다. 이처럼 어떤 것 A가 다른 것 B를 표현할 경우, 우리는 A가 갖는 속성에 대한 지식으로부터 B가 갖는 속성에 대한 지식으로 옮겨갈 수 있다.

라이프니츠에 따르면, 관념이 하는 역할이 바로 이러한 것이다. 관념은 사물들을 표현한다. 그래서 내가 '삼각형'이라는 관념을 가지면, 나의 정신은 이 '삼각형'이라는 관념, 그리고 이 관념이 표현하는 대상들(세모난

---

16 DMFR, p. 114.

대상들), 이 둘을 연결시키게 된다. 다시 말해, 내가 '삼각형'이라는 관념을 가지면, 나는 이 관념 밑에 포섭되는 대상들이 어떤 것인지를 알게 된다. 그리고 신은, 마치 기하학자가 대수방정식과 도형의 연관관계를 파악하는 것처럼, 내가 갖는 관념을 보면, 대응 사물들이 어떤 것인지를 알고, 또 대응 사물들을 보면, 내가 갖는 관념이 어떤 것인지를 안다.

관념이 하는 역할은 사물들을 표현하는 것이다. 그런데 라이프니츠는 이러한 표현관계의 특성에 대해 다음과 같이 주장한다. "표현하는 것과 표현되는 것이 닮을 필요가 없다." 대수방정식과 도형이 표현관계의 예로 나옴을 볼 때 우리는 왜 라이프니츠가 이러한 주장을 하는지 이해할 수 있다. 대수방정식은 산술적인 것이며, 도형은 기하학적인 것이다. 다시 말해 이 둘은 수학 분과 내에서 서로 다른 영역에 속하는 것들이다. 이렇게 이해한다면, 우리는 라이프니츠가 왜 "표현하는 것과 표현되는 것이 닮을 필요가 없다"고 말하는지를 알 수 있다. 표현하는 것과 표현되는 것이 서로 다른 차원에 있어도, 이 둘은 표현관계에 놓일 수 있는 것이다. 그런데, 우리가 라이프니츠의 이러한 주장을 관념과 관련해 이해하고자 한다면, 우리는 라이프니츠가 철학사적으로 매우 중요한 논쟁에 대한 어떤 철학적 해결책을 내고 있음을 보게 된다.

데카르트의 이원론은 많은 논쟁을 불러 일으켰다. 데카르트에 있어서 정신과 물질은 서로 다른 존재론적 범주에 속하는 것들이다. 따라서 이 둘 사이의 소통의 문제, 즉 정신이 외부 물질에 대한 정보를 받아들이는 것이 어떻게 가능한지의 문제가 해결되기 어려운 채로 남아 있었다. 데카르트는 송과선을 도입해 이 문제를 해결하고자 했다. 외부 물질이 우리의 몸에 자극을 주면, 그 자극이 송과선을 타고 정신에 특정한 정보를 제공한다는 것이다. 그러나 문제는 송과선 역시 물질이라는 것이다. 송과선 역시 물질인 이상, 이것이 정신과 소통한다는 것에 대한 설명은 여전히 미완인 것이다. 다시 말해, 송과선의 도입은 설명의 의무를 한 발짝 미룬 것일 뿐이다.

이에 대한 라이프니츠의 해답은 다음과 같다. 외부 사물을 표현하는 내 정신의 기능, 즉 관념과 내 관념에 의해 표현되는 외부 사물, 이 둘은 서로 닮을 필요가 없다. 다시 말해, 이 둘이 서로 다른 존재론적 범주에 속한다고 하더라도 이 둘 사이에는 표현관계가, 즉 소통이 있을 수 있는 것이다. 이것은 대수방정식과 도형이 서로 닮지 않았지만, 다시 말해 이 둘 각각은 산술, 그리고 기하학이라는 서로 다른 수학 분야에 속하지만 이 둘 사이에 표현관계가 성립하는 것과 마찬가지이다. 이처럼, 정신과 물질은 서로 다른 존재론적 범주에 속하지만, 그럼에도 불구하고 관념은 자신의 기능을, 즉 외부 사물을 표현하는 기능을 잘 수행할 수 있는 것이다.

> 모듈은 기계를 표현하고, 어떤 사물에 대한 원근화는 평면에다가 입체를 표현하며, 대화는 생각과 진리를 표현하고, 또 숫자는 수를 표현한다. 그리고 대수방정식은 원 혹은 기타 다른 도형을 표현한다. 이 모든 표현들에 공통적인 것은 다음과 같은 사실이다. 즉 표현하는 것의 비례를 살펴보기만 하면, 우리는 표현되는 것의 대응 속성들에 대한 지식을 얻을 수 있다. 이렇게 본다면 우리는, 표현하는 것과 표현되는 것이 닮을 필요가 없음을 알게 된다.[17]

라이프니츠는 자연 안에서 표현이라는 관계를 발견했다. 이 표현관계의 특징은 표현하는 것과 표현되는 것이 닮을 필요가 없다는 것이다. 이 지점에서 라이프니츠는 이 표현관계를 관념과 사물에 적용한다. 그래

---

17 DMFR, p. 114.

서 우리 정신 내의 관념은 물질과 닮지 않았지만, 다시 말해 관념은 물질과 다른 존재론적 범주에 속하지만, 그럼에도 불구하고 관념은 물질을 잘 표현할 수 있는 것이다. 그리고 그 결과, 우리는 외부 사물에 대한 정보를 얻어낼 수 있는 것이다.

라이프니츠는 표현관계를 이용해 관념의 기능을 설명한다. 그 결과 라이프니츠는 데카르트의 이원론에서 제기되는 문제를 해결하게 된다. 데카르트는 서로 다른 존재론적 범주에 속하는 것들 사이의 소통의 문제를 해결하지 못하고 있다. 그러나 라이프니츠는 자연에 있는 여러 가지 관계들 중 표현관계라는 것을 이용함으로써, 서로 다른 존재론적 범주에 속하는 것들 사이의 소통이 어떻게 가능한지를 설명해내고 있는 것이다.

6. 결론

1678년의 『관념이란 무엇인가』는 관념에 대한 라이프니츠의 최종적 견해를 보여주고 있는 저작이다. 이 소논문에서 라이프니츠는 관념이 정신 외부에 존재하는 것이 아니지만, 그렇다고 해서 그것이 현재적이고 일시적인 특징을 갖는 '생각'이라는 것과는 다른 것임을 주장한다. 그렇게 함으로써 라이프니츠는 관념에 대한 아르노와 말브랑슈의 견해를 비판하고 있다. 이러한 비판을 통해 그는 관념이 하나의 정신적 기능이라고 하는, 다시 말해 관념이 정신의 어떤 성향성이라고 하는 자신의 주장을 정식화하고 있다.

또한 라이프니츠는 이 소논문에서 관념을 일종의 표현관계로 봄으써, 관념에 관한 자신의 입장을 독특한 하나의 이론으로 만들고 있다. 라이프니츠의 관념이나 표현관계들에 대한 여러 연구들이 있었다. 그러나 라이프니츠가 관념을 표현관계와 결합시킴으로써 데카르트의 이원론에서 나타나는 문제를 해결해낸다고 주장하는 그러한 연구는 찾아보기 어렵다. 필자는 라이프니츠가 『관념이란 무엇인가』에서 이 일을 했다고 생각한다. 라이프니츠가 관념을 표현관계와의 관련 하에서 논하고 있는 이유는 바로 이러한 데카르트의 이원론을 극복하기 위한 것이다. 데카르트가 분리한 다음 다시 연결시키고자 했던 정신과 물질은 데카르트에게 있어서 다시 연결되기가 어려운 면이 있었다. 그러나 라이프니츠는 이 두 가지 서로 다른 존재론적 범주가 상호 소통할 수 있는 가능성을 찾아낸 것이다. 라이프니츠에 따르면 서로 다른 차원에 속하는 것들 사이에도 표현관계가 성립할 수 있다. 예를 들어 대수방정식과 도형이 그러한 관계에 놓인다. 이러한 관계가 자연 안에 있음을 발견하고는, 라이프니츠는 이 관계를 정신과 물질에 적용시킨 것이다. 그 결과, 라이프니츠는 정신과 물질 사이의 소통 문제를 해결할 수 있었던 것이다.

이상으로부터 우리는 다음과 같은 사실을 이해할 수 있다. 즉 관념에 대한 라이프니츠의 입장은 '관념'이라는 단어가 어떤 의미를 갖는가 하는 단어 의미에 대한 문제의식으로부터 형성된 것이 아니다. 관념에 대한 라이프니츠의 입장은 17세기에 있었던 여러 논쟁들, 특히 관념의 실재성을 둘러싼 여러 논쟁들, 그리고 데카르트의 이원론을 둘러싼 여러 논쟁들과 관련해 형성된 것이다. 『관념이란 무엇인가』라는 소논문 역시 이러한 복잡한 논쟁들과의 관련성 속에서 이해되어야 할 이유가 바로 여기에 있다.

제4장
진리론

1. 참인 명제에 있어서, 술어가 주어 안에 있다는 원리

라이프니츠는 대략 1686년 즈음에 작성된 것으로 추정되는 짧은 글에서 진리의 본성에 대해 다음과 같이 쓰고 있다.

따라서 술어나 후건은 언제나 주어 혹은 전건 안에 들어 있다. 진리의 본성이 바로 이러한 사실에 근거한다. 즉 진리란 명제의 항들 사이의 관계(연관)이다. 이는 언젠가 아리스토텔레스가 언급한 바와 같다. 그리고 동일률 언표에서는 이러한 관계가, 즉 술어가 주어 안에 포함된다는 관계가 겉으로 드러난다. 반면, 그 이외의 진리들에 있어서 이러한 관계는 겉으로 드러나지 않는다. 따라서 개념의 분석을 통해 이러한 관계를 드러내야 한다. 이렇게 하는 것이 선험적 증명이다.

이러한 사실은 참인 긍정 명제에 있어, 그것이 전칭이든 단칭이든, 혹은 필연적이든 우연적이든 [……] 상관없이 참이다.[1]

이에 따르면, 진리, 즉 참인 명제에 있어서 술어는 주어 안에 포함되어 있다. 예를 들어 '총각은 남자이다'라는 명제에 있어서, 만약 우리가 '총각'을 '결혼하지 않은 남자'라고 정의한다면, 위의 명제는 '결혼하지 않은 남자는 남자이다'로 바꿀 수 있다. 이 경우 우리는 '남자'라는 술어가 주어 개념 안에 들어 있음을 보게 된다. 그래서 이 명제가 참인 이유는 술어 개념이 주어 개념 안에 포함되어 있기 때문이라고 말할 수 있다.

칸트는 이러한 판단을 분석 판단이라고 부른다. 주어 개념을 분석해서, 그 중 한 요소를 꺼내어 술어 자리에 붙임으로써 이러한 판단을 얻기 때문이다. 이런 판단은 다음과 같은 형식으로 표현될 수 있다. 'AB는 B이다.' 그리고 이러한 분석 판단은 선험적이다. 'AB는 B이다'라는 판단이 참임을 아는 데에 경험이 필요치 않기 때문이다. 칸트에 있어서 '선험적'이라는 말은 '필연적이며 보편적'이라는 말과 같으므로, 모든 분석 판단은 필연적으로 참이다. 칸트에 있어 '분석적'이라는 말과 '필연적'이라는 말은 궤를 같이한다.[2]

칸트에 있어서, 분석 판단의 주어 개념은 언제나 일반 개념이다. 다시 말해, 개체의 이름은 분석 판단의 주어가 될 수 없다. 분석 판단은 개념들 사이의 관계를 다루는 것이지 개체와 개념 사이의 관계를 다루는 것이 아니다.[3] 그런데 라이프니츠는 개체에 관한 판단도 분석적이라고 한다. 즉, 개체에 관한 판단에 있어서, 그 판단이 참이라면 술어는 주어 안에

---

1 L, p. 267~268.

2 물론 칸트에게 있어서 종합적이면서 필연적인 명제가 있다. 그러나 지금의 맥락을 고려하면 다음을 지적하는 것만으로 충분할 것 같다. 칸트에 있어 분석적이면서 우연적인 명제는 없다.

3 칸트에 있어서 최고류의 개념은 있지만, 최하위 종의 개념은 없다. 반면, 라이프니츠에게는 최하위 종의 개념이 있다. 완전 개체 개념이 그것이다.

들어 있다는 것이다. 예를 들어 '시저가 루비콘을 건넌다'라는 명제가 참이라면, '루비콘을 건넌다'라는 술어 개념이 '시저'라는 주어 개념에 들어 있다는 것이다.

칸트의 경우, 분석과 필연은 궤를 같이한다. 만약 어떤 판단이 분석적이라면, 즉 술어 개념이 주어 개념 안에 들어 있다면, 그 판단은 필연적으로 참인 판단이다. 그러나 라이프니츠의 경우, 분석은 필연과 우연 양자와 함께 간다. 분석적 명제는 필연적 명제일 수도 있고, 또 우연적 명제일 수도 있다는 것이다. 그래서 '시저가 루비콘을 건넌다'라는 명제가 참이라면, 주어 '시저' 개념을 분석해 '루비콘을 건넌다'를 발견할 수 있지만, 그럼에도 불구하고 이러한 판단은 우연적이라는 것이다. 라이프니츠에 따르면 이러한 판단은 분석적이지만 우연적이다. 어떻게 분석적으로 참인 판단이 우연적일 수 있는가? 이것이 어떻게 가능한지 고찰해보는 것이 이 글의 목적이다. 우선 가능세계에 관한 라이프니츠의 주장과 그의 완전 개체 개념에 관해 논함으로써 이를 살펴보고자 한다.

2. 가능세계, 우연적 명제, 필연적 명제

신은 전지, 전능하고, 선하다. 전지, 즉 모든 것을 안다는 것은 모든 개념 혹은 관념들을 다 가지고 있다는 말이다. "[……] 실재로서의 본질들(즉 가능성 안에서의 실재)의 원천도 신에게 있다는 것을 알 수 있다. 따라서 신의 지성은 영원한 진리들 혹은 이러한 진리들이 근거하는 관념들의 영역이며, 또한 신 없이는 가능성 안에 어떠한 실재도 없을 것이다."[4] 신은 이러한 관념, 혹은 개념들을 정신 속에 담고 있다가 이것들을 현실화시킨다. 이것이 창조이다. 신은 원죄라는 관념, 인간이라는 관념 등등을 현실화시켰다. 그러나 신은 모든 관념들을 다 현실화시킬 수 없었다. 우리는 왜 신이 죄 없는 세상을 창조하지 않고, 원죄를 짊어진 세상을 창조했는지 궁금해 한다. 그가 선함을 우리가 알기 때문이다. 그러나 신은, 만일 그가 '죄 없음'을 현실화시켰다면, 예수에 의한 '죄 사함'이라는 관념을 현실화시킬 수 없었을 것이다. 따라서 예수의 죽음이라고 하는 드라마도 무의미했을 것이다. 이는 '가난'과 '자비'라는 관념에게도 마찬 가지로 해당된다. 가난이 있어야, 자비도 있다. 가난이 없다면 자비도 없을 것이다. 따라서 서로 결합하거나 배제하는 개념들의 계열이 여럿 있다. 신은 이 계열들 중 하나의 계열을 선택해 현실화시켰고, 이것이 창조라고 불리는 것이다. 그러므로 신의 지성 속에는 창조되지는 않았지 만 창조될 수 있었던, 즉 창조될 가능성을 가지고 있었던 관념들의 계열들 이 있는 것이다. 이것들이 가능세계들이다.

가능세계의 개념을 통해 필연과 우연을 정의할 수 있다. 필연과 우연의 정의는 다음과 같다. 어떤 명제가 필연적이라는 것은, 그 명제가 모든 가능세계에서 참이라는 말이다. 어떤 명제가 우연적이라는 것은, 그 명제가 적어도 하나의 가능세계에서 참이라는 말이다.5

---

4 Monadologie, p. 95.
5 여기서 다음과 같은 점을 언급하고 넘어가는 것이 좋을 것 같다. 서강학술총서의 익명의 심사자 한 분은 다음과 같은 지적을 해주셨다.

가능성에 대한 논의가 지나치게 단순하지 않은가 싶다. 곧 저자는 "가능 세계의 개념을 통해 필연과 우연을 정의할 수 있다. 필연과 우연의 정의는 다음과 같다. 어떤 명제가 필연적이라는 것은, 그 명제가 모든 가능 세계에서 참이라는 말이다. 어떤 명제가 우연적이라 는 것은, 그 명제가 적어도 하나의 가능 세계에서 참이라는 말이다"라고 하고 있는데, 이러한 가능성·필연성 설명이 라이프니츠에게도 해당되는지 고려할 필요가 있다. 예컨대 저자가 인용하는 Adams의 저서 1장에 보면, 가능한 명제이지만 어떠한 가능 세계에서도 참이지 않는 명제를 라이프니츠가 인정하고 있다는 논의가 등장을 한다. 다시 말해 라이프니츠의 가능성 이해와 현대 양상논리학에서의 가능성 이해(어느 가능 세계에서의 참)가 꼭 일치하는 것은 아니라는 지적이 등장을 한다. 이 점은 이후 8장 결정론에서의 논의에도 역시 적용된다.

우연과 필연에 대해 라이프니츠가 어떤 생각을 가지고 있었는지를 둘러싸고 많은 논쟁들이 있다. 그래서 벤슨 메이츠는 이렇게 말한다. "필연과 우연에 대해 라이프니츠가 말한 것에 대한 정확한 해석을 둘러싸고 학자들 사이에서 악명 높은 논쟁이 이루어지고 있다"(Mates, 1986, p. 106). 애덤스의 해석도 이러한 논쟁의 한자리에 놓여 있는 것이며, 따라서 이것이 유일하게 옳은 해석적 입장이라고 생각하기는 어렵다. 그러나 이것 역시 하나의 가능한 해석적 입장이라는 의미에서 애덤스의 해석을 살펴볼 필요가 있을 것 같다.

가능 · 우연 · 필연과 관련한 애덤스 주장의 핵심은 다음과 같다. 라이프니츠에게서 가능세계 개념은 가능성 개념에 대한 모델(의미론)이 될 수 없다. 현대 양상 논리 의미론에서 볼 때, 어떤 명제가 가능하다는 것은 적어도 하나의 가능세계에서 그 명제가 참이라는 말인데, 라이프니츠의 경우에는 가능한 명제이지만 그 어떤 가능세계에서도 참이 아닌 그런 명제가 있다는 것이다. 즉, 가능세계 개념과 가능성 개념이 일치하지 않는 것이다. 이런 불일치를 보여주는 명제의 예로서 애덤스는 다음과 같은 명제를 들고 있다. "예수를 배신하지 않는 유다가 존재한다"(Adams, 1994, p. 50).

우선 다음과 같은 것을 지적하는 것이 좋을 것 같다. 가능세계 개념과 가능성 개념이 일치하지 않는다는 애덤스의 주장은 결정적이라고 보기 어렵다. 이와 다른 해석을 하는 학자들이 있기 때문이다. 대표적인 학자로서 벤슨 메이츠를 들 수 있다. 그는 다음과 같이 주장한다. "한편, 절대 겉으로 드러나 있지는 않지만 그럼에도 불구하고 항상 배후에 깔려 있는 가정이 하나 있다. 즉, 필연적으로 참인 명제는 모든 가능세계에 대해 참인 명제라는 것. 그래서 우연적으로 참인 명제란 현실세계에서는 참이지만, 적어도 하나의 가능세계에 대해서는 거짓인 그런 명제라는 것"(Mates, 1986, p. 107). 이런 해석에 대한 근거로서 메이츠는 다음과 같은 라이프니츠의 주장을 제시한다. "이것들[필연적으로 참인 명제들]은 영원한 진리이다. 이것들은 이 세계가 존재함으로써 참이 될 뿐만 아니라, 신이 다른 계획을 통해 세계를 창조했더라도 여전히 참인 그러한 명제들이다"(C, p. 18). 여기서 라이프니츠는 필연성을 가능세계 개념을 통해 정의하고 있는 것으로 보인다. 따라서 가능세계 개념과 가능성 개념이 일치하지 않는다는 애덤스의 해석은 유일한 해석이 아니며, 다른 해석의 여지가 남겨져 있는 것으로 보인다.

이제 다음과 같은 점을 짚어보도록 하자. "예수를 배신하지 않는 유다가 존재한다"라는 명제가 그 어떤 가능세계에서도 참이지 않은 명제라는 것은 분명하다. 예수를 배신하지 않는 유다가 존재하는 세계는 없다. 그러나 정말 이 명제가 가능한 명제인지 확신하기 어렵다. 왜냐하면, 라이프니츠는 다음과 같이 주장하기 때문이다. "많은 미래 조건문은 정합적이지 않다. 그래서 만약 유다가 예수를 부정하지 않았다면 어떻게 되었을까를 내가

'총각은 남자이다'와 같은 명제는 모든 가능세계에서 참이며, 따라서 필연적이다. '시저가 루비콘을 건넌다'와 같은 명제는 어떤 가능세계(우리의 세계)에서 참이며, 다른 가능세계에서는 거짓일 수 있다. 따라서 우연적으로 참인 명제이다. 그러나 이러한 우연적으로 참인 명제에 있어서도 술어 개념은 주어 개념 안에 포함되어 있다고 라이프니츠는 주장한다. '루비콘을 건넌다'라는 개념이 '시저'라는 개념 안에 들어 있음에도 불구하고, 과연 이 명제는 우연적일 수 있을까? 술어 개념이 주어 개념 안에 들어 있다면, 이 두 개념으로 구성된 명제는 'AB is B'의 형태를 띨 것이다. 어떻게 이러한 형태의 명제가 우연적일 수 있는가?

3. 완전 개체 개념

앞 장에서 이미 본 것처럼, 관념, 혹은 개념들은 서로 결합해 보다 복잡한 관념, 혹은 개념을 만든다. 예를 들면, '평면 도형'이라는 개념과 '세 개의 각'이라는 개념이 결합해 '삼각형'이라는 개념을 만든다. 또, '삼각형'이라는 개념과 '직각'이라는 개념이 결합해 '직각삼각형'이라는

묻는다면, 나는, 만약 유다가 유다가 아니라면 어떻게 되었을까를 묻는 것이다. 왜냐하면 예수에 대한 부정은 유다의 완전 개념 내에 포함되어 있기 때문이다'(Grua, p. 358). 여기서 라이프니츠는 "유다는 예수를 부정하지 않는다"라는 명제를 "유다는 유다가 아니다" 같은 명제와 동일한 지위를 갖는 것으로 보고 있다. 그런데 동일성 관계는 필연적으로 재귀적이다. 즉 재귀적이지 않은 동일성 관계란 없는 것이다. 따라서 "유다는 유다가 아니다"라는 명제는 필연적으로 거짓이다. 즉 참일 가능성이 없는 명제, 가능하지 않은 명제이다. 그런데 라이프니츠는 이 명제를 "유다는 예수를 부정하지 않는다"와 같은 지위를 갖는 명제로서 소개하고 있다. 그렇다면 다음과 같은 결론이 가능한 것으로 보인다. "유다는 예수를 부정하지 않는다"라는 명제는 불가능한 명제이다.

개념을 만든다. 그리고 '직각삼각형'이라는 개념과 '같은 길이의 두 변'이라는 개념이 결합해 '직각이등변삼각형'이라는 개념을 만든다.

　요소 개념은 결합 개념에 비해 단순하다. a, b를 요소 개념이라고 할 때, 이들은 분명 a+b보다 단순하다. 삼각형은 직각 삼각형보다 단순하다. 삼각형은 직각삼각형에 비해 직각이라는 요소, 혹은 규정성을 하나 덜 갖고 있기 때문이다. 이 경우, 삼각형을 류(genre)라고 하고, 직각삼각형을 종(species)이라고 한다. 즉 단순한 요소 개념이 류가 되고 복잡한, 즉 규정성을 더 가진 결합 개념이 종이 된다. 단순한 개념에 규정성이 가해짐으로써 복잡한 개념이 형성되고, 이 과정은 류로부터 종으로 내려가는 과정과 일치한다.

　류에서 종으로 내려갈수록 그 개념에 속하는 대상들의 수는 줄어든다. 삼각형이라는 개념에 속하는 대상에는 삼각표지판, 삼각김밥 등이 있지만, 직각이등변삼각형이라는 개념에 속하는 대상에는, 이러한 대상들이 제외되어, 보다 적은 수의 대상만이 속하게 된다. 따라서 한 개념에 규정성이 가해지면 가해질수록 그 개념은 복잡해지고, 끝없이 하위 종으로 내려가며, 그 개념에 속하는 대상들의 수는 계속 줄어들게 된다.

　라이프니츠는 최하위 종, 즉 상위 류 개념에 계속해서 규정성이 가해짐으로써, 그 규정성이 극한까지 다다른, 그래서 결국 그 개념에 오직 하나의 대상만이 속하게 되는 그런 개념을 인정한다. 이 개념은 규정성을 최대치로 갖기 때문에 완전하다고 한다. 또 오직 하나의 대상만이 이 개념에 속하기 때문에 이 개념을 개체적(individuel)이라고 부른다. 이것이 라이프니츠의 완전 개체 개념이다.

4. 완전 개체 개념에 대한 해석

완전 개체 개념을 어떻게 해석하는가에 따라 라이프니츠 진리론이 정합적으로 이해될 수도 있고, 또 그렇지 않을 수도 있다. 우선 가능한 하나의 해석을 보도록 하자.

시저라는 완전 개체 개념은 로마인, 따라서 인간, 장군, 골을 공격, 루비콘을 건넘, 부루투스에게 암살당함 등등의 규정성의 총체이다. 이 모든 규정성들의 총체에는, 즉 완전 개체 개념에는 오직 하나의 대상, 즉 시저만이 속한다. 이 완전 개체 개념을 S라고 하고, 다음과 같이 표현해보자(P는 S를 이루는 요소 개념이다). "$S = P_1$ & P_2 & P_3 & ...... & P_n." 이러한 해석은 개체를 개념의 수준으로 바라본다는 점에서 자연스러워 보인다. 예를 들어보자. '생물'이라는 (상대적) 단순 개념과 '지각'이라는 단순 개념이 결합해서 '동물'이라는 복합 개념을 이룬다. '동물'이라는 개념에 '합리적'이라는 개념이 더해지면, '인간'이라는 복합 개념이 나온다. '인간'이라는 개념에 '수컷'이라는 개념이 더해지면 '남성'이라는 개념이 나온다. 앞의 해석은, 이런 과정이 극대화되면, 우리가 개체 개념에 도달할 것이라고 주장하는 것이다. 다시 한 번, 예를 들어, '남성'이라는 개념에서 '수컷'이라는 규정성이 빠지면 '남성'이라는 개념은 파괴된다. 이와 마찬가지로 앞의 해석은 다음과 같은 것을 주장한다. 완전 개체 개념 S에 대해서, 만약 S의 속성 P 중에서 단 하나라도 빠진다면 S라는 완전 개체 개념은 파괴된다. 따라서 S라는 완전 개체 개념의 모든 요소 개념 P는 S의 개체성을 위해 본질적인 것이다.

이렇게 보면, 이 해석은 라이프니츠의 본질에 대한 이해와 정합적으로 이해될 수 있을 것 같다. 라이프니츠에 있어 개체가 갖는 속성은 다음과 같이 이해된다. 즉, 만약에 어떤 개체 개념이 가지고 있는 요소 개념 중 하나라도 빠진다면 이것은 아까의 그 개체 개념이 아닌 것이다. 예를 들어 어떤 완전 개체 개념이 '루비콘을 건넌다'라는 요소 개념(규정성)을 갖지 않는다면, 그 개체 개념은 시저의 개체 개념이 아니다. 따라서 시저의 완전 개체 개념은 그가 가진 모든 속성 'P_1 & P_2 & P_3 & ⋯⋯ & P_n'에 대응하는 요소 개념을 가져야 하며, 이 중 하나라도 빠진다면 그 완전 개체 개념은 시저의 완전 개체 개념이 아닌 것이다. 따라서 한 개체가 갖는 속성은 모두, 그 개체의 개체성을 보존하기 위해 없어서는 안 될 본질적 속성이다.

그러나 이러한 해석은 문제가 있다. '시저가 루비콘을 건넌다'라는 명제는 특정 시간에 있어서만 참이다. 만약 시저의 개념을 'P_1 & P_2 & P_3 & ⋯⋯ & P_n'이라는 속성들의 총체라고 하면 '시저가 루비콘을 건넌다'라는 명제는 언제나 참일 것이다.[6] 왜냐하면 '시저'라는 개념 안에 '루비콘을 건넌다'라는 속성이 시간과 관계없이 들어 있을 것이기 때문이다. 그러나 위의 명제는 강을 건너기 전과, 강을 건넌 후에는 거짓이라고 보는 게 직관적으로 옳아 보인다. 따라서 완전 개체 개념에 시간을 넣는 것이 필요하다.

시간을 넣음에 있어서 한 가지 중요한 문제가 있다. 라이프니츠에 있어서 시간은 사물의 순서의 계기이다. 즉 존재론적으로 볼 때, 개체들의 존재가 시간에 앞선다.[7] 흔히 생각하듯이 시간이 먼저 있고, 사물들이 이 시간의 계기 속에서 변화하는 것이 아니라, 각 사물들이 갖는 변화의 계기가 바로 시간인 것이다. 따라서 완전 개체 개념에 시간을 넣는다는

---

6 물론 시저가 없는 가능세계에서는 거짓이다.
7 우리는 이것을 6장에서 살펴볼 것이다.

것은 완전 개체 개념이 갖는 규정성(속성)들을 순서 짓는다는 것을 의미한다. 이러한 해석을 통해 우리는 다음과 같이 완전 개체 개념 S를 표현할수 있다.

$$S = P_{1-1} \ \& \ P_{1-2} \ \& \ P_{1-3} \ \& \ \cdots\cdots \ \& \ P_{1-n} \qquad t_1$$
$$P_{2-1} \ \& \ P_{2-2} \ \& \ P_{2-3} \ \& \ \cdots\cdots \ \& \ P_{2-n} \qquad t_2$$
$$\cdots\cdots$$
$$P_{n-1} \ \& \ P_{n-2} \ \& \ P_{n-3} \ \& \ \cdots\cdots \ \& \ P_{n-n} \qquad t_n$$
$$\cdots\cdots$$

완전 개체 개념 S는 'P$_{1-1}$ & P$_{1-2}$ & P$_{1-3}$ & …… & P$_{1-n}$'이라는 속성들을 갖고, 그 다음에 'P$_{2-1}$ & P$_{2-2}$ & P$_{2-3}$ & …… & P$_{2-n}$'이라는 속성들을 갖는다. 이 경우, 우리가 생각하는 의미의 시간은 없지만 순서는 있다. 속성들의 계열은 순서로 지어져 있다. 이제 'P$_{100-1}$ & P$_{100-2}$ & P$_{100-3}$ & …… & P$_{100-n}$'의 상태에서 시저가 루비콘을 건넌다고 해보자. 이것은 시간 t_{100}에서 '시저가 루비콘을 건넌다'라는 명제가 참이 된다는 뜻이다. 이렇게 해석할 경우 우리는 '시저가 루비콘을 건넌다'라는 명제가 참인 조건을 더 명확히 할 수 있다. '시저가 루비콘을 건넌다'라는 명제에서 '루비콘을 건넌다'라는 속성은 '시저'라는 주어 개념 전체 안에 포함되어 있는 것이 아니라 'P$_{100-1}$ & P$_{100-2}$ & P$_{100-3}$ & …… & P$_{100-n}$'의 상태에 포함되어 있다. 따라서 이 명제는 'P$_{1-1}$ & P$_{1-2}$ & P$_{1-3}$ & …… & P$_{1-n}$' 상태에서는 거짓이고, 오직 'P$_{100-1}$ & P$_{100-2}$ & P$_{100-3}$ & …… & P$_{100-n}$' 상태에서만 참이다. 따라서 '시저'라는 주어 개념에 '루비콘을 건넌다'라는 술어가 들어 있다는 주장은 'AB는 B이다'와 같은 형태의 문장에서 B가 AB에 들어 있는 것과는 다른 방식으로 들어 있다. '루비콘을 건넌다'

라는 명제는 'P_{100-1} & P_{100-2} & P_{100-3} & …… & P_{100-n}' 상태 중에서 어느 한 P에 들어 있는 것이다. 따라서 '시저가 루비콘을 건넌다'라는 명제는 '시저' 안에 '루비콘을 건넘'이 포함되어 있음에도 불구하고, 어떤 시간 t에서는 참이고, 또 다른 시간 t에서는 거짓이다.

5. 결론

칸트의 경우 분석적 명제는, 즉 술어 개념이 주어 개념 안에 이미 들어 있는 명제는 필연적으로 참이다. 반면, 라이프니츠의 주장을 따른다면, 술어 개념이 주어 개념 안에 이미 들어 있어도 어떤 명제(완전 개체 개념을 주어로 하는 명제)는 우연적으로 참이다(라이프니츠는 이렇게 생각했지만, 분석을 해보면, 이 주장이 거짓으로 드러날 것이다. 이 문제는 8장에서 자세하게 살펴볼 것이다). 이러한 차이는 왜 생겼을까? 한 가지 가능한 대답은 두 사람이 서로 다른 질문을 던지고 있다는 것이다. 칸트의 물음은 어떻게 우리가 인식할 수 있는가 하는 것이다. 반면, 라이프니츠의 물음은 신이 세계를 어떻게 창조했는가 하는 것이다. 칸트가 인간의 관점에서 자신의 물음에 대해 답을 제시하려고 한 반면, 라이프니츠는 신의 관점에서 그의 물음에 답하고자 한다. 예를 들어, 라이프니츠에 있어서 완전 개체 개념 'C'에 대해, 만약 'C'가 '루비콘을 건넌다'라는 속성을 갖지 않는다면 'C'는 '시저'가 아니다. 그러나 우리는 C와 시저를 혼동할 수 있다. 아마 역사가들이 종종 이러한 혼동을 할 것이다. 그럼에도 불구하고, 신의 눈으로 볼 때 '루비콘을 건넌다'라는 속성을 갖지 않는 그 어떠한 'C'도 시저가 아닌 것이다. 즉, 신은 'C'를 정확하게 인식한다. 결국,

그 누구라도 시저의 모든 속성들, 그리고 속성들의 계기를 완전하게 아는 자는 그의 개념 안에서 '루비콘을 건넌다'라는 속성을 발견할 수 있을 것이며, 따라서 '시저가 루비콘을 건넌다'라는 명제가 참임을 분석적으로 알 수 있을 것이다. 비록 우리는 이러한 일을 할 수 없고 오직 신만이 이러한 일을 할 수 있을지라도 말이다. 그래서 우리는 다음과 같은 결론을 내릴 수 있다. 칸트와 라이프니츠의 필연에 대한 해석은 그들의 질문이 다르게 던져짐으로써 서로 달라졌다. 그리고 그 결과는 새로운 방식의 철학, 즉 인간의 눈으로 세계를 보고, 또 질문하는 인간주의적 철학의 등장인 것이다. 이제 다음과 같은 칸트의 주장을 언급하면서 이 장을 마치도록 한다.

개별적 사물들, 혹은 개체만이 완전히 규정되어 있다. 따라서 직관을 통해서만 (이러한 개체에 대해) 완전하게 규정된 지식을 얻을 수 있다. 개념을 통해서는 (이러한 개체에 대해) 완전하게 규정된 지식을 얻을 수 없다. 왜 그런가? 개념과 관련해 논리적 규정성은 언제나 불완전하다고 생각되기 때문이다.[8]

---

8 Kant(1800), p. 115.

제5장
개체의 구조

개체적 실체(individual substance)의 구조에 대한 형이상학적 분석에 있어서 대립하는 두 가지 이론이 있다. 하나는 기체 이론(substratum theory)이고 다른 하나는 다발 이론(bundle theory)이다. 이 두 이론이 각각 주장하는 바는 비교적 단순하다. 기체 이론은 개체가 기체와 속성들로 이루어졌다고 주장하며, 다발 이론은 개체가 속성들로만 이루어졌다고 주장한다. 두 이론의 기본 입장이 이렇게 단순하긴 하지만, 이 두 이론 사이에서 이루어지는 논쟁은 복잡한 양상을 띤다. 개체의 구조에 관한 입장은 다른 철학적 입장들과 맞물려 들어가기 때문이다. 개체의 구조에 관한 입장은 예를 들어 개체의 지속 문제, 개체의 가능세계적 동일성 문제 등과 엮여 있다. 개체의 구조에 관한 문제는 그 자체로 고립되어 있는 문제가 아니라 다른 철학적 입장들과 체계적으로 연결되어 있는 그러한 문제이다.

라이프니츠에 있어서의 개체의 구조에 관한 문제도 이러한 성격을

---

* 이 장은 박제철(2007) b를 수정·보완한 것이다.

떤다. 개체의 구조에 관한 라이프니츠의 주장은 그의 다른 여러 철학적 입장들과 체계적으로 연결되어 있다. 따라서 우리가 라이프니츠에 있어서 개체의 구조의 문제를 탐구하고자 한다면 우리는 라이프니츠의 다른 철학적 입장들과의 관련 하에서 이를 탐구해야 한다. 이 장에서 필자는 라이프니츠에 있어 개체의 구조를 논하고자 하는데, 이러한 개체의 구조에 대한 논의는 라이프니츠의 진리론, 그리고 개체의 지속, 개체의 가능세계적 동일성 등등에 대한 그의 입장과 관련해 이루어질 것이다. 우선 이러한 체계적 논의에 앞서 라이프니츠에 있어서 개체적 실체가 어떤 구조를 갖느냐에 대한 서로 대립하는 두 가지 해석을 살펴보면서, 우리의 논의를 시작하도록 하자.

1. 기체 이론과 다발 이론

클래터보우에 따르면, 두 철학자가 라이프니츠의 개체 개념에 대한 해석을 둘러싸고 경쟁했었는데, 러셀과 요스트가 그들이다. 러셀은 라이프니츠의 개체가 기체 이론적으로 해석되어야 한다고 보며, 반면 요스트는 그것이 다발 이론적으로 해석되어야 한다고 본다. 이제 이 둘의 견해를 살펴보면서 라이프니츠의 개체가 어떤 구조를 갖는지 살펴보자.

러셀은 다음과 같이 주장한다. "따라서 실체는 상태들의 총합이 아니다. 반대로 이러한 상태들은 그것들이 내재하는 실체 없이는 존재할 수 없다."[1] 러셀의 해석에 관한 증거는 『신 인간 지성론』(*Nouveaux essais*)의

---

[1] Russell(1900), p. 49.

몇 구절에서 발견되는데, 다음이 그것이다.

우리는 하나의 주체 내에서 여러 술어들을 인식한다. 그리고 이러한 은유적
단어들, '담지자' 혹은 '기체'(substratum)는 오로지 이것을 의미한다.[2]

실체 안에서 두 가지 것을 구별함에 있어서, 즉 속성이나 술어, 그리고
이러한 술어들의 공통 주체, 이 둘을 구별함에 있어서, 우리가 이 주체 안에서
그 어떤 구체적인 것도 인식할 수 없다는 것은 놀랄 일이 아니다. 그래야
하는 것이다. 왜냐하면 우리는 그것으로부터 모든 속성을, 즉 그 안에서 우리가
세부사항을 인식할 수 있는 모든 속성을 분리해냈기 때문이다. 따라서 이러한
일반적인 순수한 주체 안에서 그것이 동일한 것(예를 들면, 이해하고 의지하며,
상상하고 추론하는 그것)임을 인식하기 위해 필요한 것 이상의 무언가를 묻는다
는 것은 불가능한 것을 묻는 것이다. 이것은 우리의 가정과도 모순되는 것인데,
우리의 가정은 주체와 그것의 성질/우연 속성을 분리해서 인식하고자, 혹은
추상화하고자 해서 만들어진 것이다.[3]

반면 요스트는 라이프니츠의 개체를 다발 이론적으로 해석하는데,
요스트는 다음과 같은 라이프니츠의 주장들을 인용한다.

이러한 비감각적 지각들은[4] 하나의 동일한 개체를 지시하거나 혹은 그것을
구성하는데, 이러한 개체는 흔적이나 표현들에 의해 특징지어지고, 이러한

---

2 NE, p. 169.
3 NE, p. 170.
4 여기서 지각이라는 것은 실체가 갖는 속성이다. 데카르트의 정신 실체가 자신의 속성으로서
  사유함이라는 속성을 갖는 것처럼 라이프니츠의 실체는 자신의 속성으로서 지각함이라는
  속성을 갖는다.

흔적이나 표현들은 지각들이 이 개체의 이전 상태로부터 보존해온 것이다. 이 개체의 현재 상태와 연결 지으면서 말이다.[5]

지각들의 이러한 연속, 지각들의 이러한 결속이 실제로 동일한 하나의 개체를 구성한다.[6]

우리가 단순 실체에서 발견할 수 있는 것은 바로 지각들과 그 변화들뿐이다. 단순 실체들의 모든 내적 활동들은 바로 이 지각들과 그 변화들에 존재한다.[7]

라이프니츠의 주장을 볼 때 우리는 라이프니츠에 있어서의 개체가 기체 이론적으로도, 또 다발 이론적으로도 해석될 수 있음을 보게 된다. 그러나 만약 라이프니츠의 철학이 체계적이라고 우리가 생각한다면, 우리는 이러한 상반되는 입장 중 하나를 취해, 그것이 진짜 라이프니츠의 생각이라고 해석해주어야 한다. 이를 위해 우리는 두 가지 방향으로 논의를 진행시킬 것이다. 첫째로 라이프니츠적 개체를 분석함에 있어서 속성 말고도 기체가 꼭 필요한지를 검토할 것이다. 만약 꼭 필요하다면 개체의 구조를 분석함에 있어서 기체를 배제할 이유가 없게 될 것이다. 둘째로 만약 우리가 기체라는 실재물(entity)을 허용했을 때 이것이 라이프니츠의 다른 철학적 입장과 충돌하지는 않는지 살펴볼 것이다. 만약 충돌하지 않는다면 기체를 배제할 이유가 없게 될 것이다. 결론부터 말하자면, 라이프니츠는 기체를 필요로 하지 않으며, 또 기체라는 실재물이 도입되면 개체의 구조에 관한 라이프니츠의 주장은 그의 다른 주장과

5 NE, p. 42.
6 NE, p. 186.
7 Monadologie, p. 79.

충돌하게 된다. 이제 이것들을 살펴보도록 하자.

2. 기체의 역할

기체 이론가들이 개체를 구성하는 실재물로서 기체를 도입하는 이유는 여러 가지이다. 적어도 네 가지 이유가 있는데, 그것은 다음과 같다. 기체는 1) 개체들의 수적 차이를 내는 원리이며, 2) 개체의 지속을 확보해주는 원리이며, 3) 개체의 가능세계적 동일성을 확보해주는 원리이며, 4) 속성들의 담지자 역할을 한다. 이제 이들 각각을 살펴보면서, 라이프니츠가 이러한 역할을 하는 실재물을 꼭 받아들여야 하는지 검토해보자.

1) 개체들의 수적 차이를 내는 원리로서의 기체

다음과 같은 상황을 가정해보자. 즉, 모든 면에서 완벽하게 닮은 두 개의 개체가 있다고 이들은 완전하게 유사하지만 서로 다른 두 개체이다. 예를 들어, 용감하고 지식이 있고 아름다운 티티우스와 이와 똑같은 속성을 갖는 티코 이제 다음과 같은 질문을 던져보자. 이 경우 완벽하게 서로 닮은 두 개체를, 즉 티티우스와 티코를 하나의 동일인이 아닌 두 사람으로 간주하게 해주는 원리는 무엇인가? 그들이 갖는 속성들의 차이로 이를 설명할 수 없다. 왜냐하면 이 둘은 정확히 유사하니까. 따라서 다른 원리가 필요하다. 이때 기체 이론가들은 서로 정확히 유사한 개체들의 수적 차이를 내는 원리로서 기체를 제시한다. 티티우스는 티코와 모든 면에서 정확히 유사하다. 하지만 티티우스는 티티우스 고유의 기체를 갖고, 또 티코는 티코 고유의 기체를 갖는다. 티티우스와 티코는 서로 완전히 닮았음에도 불구하고, 혹은 모든 속성을 공유함에도 불구하고 각자 자기 자신 내에 자기 고유의 기체를 가짐으로써 서로 다른 존재자가 된다. 그래서 이들은 둘로 간주될 수 있다. 이 경우 기체는 서로 완전하게 유사한 두 개체의 수적 차이를 내는 원리가 된다. 이것이 기체가 요구되는 첫 번째 이유이다.[8]

라이프니츠는 이러한 역할을 하는 실재물, 즉 기체를 필요로 하지 않는다. 기체 이론가들이 기체를 도입하고자 가정했던 그러한 상황 자체를 라이프니츠는 인정하지 않기 때문이다. 다시 말해 라이프니츠에게 있어 모든 면에서 완벽하게 닮은 두 개체가 공존하는 것은 원리상 불가능하다. 다음과 같은 라이프니츠의 주장을 살펴보자.

서로 구별이 안 되는 두 개의 개체 같은 것은 없습니다.[9]

각각의 모나드는 다른 모나드들과 달라야만 한다. 왜냐하면 자연 안에는 완벽하게 유사하며, 그 안에서 내적인, 혹은 내적 속성에 근거하는 그러한 차이를 발견할 수 없는 두 사물은 존재하지 않기 때문이다.[10]

구별이 안 되는 두 개의 사물을 가정하는 것은 하나의 동일한 사물을 두 개의 이름하에 놓는 것입니다.[11]

자연 안에는 서로 간에 구별이 안 되는 그러한 두 개의 실제적·절대적인 존재자란 없습니다. 왜냐하면, 만약 그런 것이 있다고 한다면, 신과 자연은

8 참조. Allaire, in Loux(2001), p. 119.
9 LC, p. 83.
10 Monadologie, p. 73.
11 LC, p. 85.

전자를 후자와 다르게 순서지음에 있어서 이유 없이 행동했을 것이기 때문입니다. 따라서 신은 완벽하게 같고 유사한 두 개의 물질을 만들지 않습니다.[12]

이러한 모든 주장들은 하나의 원리에 대해 말하고 있는데, 그것을 흔히 라이프니츠의 "구별 불가능자 동일성의 원리"(principle of the identity of indiscernibles)라고 한다. 구별 불가능자 동일성의 원리에 따르면 서로 완전하게 닮은, 혹은 서로 구별이 안 되는 두 개의 개체란 존재하지 않는다. 이 원리에 따르면, 서로 구별이 안 되는 개체들은 여럿이 아니라 하나인 것이다.[13] 따라서 기체 이론가들이 서로 완전하게 닮은 두 개체의 수적 차이를 내는 원리로서 도입한 기체는 라이프니츠에게는 필요 없는 실재물이다. 구별 불가능자 동일성의 원리는 기체를 도입해야만 설명할 수 있는 그러한 상황을, 즉 수적으로 다르면서 완전히 유사한 두 개체가 존재하는 그러한 상황을 원리상 막아버리기 때문이다.

---

12 LC, p. 131.

13 『신 인간 지성론』에서 라이프니츠는 개체화의 원리가 결국 차이의 원리라고 주장한다(NE, p. 186). 개체를 하나의 개체로 만드는 원리는 그 개체를 다른 모든 것들과 차이 나게 해주는 그러한 차이의 원리인 것이다. 그런데 무엇이 한 개체를 다른 모든 것들과 차이 나게 해주는가? 바로 속성-개념들(attributs)의 조합적 차이가 한 개체를 다른 모든 것들과 차이 나게 해준다. 다시 말해 라이프니츠에게 있어서 구별 불가능자 동일성의 원리가 말해주는 바가 바로 개체화의 원리이다. 1679년 봄-여름에 작성된 것으로 추정되는 한 원고("définitions logico-grammaticales")에서 라이프니츠는 속성-개념들(attributs)의 조합적 차이가 개체화의 원리라고 말하고 있다: "마찬가지로, 모든 양립 가능한 속성-개념들(attributs)의 서로 다른 조합만큼의 그러한 개체적 실체들이 있을 수 있다. 이로부터 개체화의 원리가 드러나는데, 이 원리에 대한 수 없이 많은 스콜라들의 논쟁은 쓸모없는 것이었다. 티티우스는 **용감하고, 지식이 있고, 아름답고, 50대이고, 지각하고, 이성적이고 등등**"(DMF, p. 286). 따라서 구별 불가능자 동일성의 원리는 라이프니츠에게 있어서 매우 중요한 원리, 즉 개체화의 원리와 밀접한 관계를 갖는 그러한 원리이다.

2) 개체의 지속을 확보해주는 원리로서의 기체

우리는 개체가 시간과 변화를 뚫고 동일한 것으로서 지속한다고 말한다. 티티우스는 변화를 겪음에도 불구하고 어제로부터 오늘까지 동일인으로 지속한다. 이러한 지속을 어떻게 설명할 수 있을까? 우리의 상식은 동일한 하나의 티티우스가 어제로부터 오늘까지 변화를 뚫고 지속한다고 말해준다. 이제 상식이 우리에게 말해주는 바를 분석해보자.

어제 용감했던 티티우스가 오늘은 용감하지 않다고 가정해보자. 어제의 티티우스를 '티티우스-어제'라는 단어로 지칭하고 오늘의 티티우스를 '티티우스-오늘'이라는 단어로 지칭하도록 하자. 이제 상식이 우리에게 말해주는 바는 다음과 같은 것이다. 즉, 티티우스-어제는 용감함이라는 속성을 갖지만 티티우스-오늘은 그 속성을 갖지 않는다. 그럼에도 불구하고 티티우스-어제는 티티우스-오늘과 동일하다. 그래서 개체의 지속은 티티우스-어제와 티티우스-오늘, 이 둘의 동일성에 의해 확보된다. 이제 라이프니츠의 원리, 구별 불가능자 동일성의 원리를 여기에 적용해보자. 이 원리에 따르면 만약 티티우스-어제와 티티우스-오늘이 동일자라면, 이 둘은 모든 속성에 있어서 일치해야 한다. 그러나 티티우스-어제는 용감함이라는 속성을 갖지만 티티우스-오늘은 그 속성을 갖지 않는다. 따라서 티티우스가 변화를 뚫고 지속한다는 사실의 근거로서 티티우스-어제와 티티우스-오늘이 동일함을 주장하는 것은 어려움을 낳는다. 이 문제를 해결하기 위해 우리는 기체를 도입할 수 있다. 기체 이론에 따르면 한 개체는 기체와 속성들로 구성되어 있다. 티티우스의 예를 든다면, 티티우스는 자신에게 고유한 기체 s와, 그 밖의 여러 속성들로 구성되어 있다. 이제 기체 이론에 따르면, 개체 티티우스의 변화와 지속은 기체 s와 그 밖의 속성들의 존재론적 특징에 의해 정의된다. 우선 개체의 변화는 다음과 같이 설명된다. 변화란 기체 s에 속성이 붙어 있다가 떨어지는 것이다. 티티우스가 어제 용감했다가 오늘 용감하지 않다는 것은 티티우스가 갖고 있는 기체 s에 어제 용감함이라는 속성이 붙어 있다가 오늘 떨어져 나갔다는 것이다. 다음으로 개체의 지속은 다음과 같이 설명된다. 즉, 개체 티티우스는 변하지만, 티티우스가 자신의 구성 요소로서 갖는 기체 s는 변하지 않는다. 변화하지 않는 s의 자기 동일성에 의해 s를 자신의 구성 요소로서 갖는 티티우스는 지속하는 것이다. 이처럼 기체 이론은 변화를 속성들이 기체에 붙었다 떨어졌다 하는 것으로, 그리고 지속을 기체 자체가 변화하지 않는 것으로 설명한다.

　이것이 개체의 지속에 관한 기체 이론적 설명이다. 만약 라이프니츠의 개체가 기체를 구성 요소로서 갖는다면 개체의 지속에 관한 설명은 이런 방식으로 이루어질 것이다. 그래서 클래터보우는 다음과 같이 주장한다.

　　우연 속성들의 일시성으로 인해 라이프니츠는 우연적 변화를 뚫고 지속하는 영구한 그 무엇을 요구했다. 그렇지 않다면 라이프니츠는 문자 그대로 동일한 실체가 우연 속성들의 바뀜을 극복해나간다는 것을 주장할 수 없을 것이다. 라이프니츠는 끊임없이 이렇게 주장했다. 변화란 영구한 그 무엇과 덧없는 그 무엇을 동시에 필요로 한다.[14]

---

14 Clatterbaugh(1973), p. 16~17. 그러나 여기서 영구한 것과 덧없는 것이 각각 어떤 것인지는 여러 해석의 여지가 있다. 클래터보우는 덧없는 것을 속성으로 간주하고 또 영구한 것을 기체로 간주하고 있다. 그러나 꼭 이렇게 이해할 이유는 없어 보인다. 예를 들어 아리스토텔레스가 제1실체의 본질로 간주하는 그러한 속성은 그 실체에 대해 영구한 것이다. 소크라테스에 대해 인간이라는 속성은 소크라테스에게 본질적이면서 또한 영구한 것이다. 그가 장터에서 대화를 나눈다는 속성과는 달리 말이다. 따라서 영구한 것을 꼭 기체로 간주할 필요는 없다.

이제 라이프니츠가 개체의 지속에 관한 이러한 기체 이론적 설명을 받아들일 수 있는지 살펴보자. 라이프니츠는 1686년 5월 13일에 아르노로가 보낸 편지를 받는데, 그에 대한 답장을 준비하게 된다. 거기서 라이프니츠는 다음과 같이 적고 있다.

직선 ABC를 가정하자. 이 직선은 어떤 시간을 나타낸다. 그리고 어떤 개체적 실체를 가정하자. 예컨대 나 자신 말이다. 이 실체는 위의 시간 동안 지속한다. 혹은 위의 시간 동안 존재한다. 이제 내가 시간 AB 동안 존재하며, 그 다음에 시간 BC 동안 존재한다고 해보자. 우리는 이 시간 동안 지속하는 것이 같은 사람이라고 생각한다. 혹 우리는 시간 AB 동안 파리에서 존재하는 내가 연이어 시간 BC 동안 독일에서 존재하는 나와 같은 사람이라고 생각한다. 따라서 여기에는 어떤 이유가 반드시 있어야 한다. 왜 내가 지속한다고 말할 수 있는가? 왜 파리에 있었던 내가 지금은 독일에 있다고 말할 수 있는가? 아무런 이유가 없다면, 이 둘은 서로 다르다고 말하는 것이 옳아 보이기에 말이다. 분명 나의 내적 경험이 후험적으로 이 둘의 동일성을 확신시켜준다. 그러나 선험적인 이유도 반드시 있어야 한다. 다음과 같은 이유를 제외한 그 어떤 이유도 찾을 수 없을 것 같다. 즉, 앞의 시간, 앞의 상태에서 내가 가진 속성도 하나의 같은 주어의 술어이며, 뒤의 시간, 뒤의 상태에서 내가 가진 속성도 하나의 같은 주어의 술어라는 이유 말이다. 그런데 술어가 같은 주어 안에 있다는 말은 무슨 말인가? 술어 개념이 어떤 방식으로든 주어 개념 안에 포함되어 있다는 말 아닌가?[15]

여기서 라이프니츠는 파리에 있었던 나와 독일에 있었던 내가 동일한 나일 수 있는 선험적 이유를 찾고 있다. 다시 말해 개체의 지속에 관한

---

15 Le Roy, p. 109.

원리를 찾고 있다. 그러한 선험적 이유란 "앞의 시간, 앞의 상태에서 내가 가진 속성도 하나의 같은 주어의 술어이며, 뒤의 시간, 뒤의 상태에서 내가 가진 속성도 하나의 같은 주어의 술어라는 이유이다." 여기서 우리는 '같은 주어'가 기체라고 생각해볼 수도 있다. 하나의 기체가 시간 t_1에서 파리에 있음이란 속성을 갖고, 또 시간 t_2에서 독일에 있음이라는 속성을 갖는다. 그리고 파리에 있었던 나와 독일에 있었던 내가 동일한 나일 수 있는 이유는, 다시 말해 내가 변화를 뚫고 지속할 수 있는 이유는 나를 구성하고 있는 기체가(동일한 주체) 변하지 않았기 때문이다. 우리는 이렇게 생각해볼 수 있을 것이다. 그러나 우리가 그 다음 문장을 잘 고려해볼 때, 우리는 이러한 생각이 틀렸음을 알게 된다. 라이프니츠는 이렇게 말한다. "그런데 술어가 주어 안에 있다는 말은 무슨 말인가? 술어 개념이 어떤 방식으로든 주어 개념 안에 포함되어 있다는 말 아닌가?" 결국 개체의 지속에 관한 선험적 이유는 개념의 특징과 관련되어 제시되고 있다. 다시 말해 우리는 개체의 지속에 관한 선험적 이유를 개념의 특성에서 찾아야 하는 것이지, 개체가 갖는 기체에서 찾아야 하는 것이 아니다(이 주제는 7장에서 자세히 논의될 것이다).**16**

....

16 서강학술총서 심사자 한 분이 다음과 같은 점을 지적해주었다.

> 개체의 지속이 개념에 의해 설명된다면, 개체의 지속은 신의 관념에 의해 설명될 뿐, 개체 자체 내에는 근거가 없다는 결론이 우려된다. 왜냐하면 개체의 지속을 설명하는 완전개체개념은 신이 개체에 대해 지니는 개념으로 신의 지성 속에 있지, 개체에 있지를 않다. 그러니 신의 완전개체개념에 상응하는 실질적인 그 무엇이 개체에 있어야 개체의 지속을 개체 자체가 설명할 수 있지 않은가?

> 이 지적은 완전히 옳은 지적이다. 개체의 지속이 개념에 의해서만 설명될 수는 없다. 개체의 지속은 개체 자체가 가지는 그 무엇으로 설명되어야 한다. 필자는 7장 8절에서 이 문제를 다룬다. 짧게 다루고 가자면, 개체는 그 개체를 이루는 지각들의 긴밀한 연관을

결국 라이프니츠에 있어 개체의 지속 문제는 개체 개념 내의 요소 개념들 사이의 특정 관계를 통해 설명되지 기체로 설명되지는 않는다.[17] 따라서 적어도 두 가지 점에서, 즉 개체들의 수적 차이를 내는 원리, 그리고 개체들의 지속의 원리와 관련해서 기체는 꼭 필요한 실재물이 아니다. 이제 세 번째로 개체의 가능세계적 동일성을 확보해주는 원리로서 기체가 필요한지 살펴보도록 하자.

3) 개체의 가능세계적 동일성을 확보해주는 원리로서의 기체

소크라테스는 철학자이다. 그러나 소크라테스가 철학자가 아니라 제사장인 것도 가능하다. 양상 논리 의미론에서는 이러한 가능성을 가능세계 개념을 통해 정식화한다. 이 이론에 따르면, 소크라테스는 우리 세계에서 철학자지만, 제사장으로 살아가는 그런 가능세계가 있다는 것이다. 우리 세계를 w_1이라고 하고, 제사장으로 살아가는 소크라테스가 있는 세계를 w_2라고 하자. 그렇다면 소크라테스-w_1은 철학자이고, 소크라테스-w_2는 제사장이다.

이제 다음과 같은 질문을 던져보자. 소크라테스-w_1과 소크라테스-

통해 지속한다. 예를 들어 어제의 철수가 가지는 지각과 오늘의 철수가 가지는 지각 사이에 성립하는 긴밀한 관계를 통해 철수는 어제로부터 오늘까지 지속하는 것이다. 이와 관련해 라이프니츠는 다음과 같이 주장한다. "지각들의 이러한 연속, 지각들의 이러한 결속이 실제로 동일한 하나의 개체를 구성한다"(NE, p. 186).

17 요소 개념들의 특정 관계가 개체의 지속의 근거이다. 여기에는 모호함이 있는데, 존재하는 개체의 지속의 근거를 어떤 추상적인 실재물들(개념들)의 특정 관계로 보기 때문이다. 그러나 요소 개념들의 계열과 창조된 개체의 속성(지각)의 계열 사이에 구조적 유사성이 있음을 이해한다면 결국 라이프니츠의 주장은 다음과 같이 이해될 수 있다. 즉, 속성(지각)들의 특정 관계가 개체의 지속의 근거이다. 다음과 같은 라이프니츠의 주장을 참조하라. "지각들의 이러한 연속, 지각들의 이러한 결속이 실제로 동일한 하나의 개체를 구성한다"(NE, p. 186).

w_2는 같은 사람인가 아니면 다른 사람인가? 이 물음은 통상적으로 '통세계적 동일성' 문제라고 불리는 물음이다. 서로 다른 가능세계 내의 두 사물이 같은지 아니면 다른지의 물음 말이다. 이 물음은 기체와 관련해 중요성을 갖는다. 개체의 구성 요소인 기체를 상정하면 그 개체의 정체성을 구성하는 것은 오직 그 기체뿐이다. 그래서 '소크라테스-w_1'의 지칭체도 기체 s이며, '소크라테스-w_2'의 지칭체도 기체 s이다. 이 기체 s에 철학자임이라는 현실적 속성, 그리고 제사장임이라는 가능적 속성이 붙게 되는 것이다. 그래서 소크라테스는 철학자이지만 제사장으로 살아나가는 것도 가능한 것이다. 아르노는 이렇게 모든 속성이 다 제거된 기체를 도입해 자신이 총각이지만 결혼했었을 수도 있었다는 가능성을 확보한다.

> 내 생각에 이로부터 다음과 같은 결론이 나옵니다. 즉, 결혼한 나로서, 혹은 총각으로 살아가는 나로서, 이렇게 내가 언제나 나로 남지 않는 것은 불가능하므로, 내 개체 개념은 이 두 상태[총각임, 그리고 결혼함] 그 어떤 것도 포함하지 않습니다.[18]

아르노는 나라고 하는 개체 개념에서 총각임, 결혼함 등등의 우연 속성을 모두 제외시킨다. 이 모든 우연 속성이 제거될 경우 남는 것은 일종의 기체이다. 즉 속성들과는 독립적인 정체성을 갖는 그 무엇이다. 그리고 그 기체가 가능세계들을 넘나들면서 각 가능세계에서의 여러 속성들을 갖게 되는 것이다.

한편 라이프니츠는 개체의 통세계적 동일성을 부정한다. 우리의 예를

---

[18] Le Roy, p. 97.

든다면, 소크라테스-w_1과 소크라테스-w_2는 서로 다른 개체라는 것이다. 아르노와 달리 라이프니츠가 이런 입장을 취하는 이유는 그가 기체를 부정하고, 개체를 속성들의 다발로 보기 때문이다. 1686년 7월 4일과 14일에 아르노에게 보낸 편지에서 라이프니츠는 다음과 같이 말한다.

> 제가 여행을 하리라는 것이 확실하므로, 주어가 되는 나와, 술어가 되는 여행을 함 사이에는 어떤 연관이 있어야 하는 것입니다. 사실, 참인 명제 안에서 술어 개념은 언제나 주어 개념 안에 포함되어 있습니다. 따라서 제가 여행을 하지 않는다면 뭔가 오류가 있는 것입니다. 그리고 이것은 제 개체 개념, 혹은 저의 완전 개념을 파괴할 것입니다. 혹은 이것은 신이 나를 창조하기로 결심하기 이전에 나에 대해 인식하는, 혹은 인식했던 것을 파괴할 것입니다. 왜냐하면 이 개념은 가능성 하에서, 존재하는 것들 혹은 사실의 진리, 혹은 신의 명령을 포함하기 때문입니다. 여기에 사실들이 의존하는 것이고 말입니다. 그러나 멀리 갈 것도 없습니다. 만약 A가 B임이 확실하다면, B가 아닌 것은 A도 아닌 것입니다. 따라서 A가 저를 의미하고, B가 여행을 할 것임을 의미한다면, 우리는 다음과 같은 결론을 낼 수 있습니다. 즉 여행을 하지 않을 것은 내가 아닌 것이다.[19]

라이프니츠는 개체를 속성들의 완전한 다발로 생각한다. 따라서 A-w_1이 여행함이라는 속성을 갖는다면, 여행함이란 속성을 결여한 그 어떤 것도 A-w_1은 아닌 것이다. 이 경우 여행함이라는 속성은 아르노에게서와는 달리 A-w_1의 정체성을 규정하는 데 필수적·필연적이다. 그 결과, 라이프니츠에게 있어서 A-w_1과 A-w_2는 서로 다른 개체인 것이다. 개체의 가능세계적 동일성 문제와 관련해, 다시 말해 A-w_1과 A-w_2,

---

19 Le Roy, p. 117~118.

이 둘 사이의 동일성/차이의 문제와 관련해, 아르노는 이 둘을 같은 것으로 본다. 그리고 이 둘을 같은 것으로 볼 수 있었던 이유는 아르노에게 있어서 이 둘은 완전한 개체가 아니라 사실 기체이기 때문이었다. 반면, 라이프니츠는 아르노의 비판에도 불구하고 이 둘이 서로 다르다는 입장을 취한다. 그리고 그 이유는 라이프니츠가 개체를 그 구조에 있어 모든 속성들의 다발로 보기 때문이다. 결국 개체의 가능세계적 동일성 문제와 관련해서도 라이프니츠는 아르노와는 달리 기체 이론적 설명을 거부하고 다발 이론적 설명을 취하고 있는 것이다. 그리고 그 결과, A—w_1과 A—w_2는 서로 다른 개체인 것이다(이 문제는 결정론과 관련해 8장에서 자세히 논의될 것이다).

4) 속성들의 담지자로서의 기체

우선 『신 인간 지성론』에서의 다음과 같은 라이프니츠의 주장을 살펴보자.

테오필: 실체 안에서 두 가지 것을 구별함에 있어서, 즉 속성이나 술어, 그리고 이러한 술어들의 공통 주체, 이 둘을 구별함에 있어서 우리가 이 주체 안에서 그 어떤 구체적인 것도 인식할 수 없다는 것은 놀랄 일이 아니다. 그래야 하는 것이다. 왜냐하면 우리는 그것으로부터 모든 속성을, 즉 그 안에서 우리가 세부사항을 인식할 수 있는 모든 속성을 분리해냈기 때문이다. [……] 이처럼, 나는 다음과 같이 생각한다. 즉, 우리가 여기에서처럼 철학자들을 어떤 인도 철학자와 비교해 조롱해서는 안 된다고. 우리가, 무엇이 지구를 떠받치고 있냐고 물을 때 그는 그것이 커다란 코끼리라고 말한다. 또 무엇이 그 코끼리를 떠받치고 있냐고 물을 때 그는 그것이 거대한 거북이라고 대답한다. 그리고 결국에 거북이는 어디에 기대고 있냐는 물음에 대해 그는 이렇게 대답한다. 그것은 내가 모르는 그 무엇에 기대고 있다고. 그러나 실체에 관한

우리의 고려는, 아주 보잘것없어 보이긴 해도, 우리가 생각하는 것만큼 공허하거나 빈약한 것이 아니다. 철학적으로 아주 중요한 여러 결과들이 이러한 고려로부터 결과 되며, 또 철학에 새로운 측면을 제공할 수 있는 여러 결과들이 나오는 것이다.[20]

여기서 라이프니츠는 속성들이 다 제거되어도 남아 있는 어떤 실재물에 대해 말하고 있다. 그는 그것을 '주체'라고 부르는데 이는 분명 기체를 나타낸다. 왜냐하면 '주체'는 로크가 기체(substratum: 단순 관념을 받치고 있는 것)라고 부른 것에 대한 라이프니츠 식 이름이기 때문이다. 그리고 라이프니츠는 이러한 종류의 실재물을 부정하지 않는다. 이러한 종류의 실재물은 인도 철학자의 코끼리와는 다른 것이다. 다시 말해, 이러한 종류의 실재물은 인도 철학자의 코끼리와는 달리 이론적 역할을 한다. 따라서 라이프니츠에 있어서 기체는 이론적으로 받아들여진다고 봐야 할 것 같다.

분명 여기서 라이프니츠는 기체를 받아들이고 있다. 그리고 기체를 받아들이는 이유는 단지 그것이 속성들의 담지자이기 때문만은 아니다.[21]

---

20 NE, p. 170.

21 속성들의 담지자로서의 기체는 철학 이전적 직관을 자신의 기원으로 하는 실재물로 보인다. 예를 들어, 만약 바늘이 한곳에 모여 있다면, 우리는 바늘꽂이를 상상하게 된다. 만약 바늘꽂이가 없다면 바늘들은 한곳에 모여 있을 수 없다. 속성들도 마찬가지이다. 만약 속성들이 한곳에 모여 있다면, 우리는 속성들이 모이는 어떤 실재물을 상상한다. 만약 그러한 실재물이 없다면, 속성들은 한곳에 모여 있을 수 없다. 그리고 그러한 실재물은 속성들과 독립해 속성들을 받치고 있다는 의미에서 기체(밑에 놓여 있는 것)라고 불린다. 그러나 필자의 생각에 이러한 철학 이전적 직관으로부터 형이상학적 이미지로 도약하는 데 있어서 특별히 납득할 만한 이유나 근거가 있다고 보이지 않는다. 다발 이론 역시 그럴듯한 형이상학적 이미지를 제시할 수 있기 때문이다. 다발 이론에 따르면 한 개체는 마치 돌무더기와 같은 것이다. 이들에 따르면, 속성들은 다른 어떤 실재물 위에 놓이는 것이 아니라 돌무더기처럼 그냥 함께 있는 것이다. 다발 이론가들은 이러한 것을 공존

이것은 "철학적으로 아주 중요한 여러 결과들을" 내는 실재물이다. 다시 말해 이것은 철학 이전적 직관으로부터 나왔다고만은 볼 수 없는, 이론적으로 요청되는 실재물인 것이다.[22] 그러나 의문이 생긴다. 라이프니츠에 있어서 기체는 어떠한 이론적 설명을 위해 요청되고 있는가? 이러한 의문이 생기는 이유는 지금까지 우리가 보았듯이, 기체는, 개체의 수적 차이를 설명하기 위해서도 필요치 않고, 또 개체의 시간적 지속을 설명하기 위해서도 필요치 않으며, 또 개체의 가능세계적 동일성을 설명하기 위해서도 필요치 않기 때문이다. 더군다나 우리는 다음과 같은 라이프니츠의 주장을 자주 접하게 된다. 즉, "우리가 단순 실체에서 발견할 수 있는 것은 바로 지각들과 그 변화들뿐이다. 단순 실체들의 모든 내적 활동들은 바로 이 지각들과 그 변화들에 존재한다."[23] 라이프니츠는

(compresence), 함께 놓임(collocation) 혹은 함께 나타남(co-occurrence)이라고 부른다(Loux, 2002, p. 104 참조).

[22] 여기서 다음과 같은 점을 지적해야 할 것 같다. 라이프니츠는 오직 『신 인간 지성론』에서만 '기체'를 언급하고 있다. 이러한 사실은 러셀과 클래터보우가 이 저서 이외에 다른 저서를 언급하지 못한다는 사실만 봐도 명확하다(반면 요스트가 인용한 부분은 라이프니츠 저서 전반에 걸친 것이다). 더군다나 『신 인간 지성론』에서 기체가 언급되는 부분은 오직 하나의 문단뿐이다. 즉 라이프니츠는 이 거대한 두께의 책에서도 오직 한 문단에서만 기체를 언급하고 있다(반면 요스트는 『신 인간 지성론』의 여러 곳에서 자신의 주장을 뒷받침해주는 글들을 인용한다). 더욱 중요한 문제는 이 책이 로크의 저서 『인간지성론』(*An Essay concerning Human Understanding*)에 대한 주석 형식의 저작이라는 것이다. 다시 말해, 이 책은 자신의 견해를 일방적으로 주장하는 그러한 책이 아니라, 다른 철학자의 개념 · 사상 등에 대한 비판서인 것이다. 이러한 맥락에서만 '기체'라는 단어가 나온다는 점은 기체가 라이프니츠의 철학에서 어떤 위상을 갖는지에 대해 짐작할 수 있게 해준다.

[23] Monadologie, p. 79. 여기서 라이프니츠는 단순 실체 모나드가 단순하다고, 즉 분할될 수 없다고 주장한다. 다음과 같은 반론이 있을 수 있다. 즉 분할될 수 없는 단순한 실체가 속성들의 다발이라면 그 단순한 실체는 각각의 속성들로 나누어질 수 있는 것이 아닌가? 이러한 비판에 대해 필자는 다음과 같이 대답하고자 한다. 부분-전체 관계와 요소-전체 관계는 구분되어야 한다. 여기서 라이프니츠가 실체에 대해 그것이 단순하다고 말하는 것은 그것이 부분을 갖지 않는다는 의미일 뿐이다. 예를 들어 책상 다리는 책상의 부분이지만

단순 실체 안에서 속성(지각)과 속성들의 변화 밖에는 발견될 수 없다고
주장한다.

라이프니츠의 글만으로는 충돌하는 두 주장 중 어느 하나가 옳은지
결정하기 어렵다. 따라서 다른 접근 방식이 필요하다. 지금까지 우리는
라이프니츠에 있어서 기체가 필요하지 않은 세 가지 이유를 고찰했다.
지금부터 우리가 고찰할 것은 다음과 같은 것이다. 즉 기체에 관한 주장이
라이프니츠의 다른 철학적 입장과 충돌하지는 않는가? 만약 충돌이
없다면 우리는 기체를 배제할 이유가 없을 것이다. 이제 이것을 살펴보도
록 하자.

5) 참인 문장에서 주어의 지칭체로서의 기체

'속성들의 담지자'라는 착상은 단지 형이상학적 이미지일 뿐인 것은
아니다. 그것은 특정한 언어 현상과 밀접한 관련을 맺는다. 'A는 B이다'라
는 형식의 문장을 보자. 이러한 형식의 문장에 대해 기체 이론가들은
다음과 같이 주장한다. 즉, 주어 'A'의 지칭체는 기체이다. 이 경우 기체는
속성들의 담지자이고, 주어 'A'는 술어들의 담지자이다. 이들에 따르면,

(이것이 부분—전체 관계이다) 책상의 갈색임은 책상의 부분이 아니다(이것은 요소—전체
관계이다). 책상의 갈색은 책상의 존재 방식인 것이다. 그래서 데카르트의 영혼 실체는
그 실체가 생각의 다양한 양태들, 예를 들어 의심·의지·상상·감각 등을 갖지만, 그럼에도
불구하고 이것은 여럿이 아니라 하나인 것, 즉 단순한 것이다. 라이프니츠의 모나드가
단순하다는 것도 마찬가지로 이해될 수 있다. 하나의 단순한 실체는 부분을 갖지 않지만
다양한 존재 방식은 갖는다. 그리고 이러한 존재 방식이 바로 그 실체가 갖는 속성들이다.
그러나 그러한 존재 방식에 해당하는 수만큼의 존재자가 있는 것은 아니다. **하나의 존재자**가
그러한 **여러 존재 방식**을 드러내는 것이다. **하나**의 얼굴이 웃거나 노여워하거나 우는 것처럼
말이다. 이와 같은 사실은 『모나드론』에서 라이프니츠가 다음과 같이 말하는 점에 의해서도
확인될 수 있다. "그럼에도 불구하고 모나드들은 어떤 성질들을 가져야 한다. 그렇지
않다면 이것들을 존재자라고 할 수조차 없을 것이다"(Monadologie, p. 72).

언어와 존재는 그 구조에 있어서 이러한 방식으로 서로 대응한다. 반면 다발 이론가들에 따르면, 주어 'A'의 지칭체는 기체가 아니라 속성들의 다발이다. 이제 이 지점에서 기체 이론가들은 다발 이론가들에게 다음과 같은 비판을 가한다. 즉, 만약 주어 'A'의 지칭체가 속성들의 다발이라면, 'A는 B이다'라는 형식을 갖는 모든 문장은 종합적이 아니라 분석적이지 않겠는가? 티티우스의 예를 들어보자. 티티우스는 착하고 정직하고 아름다운 사람이다. 그래서 다발 이론에 따르면 티티우스는 착함, 정직함, 아름다움, 인간임 등등의 속성들의 다발이다. 이제 '티티우스는 착하다'라는 문장을 살펴보자. 다발 이론가에게 있어서 이 문장은 다음과 같이 분석된다. 즉 '착하고 정직하고 아름답고 인간인 어떤 것은 착하다.' 결국 'A는 B이다'라는 형식의 문장에서 'A'의 지칭체가 속성들의 다발이라면, 이러한 형식의 문장은 모두 분석적이다. 그러나 칸트 이후로 이 모든 문장들은 종합적이라고 간주된다. 따라서 다발 이론은 종합 판단이어야 할 것들을 분석 판단이 되게 만들도록 그렇게 되어 있다. 이것이 참인 문장에서 주어의 지칭체가 무엇이어야 하는지와 관련해 기체 이론가들이 다발 이론가들에게 던지는 비판이다.

　라이프니츠에게 있어서 이러한 비판은 의미를 갖지 못한다. 왜냐하면 라이프니츠는 다음과 같은 진리관을 갖기 때문이다. 즉, 모든 참인 판단에서 술어 개념은 주어 개념 안에 이미 포함되어 있다. 다시 말해 라이프니츠에게 있어서 모든 참인 판단은 분석적으로 참이다. 라이프니츠는 진리의 본성에 대해 다음과 같이 말한다.

　　따라서 술어나 후건은 언제나 주어 혹은 전건 안에 들어 있다. 진리의 본성이 바로 이러한 사실에 근거한다. 즉 진리란 명제의 항들 사이의 관계(연관)이다. 이는 언젠가 아리스토텔레스가 언급한 바와 같다. 그리고 동일률 언표에서는 이러한 관계가, 즉 술어가 주어 안에 포함된다는 관계가 겉으로 드러난다. 반면, 그 이외의 진리들[참인 명제들]에 있어서 이러한 관계는 겉으로 드러나지 않는다. 따라서 개념의 분석을 통해 이러한 관계를 드러내야 한다. 이렇게 하는 것이 선험적 증명이다.

이러한 사실은 참인 긍정 명제에 있어, 그것이 전칭이든 단칭이든, 혹은 필연적이든 우연적이든 [……] 상관없이 참이다.[24]

이에 따르면, 만약 '알렉산더는 왕이다'라는 명제가 참이라면, '왕'이라는 일반 개념은 '알렉산더'라는 개체 개념 안에 들어 있는 것이다. 달리 말하자면, '알렉산더'라는 개체 개념을 분석했을 때, 우리는 그 개체 개념의 어느 단계에서 '왕'이라는 일반 개념을 발견할 수 있다. 따라서 모든 참인 명제는 분석적으로 참이다. 따라서 기체 이론가들의 비판은 라이프니츠에게는 무의미하다. 라이프니츠에게 있어서 모든 참인 명제는 원리적으로 분석적이기 때문이다.

모든 참인 명제가 원리적으로 분석적이라고 하더라도, 주어 개념 내에 기체에 해당하는 개념이 들어가지 말아야 할 이유는 없다. 왜냐하면 기체에 해당하는 개념이 들어간다고 해서 전체 명제의 분석성이 사라지는 것은 아니기 때문이다. 따라서 우리는 이것을 고찰해보아야 한다. 즉, 완전 개체 개념 안에 기체에 해당하는 개념이 들어 있는지를 말이다. 이를 위해 우선 그러한 개념이 완전 개체 개념 안에 포함되어 있다고 가정하고 그것을 개념 's'라고 일컫자. 이제 개념 's'가 어떠한 논리적 역할을 하는지 살펴보자.

요스트에 의하면, 라이프니츠에게 있어서 모든 참인 긍정 명제는 분석

---

24 Recherche, p. 459.

적이므로, 모든 참인 긍정 명제는 집합-원소 류에 속한다.[25] 예를 들어 '왕'이라는 개념은 {왕, 다리우스와 포루스를 무찌름, 자연사했거나 독살 당했음, ……}이라는 집합의 원소이다. 이 집합 내에 이미 '왕'이라는 개념이 있으므로 '왕∈{왕, 다리우스와 포루스를 무찌름, 자연사했거나 독살 당했음, ……}'이라는 명제는 분석적으로 참인 것이다. 이를 일반화해 표현한다면, 모든 참인 명제는 다음과 같은 집합론적 표현으로 재서술 될 수 있다. '$C_1 \in \{C_1, C_2, C_3, \cdots\cdots\}$'(여기서 집합 자체는 완전 개체 개념을 표현한다. 또 그 집합의 원소는 완전 개체 개념을 구성하는 요소 개념들을 표현한다).

이것이 진리에 관한 라이프니츠의 생각이다. 이제 앞에서 우리가 가정 했던 것처럼 완전 개체 개념을 표현하는 집합 안에 기체와 대응하는 개념 's'가 들어 있다고 가정하자. 그 경우, 우리는 다음과 같은 명제를 얻는다. 즉, '$C_1 \in \{s, C_1, C_2, C_3, \cdots\cdots\}$.' 이 명제도 분석적이다. 따라서 우리는 라이프니츠의 진리에 대한 철학적 입장과 충돌함 없이 개념 's'를 완전 개체 개념 안에 넣을 수 있다. 그런데 의문이 생긴다. 개념 's'는 어떠한 논리적 역할을 하는가? 한 명제 안에서 개념은 그 명제의 논리적 주어 혹은 논리적 술어 역할을 한다. 그렇다면 개념 's'가 이러한 역할을 하는지 살펴보자. 우선, 개념 's'가 한 명제 안에서 논리적 주어 역할을 하는지 살펴보자. 개념 's'는 한 명제 안에서 논리적 주어 역할을 하는가? 이 물음에 대한 답은 그러나 부정적이다. 왜냐하면, 만일 개념 's'가 논리적 주어 역할을 한다면 다음과 같은 형태의 명제에서 논리적 주어 역할을 할 텐데, 이러한 형태의 명제는 분석적이지 않기 때문이다. 즉 's는 C_1이다.'

---

25 Yost(1954), 125.

분명 이 명제는 분석적이지 않다. 개념 's'를 분석했을 때 'C_1'을 발견할 수 없기 때문이다. 아무 속성도 가지지 않는 어떤 대상의 개념을 분석했을 때, 그 무언가라도 나올 것이라고 기대하기는 어렵다. 명제가 분석적이려면, 명제의 논리적 주어는 집합 자체여야 한다. 다시 말해 명제의 논리적 주어는 '$\{C_1, C_2, C_3, \cdots\}$' 형태이거나, 혹은 '$\{s, C_1, C_2, C_3, \cdots\}$' 형태이어야 한다. 's'만으로는 명제의 분석성이 획득되지 않는다. 따라서 만약 모든 참인 명제는 분석적이어야 한다면, 's'는 그러한 명제의 논리적 주어가 될 수 없다.

이제 개념 's'가 한 명제의 논리적 술어 역할을 할 수 있는지 살펴보자. 개념 's'가 논리적 술어가 되는 참인 명제를 보자: '$s \in \{s, C_1, C_2, C_3, \cdots\}$.' 이 명제는 분석적으로 참이다. 그런데 이 명제가 뜻하는 바가 무엇인가? 'C_1', 'C_2', 'C_3', 등이 논리적 술어 역할을 할 경우, 우리는 그것의 의미를 안다. 그것이 의미하는 바는, 누군가가 왕이며, 다리우스와 포루스를 무찔렀으며, 자연사했거나 혹은 독살 당했다는 것이다. 반면, 개념 's'가 개념 '왕', 개념 '다리우스와 포루스를 무찌름' 등등의 개념들과 유사한 의미를 갖는지는 의심스럽다. 만약 개념 's'가 이러한 개념들과 유사한 의미를 갖는다면 우리는 왜 'C_1', 'C_2', 'C_3', 등등과는 다른 지위를 갖는 것으로서의 's'를 상정하는가? 이 경우 's'는 그냥 'C_1', 'C_2', 'C_3' $\cdots$, 'C_n' 중 하나가 아닌가? 's'가 의미를 갖는다면, 그것은 다른 일반 술어 개념들과 별반 다르지 않은 어떤 것이다. 즉 개념 's'는 그냥 'C_1', 'C_2', 'C_3' $\cdots$, 'C_n' 중 하나일 뿐이다.

한편 우리가 'C_1', 'C_2', 'C_3' $\cdots$, 'C_n'과는 다른 지위를 갖는 것으로서 's'를 상정한다고 해보자. 그러나 이 경우 우리는 's'가 한 명제 내에서 논리적 술어의 역할을 한다는 말이 무슨 말인지 이해할 수 없게 된다. 명제 '$s \in \{s, C_1, C_2, C_3, \cdots\}$'은 형식에 있어서 분명히 분석적이지만,

이 명제가 어떤 의미를 갖는지 우리는 알 수 없다. 우리는 '알렉산더는 왕이다'라는 명제를 이해할 수 있다. 그러나 '알렉산더가 s이다'라는 말은 이해할 수 없다. 이것이 혹시 '알렉산더는 기체다'라는 것을 의미할 수 있을까? 그럴 수도 있지만, 이 명제는 필연적으로 거짓이다. 왜냐하면, 이 명제는 다음과 같은 거짓 명제로 분석되기 때문이다. 즉, '왕이고 다리우스와 포루스를 무찔렀으며 자연사했거나 혹은 독살 당한 어떤 것이 모든 속성들로부터 독립된 정체성을 갖는 기체다.' 결국 우리는 기체 s가 술어 개념이 되는 그러한 명제를 이해할 수 없다.

개념 's'가 의미를 가지려면 그것은 일반 개념들과 다른 지위를 가질 수 없다. 또 개념 's'가 일반 개념들과 다른 지위를 가지려면, 우리는 그 개념을 포함하는 명제의 의미를 이해할 수 없다. 따라서 개념 's'는 논리적 주어 역할뿐만 아니라 논리적 술어의 역할도 하지 못한다. 그렇다면 우리는 다음과 같은 결론을 내야 한다. 라이프니츠에 있어서 모든 참인 단칭 명제들은 '$C_1 \in \{s, C_1, C_2, C_3, \cdots\cdots\}$'의 형태를 갖는 것이 아니라 '$C_1 \in \{C_1, C_2, C_3, \cdots\cdots\}$'의 형태를 갖는다고. 다시 말해, 참인 단칭 명제 내의 주어 개념은 기체에 해당하는 개념을 포함하지 않는다고. 기체에 해당하는 개념은 어떠한 논리적 역할도 하지 못하기에 그렇다는 말이다.

완전 개체 개념 내에는 기체에 해당하는 개념이 없다. 그런데 완전 개체 개념은 창조의 모델이다. 다시 말해, 신은 완전 개체 개념을 창조 이전에 가지고 있었고, 그것을 모델로 해 이 세계를 창조했다. 이 경우, 만약 신이 이러한 모델로서의 완전 개체 개념을 제대로 실현하지 못한다면, 다시 말해, 완전 개체 개념 내에 있는 것을 창조하는 데 실패하거나 완전 개체 개념 내에 없는 것을 창조한다면, 신의 전지성은 부정될 것이다. 이와 관련해 다음과 같은 라이프니츠의 주장을 보자.

제가 여행을 하리라는 것이 확실하므로, 주어가 되는 나와, 술어가 되는 여행을 함 사이에는 어떤 연관이 있어야 하는 것입니다. 사실, 참인 명제 안에서 술어 개념은 언제나 주어 개념 안에 포함되어 있습니다. 따라서 제가 여행을 하지 않는다면 뭔가 오류가 있는 것입니다. 그리고 이것은 제 개체 개념, 혹은 완전 개념을 파괴할 것입니다. 혹은 이것은 신이 나를 창조하기로 결심하기 이전에 나에 대해 인식하는, 혹은 인식했던 것을 파괴할 것입니다. 왜냐하면 이 개념은 가능성 하에서 존재하는 것들 혹은 사실의 진리, 혹은 신의 명령을 포함하기 때문입니다. 여기에 사실들이 의존하는 것이고 말입니다.[26]

그래서 완전 개체 개념의 구조와 창조된 개체의 구조는 정확하게 대응한다.[27] 이제 우리는 다음과 같은 결론을 낼 수 있다. 즉, 창조된 개체는 기체를 갖지 않는다. 왜냐하면 완전 개체 개념의 구조와 창조된

---

26 Le Roy, p. 117~118.
27 이 주장은 정확히 이해될 필요가 있다. 이러한 주장이 의미하는 것은 완전 개체 개념과 창조된 개체가 동일하다는 주장이 아니다. 이 주장이 말하고자 하는 바는 이 둘 사이에 구조적 동일성(라이프니츠의 용어로 하면, '표현관계')이 있다는 것일 뿐이다. A와 B 사이에 구조적 동일성이 있다는 것은 A를 보았을 경우에 B를 알 수 있고, 또 B를 보았을 경우에 A를 알 수 있다는 것이다(물론 이것은 이 둘을 보는 자의 지적 능력이 어느 정도인가에 의존한다. 원과 그에 대응하는 대수방정식 사이의 구조적 유사성을 파악하는 사람은 일반인이 아니라 기하학자들뿐인 것이다). 구조적 동일성에 관해 이렇게 이해할 때 우리는 신의 지성과 신이 창조한 이 세계 사이의 관계에 관한 다음과 같은 라이프니츠의 주장을 정확히 이해할 수 있을 것이다. 그는 『관념이란 무엇인가?』라는 소논문에서 다음과 같이 말한다. "자연에 토대를 두는 표현들의 경우 어떤 유사성을 전제하는 것들이 있는데, 큰 원과 작은 원 사이에 존재하는 유사성이 그러하며, 어떤 지역과 그 지역에 관한 지도 사이에 존재하는 유사성이 또한 그러하다. [……] 마찬가지로 결과 전체는 그것의 모든 원인을 표상한다. 왜냐하면 나는 언제나 어떤 결과에 대한 인식으로부터 출발해 그것의 원인에 대한 인식에 도달할 수 있기 때문이다. 마찬가지로 각 사람들의 행위는 그들의 영혼을 표상하며, 또 세계는 신을 어떤 방식으로 표상한다"(Frémont, p. 114).

개체의 구조는 정확하게 대응하는데, 완전 개체 개념 내에 기체에 해당하는 그러한 개념이 없기 때문이다.[28]

---

28 서강학술총서의 심사자 한 분이 다음과 같은 지적을 해주었다.

> 만약 '다발이론'을 받아들인다면, 라이프니츠의 개체의 핵심적인 요소인 primitive(active and passive) forces를 어디에 위치시킬 것인가 하는 의문이 등장할 것 같은데, 이에 대한 논의가 포함시키는 것도 본 저술의 의도에 부합하지 않을까 생각됩니다.

분명 모나드가 갖는 근원적 능동·수동 힘은 속성으로 환원되지 않는다. 모나드 안에 속성(지각) 이외의 무언가가 있는 것이다. 그렇다면, 그것이 기체로 이해될 수 있지 않을까? 이러한 문제는 필자의 해석에 큰 부담이 된다. 라이프니츠의 개체가 다발 이론적으로 해석되려면, 속성(지각) 이외에는 아무것도 없어야 하기 때문이다. 이 문제와 관련해 서울대 이석재 선생님의 견해를 물은 적이 있었다. 그 견해에 따르면, 근원적 능동·수동 힘은 속성(지각)으로 환원되지 않기 때문에 필자의 해석에 부담이 될 수 있지만, 그럼에도 불구하고 이 힘이 반드시 전통적으로 이해되어온 기체라고 볼 필요는 없으므로, 해석적 부담을 덜 수 있을 것이다. 심사자의 지적에 대해 필자는 이러한 전략을 취하고자 한다. 근원적 능동·수동 힘은 속성으로 환원되지 않지만, 그럼에도 불구하고 이것을 기체라고 볼 이유는 없다는 것.

이 지점에서 다음과 같은 점을 지적하는 것이 좋겠다. 즉, 라이프니츠는 '일차 물질/일차 질료'(primary matter)라는 단어를 사용하며, 또 이것을 자신의 존재론 안에 포함시킨다. 다음과 같은 드 볼더에게 보내는 편지에서의 라이프니츠의 주장을 살펴보자. "따라서 나는 다음을 구분한다. (1) 근원적 엔텔레키 혹은 영혼. (2) 물질, 즉 일차 물질(primary matter), 혹은 근원적 수동 힘. (3) 이 둘에 의해 완전해지는(completed) 모나드. (4) 덩어리(Mass) 혹은 이차 물질(secondary matter), 혹은 유기적 기계. 이를 위해 수 없이 많은 하위 모나드들이 함께 모이는 그러한 이차 물질. (5) 기계를 지배하는 모나드에 의해 하나가 되는 동물 혹은 물체적 실체(corporeal substance)"(L, 530f.). 스콜라 전통에서 보자면, 이 일차 물질/일차 질료는 기체이다. 따라서 우리는 라이프니츠가 자신의 존재론 안에 기체에 해당하는 일차 물질/일차 질료를 포함한다고 결론내릴 수 있을지도 모른다. 그러나 라이프니츠의 일차 물질/일차 질료는 전통적으로 이해되어온 그러한 기체가 아니다. 다음과 같은 애덤스의 주장을 보도록 하자.

> '이차 물질/이차 질료'에 대해, 그리고 그에 앞서 "일차 물질/일차 질료"에 대해 말하면서 라이프니츠는 스콜라 학파의 구분을 시도하고 있다. 조각상과 관련해 그 조각상을 구성하는 청동은 물질/질료이다. 그러나 청동인 한에서 이것은 순수한 물질/질료가 아니다. 왜냐하면

3. 결론

라이프니츠의 전 저작을 고찰해봤을 때, 러셀이 자신의 해석적 입장을 방어하기 위해 인용한 라이프니츠의 글들은 그 수에 있어 극도로 빈약하다. 그럼에도 불구하고 라이프니츠의 몇몇 구절이 라이프니츠 자신의 의견임에는 의심의 여지가 없다.[29] 반면 요스트가 인용한 라이프니츠의

청동은 이 청동을 청동으로 만드는 그러한 실체적 형상(substantial form)을 갖기 때문이다. 이런 식으로, 무언가에 대해 물질/질료가 되지만 그 자신 안에 형상이나 형상들을 갖는 그러한 것은 이차 물질/이차 질료이다. 일차 물질/일차 질료는 순수한 물질/질료, 즉 모든 형상들로부터 독립된 그러한 물질/질료이다. 여기서 '덩어리'(Mass)라고 말해진 것은, 그것이 자신 '안에' 실체적 형상들을 갖는다는 의미에서, 이차 물질/이차 질료이다. 즉 수없이 많은 하위 모나드들이 함께 모여 형성한 그러한 이차 물질/이차 질료.

그러나 일차 물질과 이차 물질의 관계에 관한 스콜라 학파의 개념화와 드 볼더에게 제시된 라이프니츠의 다섯 가지 구분 사이에는 주요한 차이가 있으며, 이러한 차이를 언급하는 것이 중요하다. 스콜라 학파에 따르면, 한 실체가 갖는 일차 물질/일차 질료는 그 실체가 갖는 이차 물질/이차 질료의 기체(substratum)이다. 그래서 이 일차 물질/일차 질료는 이차 물질/이차 질료의 구성 요소이다. 그러나 라이프니츠가 드 볼더에게 묘사한 일차 물질/일차 질료는 이러한 스콜라의 일차 물질/일차 질료보다 더 분리되어 있는 것이다. 라이프니츠에 따르면, 물체적 실체가 갖는 일차 물질/일차 질료는 지배 모나드의 한 측면이다. 반면 물체적 실체가 갖는 이차 물질/이차 질료는 하위 모나드들이 함께 모여 구성한 것이다 (Adams, 1994, p. 266).

애덤스의 주장처럼 근원적 능동·수동 힘은 속성으로 환원되지 않지만, 그럼에도 불구하고 이것을 기체라고 볼 이유는 없다. 해석적 부담에 대한 방어 전략을 제공해주신 이석재 선생님께 감사드린다.

29 이 지점에서 러셀의 해석에 관한 어떤 설명이 필요한 것으로 보인다. 라이프니츠 해석사에 있어 큰 자리를 차지하고 있는 러셀 같은 철학자가 라이프니츠에 대해 잘못된 해석을 했다고 주장하는 것은 라이프니츠의 철학을 해석하는 일반 해석자에게 있어 큰 부담이다. 그러나 다음과 같은 점이 이해된다면 우리는 이러한 부담을 약간 덜 수도 있을 것 같다.

몇몇 구절 역시 라이프니츠 자신의 의견임에는 의심의 여지가 없다. 그렇다면 우리는 둘 중 하나를 선택해야만 하는 해석적 입장에 놓인다. 라이프니츠에게 있어서 개체적 실체는 기체를 자신의 구성 요소로 갖는가 아니면 갖지 않는가? 각각의 해석적 입장들은 자신들 나름대로의 증거를 내놓는다. 그러나 라이프니츠의 저서에서 직접 찾은 증거들은 서로 다른 두 진영의 해석적 입장 모두를 지지한다. 증거들만으로는 불충분하다. 증거들만으로 불충분할 경우, 우리는 정합성을 찾게 된다. 라이프니츠의 다른 철학적 입장이 기체라는 것을 허용하는가? 이것이 우리가 시도한 방법이다. 구별 불가능자 동일성의 원리, 개체의 지속의 원리, 개체의 가능세계적 동일성에 대한 원리, 그리고 진리에 대한 원리, 이 모든 라이프니츠의 철학적 주제들은 기체를 필요로 하지 않거나 혹은 거부한다. 결국 우리가, 라이프니츠 철학이 정합적인 체계라고 믿는다면, 우리는 기체를 인정할 수 없다. 기체를 인정하면 우리는 라이프니츠 철학 체계의 정합성을 부정하는 것이 되기 때문이다.

즉, 러셀이 라이프니츠에 대한 해석서를 썼을 때(1900년) 그는 기체 이론가였다(그 후 1940년에 러셀은 다발 이론으로 돌아섰다). 다시 말하자면, 필자의 생각에 의하면, 러셀은 라이프니츠의 철학을 해석함에 있어서 자신의 철학적 입장을 반영한 것이다. 러셀 자신의 철학적 입장과 다른 철학자에 대한 해석적 입장이 일치하리라는 것은 역사적 · 논리적 주장이 아니라 단지 어떤 심리적인 문제와 관련한 주장일 뿐이다. 그러나 다른 철학자에 대해 어떤 해석을 내릴 때 이러한 심리적인 문제들이 개입하지 말아야 할 이유는 없다고 생각된다.

제6장
시간론

이 장에서는 라이프니츠의 관계적 시간론을 고찰하고, 이러한 시간론이 뉴턴의 절대적 시간론에 비해 존재론적으로 더 단순하며, 또 이론적으로 우위에 있음을 보이고자 한다. 이를 위해 이 장에서는 시간을 둘러싸고 벌어진 라이프니츠와 클라크의 논쟁을 검토한다. 뉴턴을 따라 클라크는 시간이 사물들보다 존재론적으로 우선한다는 절대적 시간론을 펼친다. 이에 반해 라이프니츠는 사물들만 존재하는 것이며, 시간이란 이러한 사물들이 맺는 특정 관계일 뿐이라는 관계적 시간론을 펼친다. 자신의 입장을 방어하기 위해 라이프니츠는 충분이유율에 근거해 클라크의 시간론을 비판하는데, 이러한 비판을 통해 자신의 시간론이 더 우월한 시간론임을 보이고자 한다.

충분이유율이 옳다면 클라크의 시간론은 어려움을 겪게 되고, 그 결과 라이프니츠의 시간론이 옳은 이론임을 보일 수 있다. 그러나 문제는 충분이유율이 옳다는 보장이 없다는 것이다. 따라서 충분이유율을 가정

---

* 이 장은 박제철(2011)을 수정 · 보완한 것이다.

하지 않고서도 라이프니츠의 시간론이 옳음을 보여줄 필요가 있다. 그래서 필자는 시간이 정의되고 있는 『신 인간 지성론』(*Nouveaux essais sur l'entendement humain*)의 한 구절에 의존해 라이프니츠의 시간론이 어떻게 정당화될 수 있는지 검토해보고자 한다. 그리고 이러한 검토를 통해 다음과 같은 사실을 보이고자 한다. 첫째, 라이프니츠의 관계적 시간론은 이론적으로 잘 정당화될 수 있으며, 둘째, 이 이론은 뉴턴의 절대적 시간론보다 존재론적으로 더 단순하다는 장점을 가지며, 셋째, 이 이론은 모든 시간 현상을 다 설명할 수 있다. 이를 위해 우선 클라크(뉴턴)와 라이프니츠의 서로 다른 시간론을 검토하는 것부터 시작한다.

1. 절대적 시간론과 관계적 시간론

라이프니츠의 시간론은 클라크와 주고받은 다섯 개의 편지에서 가장 잘 정식화되어 있다. 라이프니츠에게 보내는 편지에서 클라크는 뉴턴의 입장을 따라 시간이 절대적이며 실제적인 것이라고 주장한다.[1] 반면 라이프니츠는 자신의 편지에서 시간이 관계적이며 관념적이라는 관계적 시간론을 펼친다. 절대적 시간론은 시간에 대한 우리의 직관과 일치한다. 직선으로 표상되는 시간이 사물에 앞서 존재하고, 사물들은 그 시간 축을 따라 변화해나간다. 반대로 관계적 시간론은 우리의 직관에 어긋난다. 이 이론에 따르면 시간이란 존재하지 않는 것으로서, 사물들이 존재할

---

[1] 라이프니츠에게 보내는 네 번째 편지에서 클라크는 다음과 같이 말한다. "공간과 시간이 단지 사물들 사이의 질서가 아니고 실재하는 양이라는 것이 위에서 증명되었다"(LC, p. 112).

때 비로소 우리가 그들 사이의 특정 관계로부터 구성해내는 관념적인 그 무엇이다.[2] 클라크에게 보낸 세 번째 편지에서 라이프니츠는 시간을 다음과 같이 정의한다.

내 견해로는, 내가 여러 번 이야기했듯이, 공간이란, 시간이 그러한 것처럼 단지 관계적인 그 무엇이다. 공간이란 공존(co-existences)의 질서이다. 시간이 계기(successions)의 질서인 것처럼 말이다.[3]

그리고 클라크에게 보낸 네 번째 편지에서 라이프니츠는 뉴턴의 절대적 시간론이 모순적이라면서 다음과 같이 말한다.

만약 공간과 시간이 어떤 절대적인 것이라면, 다시 말해 이것들이 사물들의 특정 질서가 아니라면, 내가 말한 것은 모순일 것이다. 그러나 사실은 그렇지 않다. 이 가설[공간과 시간이 어떤 절대적인 것이라는 가설]이 모순이다. 다시 말해 이것은 불가능한 허구이다.[4]

2. 절대적 시간론을 부정하기 위한 라이프니츠의 논변: 충분이유율

---

2 클라크에게 보내는 다섯 번째 편지에서 라이프니츠는 다음과 같이 주장한다. "만약 창조된 사물들이 없다면, 시간도 공간도, 그리고 결론적으로 지금의 공간도 없을 것이다"(Koyre, 1972, p. 270에서 재인용).

3 LC, p. 53.

4 LC, p. 89.

뉴턴과 클라크의 절대적 시간론이 어려움에 처함을 보이기 위해 라이프니츠는 하나의 논변을 제시하는데, 그 논변은 귀류법의 형태를 취함으로써 다음과 같은 사실을 보여주고자 한다. 즉, 뉴턴과 클라크의 절대적 시간론이 옳다면, 신은 아무 이유 없이 행동한 것이다. 그러나 신은 어떤 이유가 있어야만 특정 행동을 한다(이를 충분이유율이라고 한다. 즉 모든 것에는 이유가 있어야만 하며, 특히 신은 이유 없이는 행동하지 않는다). 따라서 최초의 가정, 즉 뉴턴과 클라크의 절대적 시간론이 옳다는 가정은 기각되어야 한다. 클라크에게 보내는 세 번째 편지에서 라이프니츠는 이를 다음과 같이 논한다.

누군가가 이렇게 묻는다고 가정해보자. 왜 신은 모든 것을 일 년 더 먼저 창조하지 않았을까. 이로부터 그가 다음과 같이 추론한다고 가정해보자. 따라서 신이 무언가를 행했는데, 그와 관련해 그가 왜 다르게 행하지 않고 바로 그렇게 행했는지에 대한 이유는 있을 수 없다. 여기서 우리는 그에게 다음과 같이 대답할 수 있다. 만약 시간이 시간적 사물들 밖에 존재하는 어떤 것이라면, 위 사람의 추론은 옳다. 왜냐하면, 왜 사물들이, 그 계기들이 똑같이 유지되면서, 다른 순간이 아닌 어떤 특정 순간에 적용되었는지 하는 이유를 제시하는 것은 불가능하기 때문이다. 그렇다면 이것은 다음의 것도 증명하는 것이다. 즉 사물들 밖에 있는 것으로서의 순간들이란 아무것도 아니며, 그것들은 오직 사물들의 계기적 질서에만 근거하는 것이다.[5]

---

5 LC, p. 54.

이를 정리하자면 다음과 같다. 우선 다음과 같이 (1)을 가정하자.

(1) 뉴턴의 절대적 시간론은 옳다.

(2) 그렇다면, 창조 이전에 시간이 존재할 것이다. 그리고 그 시간은 일종의 직선으로 표상되며, 특정 시점 t_1과 다른 시점 t_2는 서로 다를 것이다.

(3) 신은 t_1에서 지금의 세계를 창조할 수도 있었고, t_2에서 지금과 똑같은 세계를 창조할 수도 있었지만, 실제로 t_2에서 세계를 창조했다. 그런데 t_1에 창조될 뻔한 세계와 t_2에 창조된 세계는 구별이 되지 않는다. 따라서 신은 서로 아무런 차이도 내지 않는 두 세계 중 어느 하나를 더 선호해 창조한 것이다.

(4) 이것은 충분이유율을 깨는 것이다.

(5) 그러나 충분이유율은 옳다.

(6) 따라서 귀류법에 의해 우리의 가정 (1)은 거짓임이 증명된다. 즉 창조 이전에 t_1과 t_2를 포함하는 시간이 존재했다는 주장은 거짓이며, 따라서 (1)도 거짓이다.

라이프니츠의 관계적 시간관 하에서는 이러한 문제가 발생하지 않는다. 왜냐하면 세계가 t_1에서 시작할지 아니면 t_2에서 시작할지를 고민할, 그러한 미리 존재하는 시간이 없기 때문이다. 시간은 사물들에 앞서 존재하는 것이 아니라, 사물들의 존재에 기반한, 사물들 사이의 계기의 질서이다.

클라크는 충분이유율을 받아들인다. 따라서 위의 논변은 결정적이라고 할 수 있다. 그리고 만약 시간에 대한 이론이 이 둘밖에 없다면, 앞의 논변이 성공적인 만큼 라이프니츠의 관계적 시간론이 옳은 이론이 될 것이다.

그런데 충분이유율은 참인 원리인가? 이 원리를 누구나 받아들일 것이라고 상상하기는 어려울 것 같다. 우선 이 원리가 신의 존재를 가정하고 있는 만큼, 유신론자와 더불어 무신론자들까지도 이 원리를 받아들일 것이라고 생각할 이유는 없다.[6] 따라서 절대적 시간론을 부정하기 위한 라이프니츠의 논변이 모든 이에게 만족을 주리라고 보기 어려울 것 같다. 그러나 충분이유율을 이용하지 않고, 다른 방향에서 라이프니츠의 관계적 시간론을 옹호할 길이 있어 보인다. 이제 이를 살펴보자.

3. 라이프니츠의 존재론

자신의 철학적 경력 내내 라이프니츠는 다음과 같은 극단적인 존재론을

---

6 서강학술총서 심사자 한 분께서 다음과 같은 지적을 해주셨다.

충분이유율이 비단 유신론자에게만 유효하다는 저자의 주장이 의심스럽다. 스피노자 역시 충분이유율을 받아들이지만 그의 신/실체/자연은 전통적인 의미에서의 신과는 거리가 멀다.

지적대로, 필자의 주장에 느슨한 면이 있다. 필자의 주장에 따르면, 신을 받아들이지 않는다면, 충분이유율도 받아들이지 않는다는 것인데, 그렇지 않아 보이기 때문이다. 그래서 필자의 주장을 좀 약화시키는 것이 좋을 것 같다. 충분이유율이 신과 관련되어 있기 때문에 신을 받아들이지 않는 사람들 중 일부는 충분이유율도 받아들이지 않을 것이라는 식으로 말이다.

취해왔다. 즉 존재하는 것은 개체, 그리고 개체의 존재 방식인 속성뿐이다.[7] 이것은 매우 극단적인 존재론이다. 이 존재론에는 우리 모두가(아니면 많은 이들이) 존재한다고 생각하는 것들, 즉 시간·공간 등이 빠져 있다. 시간을 개체들 사이의 특정 관계로 환원시키려는 라이프니츠의 착상도 바로 이러한 존재론에 기반하고 있다. 반면 뉴턴의 존재론은 시간·공간을 포함하고 있다. 따라서 뉴턴은 시간을 다른 존재론적 범주 내의 사물들로 환원할 필요가 없다. 이제 여기서 한 가지 문제가 제기된다. 존재론적 범주로서 시간은 반드시 필요한가? 만약 반드시 필요하다면, 뉴턴의 시간론이 옳을 것이다. 그러나 그렇지 않다면, 그래서 시간이 보다 기본적인(primitive) 존재론적 범주로 환원된다면(여기서는 개체와 속성으로) 라이프니츠의 관계적 시간론이 그 존재론적 단순성으로 인해 더 선호되어야 할 것이다.

시간은 경험적 대상이 아니다. 우리의 오감을 통해서는 시간이 포착되지 않는다. 그러나 경험되지 않는다고 해서 반드시 존재하지 않는다고 할 수는 없다. 왜냐하면, 어떤 형이상학적 이론이 어떤 현상을 설명하기 위해 반드시 필요하다고 보는 것은, 존재한다고 할 수 있기 때문이다. 이처럼 만약 시간이라는 것이 이론적으로 반드시 요청된다면 우리는 뉴턴이 그런 것처럼 우리의 존재론에 시간을 포함시켜야 할 것이다. 반대로 시간이라는 존재론적 범주를 따로 설정하지 않고서도 시간과 관련한 모든 것들을 설명해낼 수 있다면, 우리는 시간을 우리 존재론에

---

7 "우리가 단순 실체에서 발견할 수 있는 것은 바로 지각들과 그 변화들뿐이다. 단순 실체들의 모든 내적 활동들은 바로 이 지각들과 그 변화들에 존재한다"(Monadologie, p. 79).

포함시킬 필요가 없을 것이다. 이제 시간이 정말 이론적으로 꼭 필요한지 살펴보도록 하자. 나중에 그 이유가 드러나겠지만, 시간이 이론적으로 꼭 필요한지 살펴보기 위해 질문을 좀 바꿔야 할 것 같다. 이제 물음은 시간이 무엇인지에 관한 것이 아니라 다음과 같은 것이다. 시계란 무엇인가?

4. 시계란 무엇인가?

시계가 무엇인지 하는 물음에 대해 두 가지 가능한 답이 있을 수 있다. 첫 번째는 다음과 같은 대답이다.

(1) 시계란 시간을 재는 기계이다.

이 대답은 매우 상식적이고 직관적이며, 또 옳은 것 같다. 여기서 다음과 같은 점을 지적하는 것이 좋을 것 같다. 만약 누군가가 이러한 답을 제시한다면 그는 뉴턴의 시간론을 전제하고 있는 것이다. 왜냐하면 이 대답은 시계라는 사물의 존재에 앞서 시간이라는 것이 존재하며, 시계란 바로 그러한 시간을 재는 기계임을 시사하기 때문이다. 이 대답이 유일하게 가능한 대답은 아니다. 『신 인간 지성론』에서 라이프니츠는 다음과 같이 말한다(여기서 필라레트는 로크를 대변하는 상상적 인물이고, 테오필은 라이프니츠 자신을 대변하는 상상적 인물이다).

필라레트: 모두들 천체의 운동을 통해 시간을 측정해왔다. 따라서 시간을 운동의 척도라고 정의하는 것은 매우 이상한 일이다.

테오필: [……] 사실 아리스토텔레스는 시간이 운동의 수라고 말했지 운동의 척도라고 말하지 않았다. 우리는 다음과 같이 말할 수 있다. 지속이라는 것은 하나가 끝날 때 다른 하나가 시작되는 그러한 동일한 주기적 운동의 수를 통해 알려진다. 예를 들어 지구의 공전이나 별들의 회전을 통해 말이다.[8]

여기서 라이프니츠는 아리스토텔레스를 따라 시간을 정의한다. 그 정의에 따르면 시간은 운동의 수이다. 여기에 덧붙여 라이프니츠는 지속 (시간)이라는 것이 '주기적 운동의 수'를 통해 알려진다고 주장한다. 그리고 시간을 정의하는 요소가 되는 '주기적 운동'의 예로서 '지구의 공전이나 별들의 회전'을 들고 있다. 필자는 이러한 대답이 '시계란 무엇인가?'라는 물음에 대한 또 한 가지의 가능한 대답이라고 생각한다. 그리고 이 대답을 보다 정확하게 표현한다면 다음과 같이 표현될 수 있다고 생각한다.

(2) 시계란 주기적 운동 발생 장치이다.

이제 이 대답이 무엇을 뜻하는지, 그리고 왜 이 대답이 라이프니츠적 존재론, 즉 개체와 속성만을 허용하는 존재론과 부합하는지 살펴보도록 하자.

---

8 NE, p. 120.

5. 시계 만들기

우리가 원시시대의 물리학자라고 가정해보자. 우리는 시간을 재기 위해 시계를 만들려고 한다. 그러나 원시시대의 물리학자이기 때문에 시계를 바로 만들기는 어렵고, 우선 어설프나마 시계라고 부를 수 있는 것을 찾고자 한다. 어떤 사물이 시계가 되기 위해서는 어떤 조건을 갖추어야 하는가? 흐르는 강물을 시계로 삼고자 하는 사람, 그리고 심장을 시계로 삼고자 하는 사람(갈릴레오가 진자의 규칙성을 찾고자, 심장을 시계로 이용했었다)을 생각해보자. 약속 장소에서 특정 시간에 만나기 위해 강물을 바라보는 두 사람과, 똑같은 목적을 위해 심장 박동이 만 번 뛰는 것을 재는 두 사람을 비교해보자. 어떤 이들이 약속 장소에서 만나게 될까? 강물을 바라보는 사람들은 서로 만나지 못할 것이다. 반면 심장 박동의 수를 세었던 사람들은 약속 장소에서 만날 수 있을 것이다. 이 둘의 차이는 어디에 있는가? 그 차이는 주기성에 있다. 강물의 흐름은 반복되는 운동이 없기 때문에 주기성을 띠지 않는다. 반면 심장 박동은 계속 반복됨으로써 주기성을 가진다. 우리는 심장이 발생시키는 '주기적 운동의 수'를 셈으로써 시간에 맞춰 약속 장소에 갈 수 있다. 이 경우, 심장은 우리의 시계가 되며, 여기서 심장이 하는 역할은 시간을 재는 것이 아니라 주기적 운동(심장 박동)을 발생시키는 것이다.

그런데 심장은 몸의 상태에 따라 빠르게 뛸 수도 있고 느리게 뛸 수도 있다. 그렇다면 심장을 시계로 삼기에 문제가 있는 것 아닌가? 그러나 여기에는 아무런 모순도 없다. 사실 여기서는 '빠르게 뛴다', '느리게 뛴다'라는 표현 자체가 아무런 의미를 갖지 못한다. 왜냐하면 '빠르다', '느리다'라는 표현을 사용하려면 어떤 기준이 되는 시계가 있어야 하는데, 지금의 경우, 기준이 되는 시계란 바로 심장이기 때문이다. 만약 우리가 심장을 시계로 삼지 않고, 진자를 시계로 삼는다면, 그때서야 우리는 '심장이 빨리 뛴다', '심장이 느리게 뛴다'라는 표현을 의미 있게 사용할 수 있을 것이다.[9]

그런데 심장을 시계로 삼는 데 아무런 모순도 없다면, 왜 우리는 심장보다 진자를 시계로 삼고자 하는가? 여기에는 이유가 있다. 우리가 시계로 삼을 수 있는 사물들, 즉 주기적 운동을 발생시키는 사물들은 크게 두 부류로 나뉜다. 하나는 비례 사건 부류(equivalent class)에 속하는 사물들이고, 다른 하나는 비−비례 사건 부류(non−equivalent class)에 속하는 사물들이다.[10] 비례 사건 부류에 드는 사물들의 예로서 우리는 모래시계·진자·전자 등을 들 수 있다. 비례 사건 부류에 드는 사물들은 한 사물이 특정 주기적 운동을 몇 차례 할 때마다 다른 사물이 그에 정확히 대응하는 주기적 운동을 몇 차례 한다. 예를 들어, 모래시계의 모래들이 아래로

---

9 지구의 자전 운동을 시계로 삼을 경우, 즉 해시계가 기준 시계가 될 경우, 우리는 어느 한 날과 그 다음날의 길이가 서로 다름을 알 수 없다. 두 날의 길이가 서로 다름을 보이기 위해서는 진자와 같은 다른 시계가 필요하다. 이와 관련해 라이프니츠는 다음과 같이 말한다. "진자는 정오부터 다음 정오까지 여러 날들이 [그 길이에서] 서로 다름을 보여준다"(NE, p. 120).

10 Carnap, 1966, p. 82~83.

다 쏟아지고, 뒤집어서 또 다 쏟아지기를 10번 반복할 동안 진자는 오른쪽 위쪽에 100번 도달하고, 그동안 전자는 10만 번 뛴다. 모래시계의 주기적 운동이 20번 반복되면 진자는 위의 주기적 운동을 200번 하며, 그동안 전자는 주기적 운동을 20만 번 한다. 그리고 모래시계의 모래들이 주기적 운동을 100번 할 때, 우리는 진자와 전자의 주기적 운동의 수를 안 보고도 알 수 있다. 반면 비−비례 사건 부류에 속하는 사물들은 이와 다른 모습을 보인다. 심장이 100번 뛸 때 배가 두 번 고팠지만, 심장이 200번 뛰는 다른 경우 역시 배가 두 번 고플 수 있다.

심장이 비−비례 사건 부류에 들어감에도 불구하고 심장을 시계로 삼는 데에는 아무런 문제가 없다. 몸 상태에 따라 세상이 좀 빠르게 혹은 좀 느리게 진행될 뿐이다. 다만 우리는 편의를 위해 비례 사건 부류에 속하는 사물들을, 예를 들어 진자를 시계로 삼는 것이다. 심장과 진자가 서로 다른 부류에 속하지만, 그럼에도 불구하고 심장이나 진자가 하는 역할에는 아무런 차이가 없다. 이 둘 모두 주기적 운동 발생 장치인 것이다.

시계가 시간을 재는 기계로 이해되지 않고, 주기적 운동 발생 장치로 이해된다면, 우리는 시간에 대해 다음과 같이 말할 수 있다. 시계가 측정할, 시계 이전에 존재하는 그러한 시간이란 없다. 우리는 주기적 운동 발생 장치인 시계만 가지고도 모든 시간적 규정성에 대해 말할 수 있다. '저 말은 빨리 달린다', '약속 시간에 정확히 맞춰 왔다', '저 비행기는 진자가 오른쪽 위에 한 번 갔다가 다시 그곳에 갈 때까지 100미터를 간다', '그와 이야기할 때 진자가 100번 흔들린 줄 알았는데,

50번밖에는 흔들리지 않았다',[11] '우리는 예수 탄생 이후 지구가 태양 주위를 2013번 돌고 난 다음 이곳에 모였다.' 이렇게 말할 때 우리는 사물들 밖에 존재하는 어떤 시간에 대해 말하는 것이 아니다. 우리가 존재론적으로 개입하게 되는 것은 오직 주기적 운동을 발생시키는 사물들, 그리고 그 사물들과 특정 관계를 맺고 있는 다른 사물들뿐이다. 결국 시간은 사물들 사이의 관계, 즉 사물들의 주기적 운동에 근거해 규정되는 그 무엇으로 환원된다.[12]

시간이 사물들 사이의 관계로 환원된다면, 우리는 시간을 우리의 존재론에 포함시킬 필요가 없다. 시간은 경험되지도 않으며, 또 이론적으로 꼭 필요한 것도 아니다. 그렇다면 사물들 이전에 존재하며, 사물들이 그에 따라 변화해나간다고 여겨지는 그러한 것은 없는 것이다. 즉 시간이란 없는 것이다. 존재하는 것은 오직 주기적 운동을 발생시키는 사물들뿐

---

11 우리의 심적 상태에 근거해 시간을 설명할 수도 있을 것으로 보인다. 마음속으로 수를 센다든지, 아니면 내 생각의 지루함(즐거움) 증가 정도에 근거해 시간의 흐름을 설명할 수 있을 것이다. 그러나 시간을 우리의 심적 상태에 근거시킬 경우, 시간이 가져야 할 중요한 특성 하나가 사라지게 되는 것으로 보인다. 우리 각자가 갖는 시간 의식은 매우 주관적이며, 따라서 누구의 시간 의식을 기준 시계로 삼을지 결정하기 어렵다. 그런데 객관성이라는 것은 시간이 가져야 할 중요한 특성으로 여겨진다. 사실 사물 밖에 시간이 존재한다는 이론, 즉 절대적 시간관이 상식적이고 직관적이라고 여겨지는 이유도 바로 이 시간관이 객관성을 확보하고 있기 때문인 것으로 보아진다.

12 시계의 발전은 주기적 운동의 간격을 더 잘게 나누는 방향으로 진행되었다. 사실 더 정밀한 시계란 사물 밖에 있는 시간을 더 정확하게 재는 기계가 아니라, 다른 기계보다 주기적 운동의 간격을 더 잘게 나누는 기계이다. 이와 관련해 라이프니츠는 다음과 같이 말한다. "진자가 측정을 반복하는 데 사용될 수 있음이 밝혀진 것은 그리 오래 되지 않았다. 호이겐스, 무통, 뷔라티니, 그리고 그 전에 폴란드의 메트르 드 모네가 하루의 길이와 진자[운동]의 길이의 비례를 언급하면서 이를 보였듯이 말이다. 진자는 (예를 들어) 정확히 1초를, 다시 말해 고정된 별들의 회전, 혹은 천문학적 하루의 1/86,400을 나타낸다"(NE, p. 116).

이다.

6. 주기성과 시간

라이프니츠의 존재론적 틀 내에서 시간이라는 것은 사물들 사이의 관계로 환원된다. 주기적 운동을 발생시키는 사물들만 있다면 우리는 시간적 규정성에 대해 모두 다 설명할 수 있다. 진자가 한번 흔들리고, 두 번 흔들리고 할 때, 우리는 이러한 주기적 운동에 근거해 시간을 정의할 수 있다. 여기서 한 가지 반론이 제기될 수 있다. 진자의 주기적 운동은 시간을 전제하는 것 아닌가? 진자가 두 번 흔들릴 때, 이 두 운동을 서로 다른 것으로 만들어주며, 또 순서 짓는 원리는 시간 아닌가? 반론이 이렇게 정식화된다면, 이 반론은 다음과 같은 두 착상을 전제하고 있는 것이다.

(1) 시간축 상의 두 점 t_1과 t_2는 서로 다르다.

(2) 선후 관계를 이루는 이 두 점이 이에 대응하는 진자의 각 운동을 순서 짓는다.[13]

---

13 뉴턴은 다음과 같이 말한다. "계기(繼起)의 순서와 관련해서 모든 사물들은 시간상에서 위치지어진다. [……] 이것들이 어떤 위치를 차지하고 있다는 것은 그것들의 본질 내지 본성에서 유래하는 것이며, 그래서 사물들의 원래 위치들이 움직여진다는 것은 불합리한 일이다. 따라서 이것들은 절대적 위치들이다"(주석 IV)(백종현, 2000에서 재인용).

이 두 착상은 시간이 주기성보다 더 근원적이라는 입장, 즉 절대적 시간론과 부합한다. 라이프니츠의 시간론이 옹호되려면, 이러한 반론은 적절히 처리되어야 할 것이다. 이제 두 가지 방향에서 이 문제를 다루어보자. 첫째, 필자는 앞의 착상들 중 (1)이 심각한 인식론적 어려움을 가져온다는 점을 보이고자 한다. 둘째, 필자는 위의 착상들 중 (2)가 라이프니츠의 존재론적 틀 내에서 적절히 처리될 수 있음을 보이고자 한다. 이제 이것들을 살펴보기로 한다.

먼저, (1)에 따르면, 시간축 상의 두 점 t_1과 t_2는 서로 달라야만 한다. 만약 이것들이 서로 다르지 않다면, 이것들은 진자의 각 운동을 서로 다른 운동으로 만들어주지 못할 것이다. 바로 이 점, 즉 t_1과 t_2가 서로 달라야만 한다는 점이 우리에게 심각한 인식론적 어려움을 준다. 왜냐하면 t_1과 t_2가 어떤 조건 하에서 서로 다른지 설명할 길이 없어 보이기 때문이다. 시간은 경험되는 대상이 아니다. 따라서 경험을 통해 t_1과 t_2가 서로 다르다는 것을 보일 수 없다. 경험을 통해 그 차이를 확인할 수 없다면, 경험 이외의 원리에 의해 그 차이가 확보되는 것인가? 그렇다면 그 원리란 어떤 것인가? 그러나 뉴턴이 그렇듯이 이러한 차이를 확립해주는 원리란 존재하지 않는다. t_1과 t_2는 그냥 다른 것이다.[14] 그런데 우리가 이런 입장을 취한다면, 우리는 인식론적으로 매우 심각한 어려움에 직면하게 된다. 무언가 서로 다른 것이 있는데, 왜 이것들이 서로 다른지 우리는 알 수 없다. 다르다는 것은 알지만 왜 다른지는 알 수 없다는

---

[14] "절대 시간을 채택하려면 내적으로는[속성 면에서는] 다르지 않지만 수적으로는 다른 시간상의 순간들을 가정해야 한다"(마이클 루, 2010, p. 247).

것이다. 만약 우리가 이런 인식론적 상황을 허용한다면, 우리는 사물들의 수를 우리 마음대로 조절할 수 있다. 예를 들어 누군가는 내 팔이 세 개라고 말할 수 있다. 두 개의 손 이외에 하나의 손이 더 있는데, 세 번째 손은 나머지 두 손과 다르긴 하지만, 왜 다른지는 말할 수 없다고 하면서 말이다. 이 예에서 볼 수 있듯이, 수적 차이는 질적 차이를 동반해야만 할 것으로 보인다. 그러나 시간 t_1과 t_2는 질적으로 전혀 구별이 안 된다. 그럼에도 불구하고 절대적 시간론에 따르면 이것들은 수적으로 서로 다르다.

라이프니츠는 이런 어려움에 직면하지 않는다. 왜냐하면 라이프니츠는 다른 사물들과의 관계를 통해 진자의 첫 번째 운동과 두 번째 운동이 서로 다름을 보일 수 있기 때문이다.

하나의 진자만으로 이루어진 우주를 상상해보자. 이 우주에서 진자가 두 번 흔들렸다. 첫 번째 진자의 운동과 두 번째 진자의 운동을 우리는 어떻게 구별할 수 있을까? 시간축 상의 서로 다른 두 점 t_1과 t_2를 가정하지 않고서도 우리는 이 두 운동을 서로 다른 운동으로 파악할 수 있을까? 시간축이 전제되지 않는다면, 가능한 대답은 오직 다음과 같은 것이 될 것이다. 즉 이 두 운동은 그냥 다르다. 이 대답은 만족스러운 대답이 아니다. 왜냐하면 이 대답은 t_1과 t_2가 그냥 다르다는 대답만큼이나 수적 차이에 대한 이유를 제공하고 있지 못하기 때문이다.

라이프니츠의 세계는(적어도 창조된 세계는) 이와 다르다. 이 세계에는 무수한 사물들이 공존하고 있으며(라이프니츠는 공간을 사물들 사이의 공존의 질서로 정의한다), 그것들은 표현관계를 통해 상호 연계되어 있다.

인식론적으로 봤을 때, 이러한 상황은 진자의 두 운동을 수적으로 차이 나게 해주는 원리가 될 수 있다. 우리는 진자의 운동만 관찰하는 것이 아니라 진자를 둘러싼 다른 사물들도 관찰하게 된다. 그렇다면 진자의 첫 번째 운동과 두 번째 운동은 다른 사물들의 모습이 어떠한지에 따라 서로 분화된다. 예를 들어 진자가 첫 번째 운동을 할 때, 나의 강아지가 여기 있었는데, 두 번째 운동을 할 때는 저기 있다는 식으로 말이다. 여기서 진자의 두 운동을 수적으로 분화시켜주는 원리는 다른 사물들과의 관계이다. 우리가 관찰하는 다른 사물들의 모습을 통해 진자의 두 운동은 서로 다른 운동이 된다. 절대적 시간관 하에서의 t_1과 t_2는 질적으로는 다르지 않지만 수적으로는 다르다. 이러한 입장은 우리에게 인식론적 어려움을 준다. 반면 라이프니츠의 세계관 하에서는 이런 인식론적 어려움이 발생하지 않는다. 다른 사물들과의 관계를 통해 진자의 운동이 서로 다른 운동들로 분화될 수 있기 때문이다.

다음으로, (2)를 고찰해보자. (2)에 의하면, 진자의 첫 번째 운동과 두 번째 운동은 서로 다른 시간상의 두 점 t_1과 t_2에 의해 선후 관계에 놓인다. 다시 말해 시간축 상의 서로 다른 두 점 t_1과 t_2가 진자의 운동을 순서화하는 원리가 된다. 시간축을 전제하지 않으면서도 이러한 순서화의 원리를 제공할 수 있을까? 라이프니츠는 시간적 순서를 논리적 순서로 환원함으로써 이러한 착상에 대응한다. 시간에 대한 짧은 글에서 그는 다음과 같이 말한다.

예술과 마찬가지로 자연에서도, 시간에 의해 앞서는 존재(être)들은 더 단순하고, 시간에 의해 후행하는 존재들은 더 완전하다.[15]

여기서 라이프니츠는 단순/복잡이라는 관계를 통해, 그리고 불완전/완전이라는 관계를 통해 주기적 운동을 순서화한다. 진자의 첫 번째 운동은 두 번째 운동에 시간적으로 앞서는데, 그 이유는 첫 번째 운동이 시간축상의 앞 점에 놓여 있기 때문이 아니라, 첫 번째 운동이 두 번째 운동보다 더 단순하며 불완전하기 때문이다.

단순/복잡, 그리고 불완전/완전의 기준을 통해 각 운동을 순서화하는 것 이외에도 라이프니츠는 새로운 기준을 통해 시간적 순서를 정의하는데 그 기준이란 자연적 순서이다.

하나의 동일한 사물이 갖는 서로 모순되는 두 상태 중에서, 자연적으로 선행하는 것이 시간적으로 선행하는 것이다. 자연적으로 선행하는 것, 이것은 다른 것에 대한 이유(raison)를 포함하는 것이다. 혹은 마찬가지의 말이지만, 자연적으로 선행하는 것, 이것은 더 쉽게 인식될 수 있는 것이다. 시계에서 볼 수 있듯이, 톱니바퀴의 현재 상태를 완전히 파악하려면, 우리는 그 현재 상태의 이유를 알아야 하는데, 그 이유는 톱니바퀴의 이전 상태에 포함되어 있다.[16]

시간적 순서는 자연적 순서에 기반한다. 달리 말해 시간적 순서는 자연적 순서로 환원된다. 그런데 자연적 순서란 무엇인가? 라이프니츠는 다음과 같은 주장을 통해 자연적 순서가 논리적 순서임을 암시한다.

15 Rauzy, 1995, p. 44 재인용.
16 Recherches, p. 104.

자연에 의해 선행하는 용어란 복합 용어를 단순 용어로 대체할 때 얻어지는 것이다. 자연에 의해 뒤에 오는 용어란 단순 용어를 복합 용어로 대체할 때 얻어지는 것이다. 혹은 같은 말이지만, 자연에 의해 선행함은 분석을 통해 얻어지고, 자연에 의해 후행함은 종합에 의해 얻어진다. 앞서의 예를 통해 보자면, 15배수(quindenaire)는 자연에 의해 30배수(tricenaire)에 선행한다. 2배수(binaire)도 마찬가지로 30배수에 선행한다. 그리고 여기서 15배수−2배수라는 용어는 30배수에 선행하는 것이다. [……] 덜 파생적인 용어로 구성된 용어가 자연에 의해 선행한다. 여기서 덜 파생적인 용어란 가장 적은 수의 단순하고 근본적인 용어들과 등가인 용어를 말한다.[17]

궁극적인 착상은 다음과 같은 것으로 보인다. 단순/복잡이라는 논리적 관계를 통해 어떤 논리적 계열이 발생되는데, 사물들의 운동은 이 계열에 근거해 순서화된다. 자연수 계열을 떠올려보면 좋을 것 같다. 1은 2에 우선하지만, 1이 2보다 시간적으로 먼저 있는 것은 아니다. 1 다음에 2가 오는 이유는 1이 갖지 못하는 규정성, 즉 '하나 더하기'라는 규정성이 2에 포함되어 있어 2가 1보다 더 복잡하기 때문이다. 그리고 사물들의 운동은 이 계열을 따르는 것이다. 이것이 의미하는 바는 '먼저'라는 시간적 규정성이 '우선'이라는 논리적 규정성으로 환원되며, '나중'이라는 시간적 규정성은 '다음'이라는 논리적 규정성으로 환원된다는 것이다. 이렇게 라이프니츠는 시간 계열을 논리 계열에 근거시킨다. 그리고 사물들의 운동이 이 계열을 따르는 것으로 이해한다. 결국 진자의 운동 각각을

---

17 Recherches, p. 89~90.

서로 다른 선후 운동으로 만들어주는 것은 서로 다른 두 시간점이 아니다. 이 두 운동 각각을 서로 다른 선후 운동으로 만들어주는 원리는 논리적 계열인 것이다. 사물들이 시간축을 따르는 것이 아니라 이러한 논리적 계열을 따르는 것이라면, 궁극적으로 시간이란 없는 것이다. 우리가 관념적으로 가지고 있는 논리적 계열, 그리고 그 계열을 따르고 있는 사물들, 이것들밖에는 없는 것이다. 따라서 애초의 반론, 즉 주기성이 시간을 전제하고 있는 것 아니냐는 반론은 라이프니츠의 존재론적 틀 내에서 적절히 처리될 수 있다.

7. 결론

라이프니츠는 상당히 극단적인 존재론을 제시하고 있다. 그에 따르면 존재하는 것은 개체와 개체의 존재 방식인 속성뿐이다. 이런 단순한 존재론은 설명의 부담이 크다. 관념·보편자·양상·물질·시간·공간 등 우리들이 존재한다고 생각하는 모든 것들이 이 단순한 존재론 내에서 설명되어야 한다. 우리의 관심은 시간이 라이프니츠의 존재론적 틀 내에서 설명될 수 있는가 하는 것이었다. 클라크와의 논쟁을 통해 라이프니츠는 사물 독립적인 시간이 환상이라는 주장을 펼치면서, 이를 증명하기 위해 많은 노력을 기울인다. 그 대표적인 것이 충분이유율에 기반한 절대적 시간론 비판이다. 라이프니츠 당시의 철학적 기후에 비추어봤을 때, 신학적 근거를 통한 이러한 비판은 이해할 만하다. 그러나 현대의 맥락에서 이 논변을 살펴본다면, 우리는 약간의 실망감을 얻을 수도 있다. 왜냐하면 논변의 핵심이 되는 충분이유율이 반드시 참이라고 볼 수만은 없기 때문이다.

이러한 이유 때문에 이 장에서는 시간의 문제를 조금 다른 방향에서 검토하고자 했다. 그래서 필자는『신 인간 지성론』에서 시간에 대해 라이프니츠가 언급한 부분에 초점을 맞추어, 시간에 대한 라이프니츠의 주장이 어떻게 이해될 수 있는지를 검토했다. 여기서 핵심은 자연의 어떤 사물들이 시계 기능을 한다는 것이다. 심장이 그렇고, 또 진자가 그렇다. 이것들은 구체적 개체들인데, 자신의 존재 방식으로서 특이한 속성을 지닌다. 즉 이것들은 '주기적 운동'을 발생시킨다. 라이프니츠는 시간을, 이러한 구체적 개체들이 드러내는 속성, 즉 주기성에 근거시킨다. 시간이란 '주기적 운동의 수'이다. 그 수를 셈으로써 우리는 다른 사물들이 드러내는 시간적 규정성들, 즉 '빠르다', '느리다', '동시에' 등의 표현에 의미를 부여한다. 결국 시간은 라이프니츠의 존재론적 틀 내에서, 그 존재론이 허용하는 사물들로 완전히 환원된다. 환원주의적 기획의 이러한 성공은 존재론적 단순성을 확보한다는 것 이상의 의미를 지닌다. 이러한 성공은 우리 논의의 처음 문제, 즉 시간이 절대적인지 아니면 관계적인지의 문제와 관련해 어떤 답을 제시한다. 시간이란 경험되는 대상도 아니고, 또 그렇다고 꼭 필요한 것도 아니다. 주기적 운동을 드러내는 사물들만 있다면 우리는 모든 시간적 규정성에 대해 다 설명할 수 있다. 더군다나 객관적 시간이라는 것을 상정하면 우리들은 심각한 인식론적 어려움에 직면하게 된다. 그렇다면 사물에 앞서 존재하는 그러한 시간이란 없는 것이다. 존재하는 것은 오직 구체적 개체들뿐인 것이다. 심장·진자·전자·지구·달·별, 그리고 이러한 사물들을 통해 관념적으로 시간을 구성해내는 우리들, 오직 이런 것들만이 존재하는 것이다.

제7장

개체의 시간적 지속

이 장에서 우리는 라이프니츠에 있어서 실체의 시간적 동일성, 혹은 실체의 지속에 관해 다룬다. 라이프니츠에 있어서, 실체가 시간을 뚫고 지속한다는 것은 무엇을 의미하는가? 그래서 개체적 실체 티티우스가 어제로부터 오늘까지 지속한다는 것은 무엇을 의미하는가? 혹은 어제의 티티우스와 오늘의 티티우스가 동일하다는 것은 무엇을 의미하는가? 지속에 관한 이론은 분명 시간, 변화에 관한 이론과 연계되어 있다. 시간이 흐른다. 그리고 한 실체는 변화를 겪는다. 그럼에도 불구하고 그 실체는 동일한 실체로 남는다. 그래서 필자는 실체의 지속 문제를 시간, 그리고 변화와 관련해 논의하고자 한다.

우선 이 세 개념에 대한 우리의 상식, 혹은 우리의 이미지에 대해 언급하는 것이 좋을 것 같다. 우리는 시간 하면, 직선을 떠올린다. 시간이란 왼쪽에서 오른쪽으로 그어진 직선이다. 변화에 대해 우리는 다음과 같이 생각한다. 즉 시간 축 상의 한 점에서 실체 A는 속성 P를 갖지만, 시간

---

* 이 장은 박제철(2007) a를 수정 · 보완한 것이다.

축 상의 다른 점에서 그 실체 A는 속성 P를 갖지 않는다. 또 지속에 대해 우리는 이렇게 생각한다. 시간 축 상의 한 점에서의 실체 A는 시간 축 상의 다른 점에서의 실체 A와 동일하다.

적어도 라이프니츠는 이렇게 생각하지 않았다. 시간·변화·지속에 대한 라이프니츠의 이론은 이러한 철학 이전적 상식과는 매우 달리 정식화되어 있다. 라이프니츠에 있어서 이 세 개념은 매우 이상화되어 나타난다. 말하자면, 이 개념들은 우리의 시선을 통해 정식화된 것이 아니라 신의 시선을 통해 정식화된다. 이제 이 각각의 개념들이 라이프니츠 체계 내에서 어떤 방식으로 정식화되는지, 그리고 이 개념들이 서로 어떻게 연계되어 있는지 살펴보도록 하자. 우선, 시간에 관한 라이프니츠의 견해로부터 출발하도록 한다.

1. 시간

앞 장에서 우리는 라이프니츠의 시간론에 대해 살펴보았다. 라이프니츠의 시간론은 관계적 시간론으로서, 시간은 사물들 사이의 관계로 환원된다. 우리는 사물들 사이의 특정 관계에 근거해 시간이라는 개념을 얻어내고, 시간 의식을 갖는다. 그러나 이렇게 얻어진 시간 관념은 우리를 둘러싸고 있는 사물들에게만 적용되는 것이 아니다. 우리가 관념적으로 형성한 시간 개념은 다른 가능세계(예를 들어 소설 속의 세계)에도 적용된다. 따라서 현실세계에서 얻어낸 시간 개념과 그 개념이 다른 가능세계까지 적용된 그러한 일반적 시간 개념은 서로 달리 이해되어야 할 것이다. 이 장에서는 이러한 일반적 시간 개념을 통해 개체의 지속 문제를 다룬다.

우선 시간에 대한 일반적 정의부터 살펴보자.

「정의」(Definitions)라는 소논문에서 라이프니츠는 시간을 다음과 같이
정의한다.

> 시간은 서로 모순을 일으키는 단항 용어(terme)들 사이의 존재(d'exister)의
> 질서/순서이다.[1]

우선 다음과 같은 점을 지적해야겠다. 첫째, 라이프니츠에게 있어서
용어(terme)들이란 개념 · 관념을 뜻한다.[2] 따라서 여기에서의 시간은
개념 · 관념들의 특정 관계에 의해 정의된다고 할 수 있다. 한편, 둘째로,
여기서 라이프니츠는 시간을 '존재'(d'exister)의 질서라고 정의하고 있다.
라이프니츠에게 있어서 존재하는 것은 개념 · 관념들이 아니라, 사물
· 실체들이다. 따라서 위의 시간에 대한 정의는 모호함을 갖고 있다.
만약 우리가 '용어'라는 단어에 강조를 둘 경우, 시간은 개념 · 관념의
특정 관계에 의해 정의되지만, 반대로 우리가 '존재'라는 단어에 강조를

---

1 Recherches, p. 109.
2 Cf. Mates(1986), p. 48: "사실 라이프니츠가 자기 고유의 형이상학을 전개할 때는, 그러니까
다른 철학자들의 용어법(예를 들어 로크의 용어법)을 다루는 경우가 아닐 때는, 그러할
때 라이프니츠는 '관념', '개념' 등의 용어를 거의 등가로 사용한다. 그리고 일반적으로
볼 때, 명제, 속성(attributes) 관계, 용어(term), 그리고 그 밖의 모든 추상물들은 [라이프니츠에
있어서] 일종의 개념이다." 벤슨 메이츠의 이러한 지적처럼 라이프니츠에 있어 모든 추상적
실재물들은 모두 일종의 개념이다. 한편 이러한 사실 이외에도 한국어를 사용하는 우리가
주의해야 할 한 가지 점이 더 있다. 일반적으로 영어 단어 'term'은 우리말로 '용어'라고
번역된다. 이때, 영어 단어 'term'에는 없는 정보가 개입하는데, 그것은 바로 '용어'라는
단어가 언어적인 무언가를 지칭한다는 사실이다(이 단어의 어미가 '語'이기 때문에). 적어도
라이프니츠에게는 이러한 사실이 적용되지 않는다. 라이프니츠에게 있어 'term'이라는 단어
는 언어적 영역의 그 무엇을 말하는 것이 아니라 관념적 · 개념적 수준에 있는 그 무엇을
말한다.

둔다면, 시간은 존재하는 것들, 즉 사물·실체들의 특정 관계에 의해 정의되게 된다. 따라서 우리는 선택을 해야 한다. '용어'에 강조를 둘 것인가, 아니면 '존재'에 강조를 둘 것인지 말이다.

라이프니츠의 시간 정의에 있어서 '존재'라는 단어에 강조를 두는 해석을 살펴보자. 이 경우, 시간은 존재하는 사물들·실체들의 특정 관계에 의해 정의된다. 그리고 존재하는 사물들은 오직 이 세계, 즉 현실세계에만 속하고 다른 가능세계에는 속하지 않으므로,[3] 시간은 오직 이 세계만을 근거로, 혹은 이 세계 내의 거주자들만을 근거로 정의되게 된다. 결국 시간의 정의에 있어서 '존재'라는 단어에 강조를 둘 경우, 다른 가능세계에는 시간이 없다는 결론이 나오게 된다. 이제, 가능세계에 관한 라이프니츠의 생각을 근거로, 그의 시간 정의에 대한 이러한 해석이, 즉, '존재'라는 단어에 강조를 두고자 하는 해석이 옳은지 살펴보자. 1705년 10월 31일에 공작 부인 소피에게 보내는 편지에서 라이프니츠는 다음과 같이 주장한다.

일정한 규칙을 갖는 연속성은 비록 그것이 가정 혹은 추상에 의한 것이긴 해도 영원한 진리의 근거가 되며, 필연적 지식의 근거가 됩니다. 그것은 모든 진리가 그런 것처럼 신의 지성의 대상이며, 그 빛은 우리에게도 비춰집니다. 상상적으로 가능한 것은(le possible imaginaire), 현실적인 것만큼이나 이러한 근원적 질서를 따릅니다. 시간·공간과 관련해 소설은 진짜 역사만큼이나 순서지어질 수 있습니다.[4]

---

3 다른 가능세계의 거주자들은 사물들·실체들이 아니라 관념들이다. 예를 들어 페가수스는 실체가 아니라 신의 정신 안에 있는 하나의 관념이다.

4 DMF, p. 360.

여기서 라이프니츠는 상상적으로 가능한 것에 대해 말하면서, 그것은, 현실적인 것만큼이나 근원적 질서를 따른다고 주장한다. 그리고 그 다음 문장에서 보이듯이 이러한 근원적 질서란 시간적·공간적 질서를 뜻한다. 따라서 라이프니츠에 의하면, 현실세계의 거주자들뿐만 아니라 다른 가능세계의 거주자들도 시간적·공간적으로 순서 지어져 있다. 다시 말해, 다른 가능세계에도 시간이 있다는 것이다. 그러므로 시간의 정의에 대한 한 가지 해석, 즉 '존재'라는 단어에 강조점을 두는 해석은 가능세계의 거주자들도 시간적으로 순서 지어질 수 있다는 라이프니츠의 생각과 어긋난다. 결국 우리는 이 해석을 받아들일 수 없다. 따라서 우리는 '존재'라는 단어에 강조점을 두는 해석보다는 '용어'라는 단어에 강조점을 두는 해석, 즉 라이프니츠에게 있어서 시간은 개념·관념의 특정 관계에 의해 정의된다는 해석을 취해야 할 것이다.

하지만 이러한 해석에 대한 한 가지 반론이 가능해 보인다. 라이프니츠에게 있어서 존재하는 것은 실체들뿐이다. 그런데 라이프니츠는 '가능한 실체들'에 대해서도 이야기한다. 그래서 다음과 같은 추론이 가능할 것으로 보인다: 실체들은 존재한다; 그래서 가능한 실체들은 가능하게 존재한다. '가능한 실체들'을 이렇게 이해할 경우, 우리는 시간에 대한 라이프니츠의 정의를 다음과 같이 해석할 수 있다: 시간은 서로 모순을 일으키는 현실적 실체들, 혹은 가능한 실체들 사이의 존재의 질서(순서)이다. 시간의 정의에 대한 이러한 해석도 앞의 해석만큼이나 '존재'라는 단어에 강조를 두면서, 라이프니츠에 있어서 시간은 존재하는 실체들 혹은 존재 가능한 실체들을 통해 정의된다는, 그러한 해석적 입장을 취한다. 그러나 이러한 해석 역시 라이프니츠의 생각과는 일치하지 않는다. 왜냐하면, 그에게 있어서 '가능한 실체들'은 결국 개념·관념이기 때문이다. 이것들은 신의 정신 안에 있는 존재자들이라는 의미에서 말이다. 1686년 7월 4일/14일에 아르노에게 보내는 편지에서 라이프니츠는 다음과 같이 말한다.

순전히 가능하기만 한 실체들의 실재성에 관해서, 다시 말해, 신이 창조하지 않은 것들에 대해서 당신은 그것들이 공상일 뿐이라고 믿는다고 말했습니다. 이에 저는 반대하지 않습니다. 단, 제가 그렇게 믿듯이, 당신이 그것들을 다음과 같이만 이해한다면 말입니다. 즉, 그것들은 신의 정신 안에서 갖는 실재성만을 갖는다, 혹은, 그것들은 신의 능력 안에서 갖는 실재성만을 갖는다.5

순전히 가능하기만 한 실체들은 신의 정신 안에서 갖는 실재성만을 갖는다. 그리고 정신적 존재에 대한 라이프니츠의 일반적 생각으로 볼 때,6 신의 정신 안에서의 실재성이란 존재의 지위가 아니라, 관념적 · 개념적 지위를 가짐을 말하므로, 순전히 가능하기만 한 실체들은, 단지 관념 · 개념일 뿐이다. 따라서 라이프니츠에 있어서 시간이 가능적 실체들을 통해 정의된다고 해석할 수 있다고 하더라도, 궁극적으로 이러한 해석은 잘못이거나 아니면 한 번 더 분석되어져야 할 해석인 것이다. 시간의 정의에 대한 궁극적 분석의 끝에는 오직 관념 · 개념과, 그것들 사이의 특정 관계만이 남는다. 따라서 우리는 시간에 대한 라이프니츠의 정의에서 '존재'라는 단어보다는 '용어'라는 단어에 강조를 두어야 한다. 그 결과, 라이프니츠에 있어서의 시간이란 다음과 같이 정의된다. 시간은

---

5 Le Roy, p. 120.

6 즉 정신적 존재란 신의 정신적 능력으로서, 이러저러하게 생각할 수 있는 그러한 능력을 말한다. 예를 들어 목수가 집을 만들 때 그는 수없이 많은 집들을 생각하고 있었다. 우리가 이 모든 가능한 집들을 가능한 존재라고 부른다면, 그 경우 우리가 실제로 말하고자 하는 것은 다음과 같은 것이다. 즉, 목수는 수없이 많은 가능한 집들을 생각할 수 있었다.

서로 모순을 일으키는 단항 개념·관념들 사이의 특정 질서·순서이다.

이제 다음과 같은 점을 보도록 하자. 라이프니츠는 개념을 통해 시간을 정의한다. 시간은 개념들 사이의 특정 관계에 의해 정의된다. 시간을 정의하는 이러한 개념들은 어떤 개념들인가? 라이프니츠 철학 체계 내의 기본적 실재물(entity)은 실체(모나드)와 실체가 갖는 속성(지각)이다. 그리고 라이프니츠는 자신의 존재론 내에, 실체에 대응하는 완전 개체 개념, 그리고 속성에 대응하는 요소 개념들을 허용한다. 그 밖의 모든 것, 예컨대, 시간·공간·물질 등은 모두 이러한 기본적 실재물로 환원된다. 그래서 우리는 라이프니츠 철학 내의 존재론적 기본 벽돌로서 실체와 속성, 그리고, 완전 개체 개념과 요소 개념들을 갖는다. 그리고 만약 우리가 개념을 통해 시간을 정의한다면, 그러한 개념들은 완전 개체 개념 내의 요소 개념들로 이해되는 것이 가장 좋을 것 같다.

우리는 라이프니츠의 시간과 관련해 완전 개체 개념, 그리고 완전 개체 개념을 구성하는 요소 개념들을 갖는다. 그리고 이 둘을 통해 시간이 정의된다. 이제 시간에 대한 이러한 정의를 분석적으로 살펴보도록 하자. 필자는 '동시적 집합'이라는 개념을 도입함으로써 이를 설명하고자 한다.[7]

동시적 집합을 정의하기에 앞서서, 우선 동시적 집합이 무엇인지 예를 통해 살펴보자.[8] 티티우스의 예를 들어보자. 고정된 시간 t_i에서 티티우스는 착하고, 아름답고, 지각하고 이성적이고 정직하다. 필자는 완전 개체

----

7 동시적 집합이라는 개념은 라이프니츠의 개념은 아니다. 그리고 이 개념은 벤슨 메이츠의 *t*-stage와 거의 유사한 개념이다. 한 가지 차이는, 벤슨 메이츠의 *t*-stage는 창조된 모나드의 한 상태를 나타내는 반면, 동시적 집합은 완전 개체 개념을 구성하는 요소 개념들을 나타낸다.

8 뒤에서 보겠지만, 동시적 집합은 다음과 같이 정의된다. 동시적 집합은, 더 단순/더 복잡하지 않은 요소 개념들의 집합이다.

개념 '티티우스' 내의 서로 동시적인 요소 개념들로 이루어진 집합을 '동시적 집합'이라고 부르고자 한다. 앞의 예에서 '티티우스'라는 완전 개체 개념 내의 '착함', '아름다움', '지각함', '이성적임', '정직함'은 하나의 동시적 집합을 구성한다: {착함, 아름다움, 지각함, 이성적임, 정직함}. 이것을 'S_i'라고 하자. 한편, 티티우스는 고정된 시간 t_{i+1}에서 착하고, 아름답고, 지각하고 이성적이지만 정직하지 않다. 따라서 시간 t_{i+1}에서의 '티티우스'를 구성하는 동시적 집합은 다음과 같다: {착함, 아름다움, 지각함, 이성적임, non-정직함}. 이것을 'S_{i+1}'이라고 하자. 첫 번째 동시적 집합 'S_i'와 두 번째 동시적 집합 'S_{i+1}', 이 둘은 모순적이다. 왜냐하면 'S_i'는 '정직함'을 원소로 갖지만, 'S_{i+1}'은 'non-정직함'을 원소로 갖기 때문이다. 여기서 '정직함'이 바로 '서로 모순을 일으키는 단항 용어'이다. 그리고 'S_i'와 'S_{i+1}'이 바로 '서로 모순을 일으키는 단항 용어들'이다.

2. 시간의 정의

이제 시간을 정의하자. 완전 개체 개념은 동시적 집합들의 일련의 계열이다. 즉 'A'라는 완전 개체 개념은 동시적 집합 'S_1, S_2, S_3, …… S_n'으로 이루어진 일련의 계열이다: 'A=S_1, S_2, S_3, …… S_n.' 각각의 동시적 집합은 이웃 동시적 집합과, 적어도 하나의 모순되는 원소를 가짐으로써 모순을 일으킨다. 시간은 이러한 모순을 일으키는 동시적 집합들의 계열이다. 우리의 예를 통해 시간을 정의하자. 시간이란 '티티우스'라는 완전 개체 개념 내의 '정직함'을 포함하는 동시적 집합 'S_i'와, 'non-정직함'을 포함하는 동시적 집합 'S_{i+1}', 이 둘 사이의 존재의 질서이다.

이제 완전 개체 개념을 이루는 동시적 집합들의 계열이 있다. 앞 장에서 본 것처럼 이 계열은 더 단순/더 복잡이라는 원리에 의해 계열화되어 있다. 이 계열이 시간의 근거이다. 그런데 다음과 같은 의문이 든다. 이 계열은 정말 시간적 계열인가? 혹은 이 계열은 정말로 시간을 정의하는 계열인가? 더 단순/더 복잡이라는 논리적 관계에 의한 계열이 어떻게 시간적 계열일 수 있는가? 자연수 계열(혹은 실수 계열)은 어떤가? 동시적 집합들의 계열이 시간적 계열이라고 할 때, 어떤 이유로 인해 이 계열은 자연수 계열과는 달리 시간적이라고 할 수 있는가?

이에 대한 답으로 필자는 다음과 같은 주장을 하고자 한다. 즉, 시간은 변화를 함축한다.[9] 이 주장은 그럴듯하다. 뭔가가 변한다는 것은 시간이 흘렀다는 것이고, 또 시간이 흐른다는 것은 뭔가가 변한다는 것이다. 따라서 만약 동시적 집합들의 계열이 변화를 설명한다면 그것은 자연수 계열과 달리 시간적 계열이 될 수 있는 것이다.[10] 따라서 우리는 라이프니츠가 이러한 계열을 통해 변화를 설명할 수 있는지를 살펴봐야 할 것 같다. 그런데 우선 드는 의문이 있다. 동시적 집합들의 계열은 더 단순/더 복잡의 관계에 의해 고정된 계열이다. 만약 'S_i'가 'S_{i+1}'에 선행한다면, 이러한 사실은 영원히 변하지 않는 사실이다(다음과 같은 예와 비교해본다면 이해하기 쉬울 것이다. 즉, 1이 2에 선행한다면, 이러한 사실은 영원히 변하지 않는 사실이다). 그렇다면, 동시적 집합들의 계열은 변화를 허용하지 않는 것은 아닐까?

---

9 Cf. McTaggart, p. 262, *in* Loux(2001): "내 생각에 다음과 같은 사실은 일반적으로 받아들여지는 것으로 보인다. 즉 시간은 변화를 함축한다."

10 이 주장은 다음을 함축한다. 만약 자연수 계열이 변화를 설명한다면, 자연수 계열은 시간적이다. 그러나 그럴 것 같지는 않다.

3. 변화

라이프니츠는 변화에 관해 다음과 같이 말한다.

만약 A가 B이고, 바로 그 A에 대해, A는 non-B이면, 우리는 A 안에서 변화가 일어났다고 말한다. 그리고 어떤 존재가 A 안에 있었으며, 그것이 개념 B를 구성했다고 말한다. A를 티티우스라고 하고 B를 정직이라고 하자. 만약 티티우스가 정직하지만, 그 다음에(par la suite) 그 티티우스가 부정직하다면, 우리는 티티우스 안에서 변화가 일어났다고 말하고, 티티우스를 정직하게 만들었던 존재, 즉 정직함이 끝났다고 말한다.[11]

변화에 관한 이러한 주장은 여러 해석을 가능케 한다. 이제 각각의 해석을 고찰함으로써, 변화에 관한 위의 주장이 정확히 무엇을 의미하는지 살펴보도록 하자.

4. 가능한 해석들

이 주장에 대한 한 가지 해석을 보자.

(1) 티티우스는 정직하다. 그리고 티티우스는 부정직하다.

------

11 Recherches, p. 393.

라이프니츠가 주장하는 바가 이것인가? 당연히 이것은 라이프니츠의 주장이 아니다. 완전 개체 개념이든, 창조된 실체이든 이 모든 실재물들은 모순을 일으키지 않는다. 모순은 불가능함이다. 그러나 완전 개체 개념은 가능성을 포함하며, 더군다나 창조된 실체는 가능성 이상으로, 존재하기 까지 하기 때문이다. 따라서 라이프니츠의 주장에 관한 이러한 해석은 옳지 않다. 더군다나 라이프니츠는 다음과 같이 말하고 있다: "A를 티티우스라고 하고 B를 정직이라고 하자. 만약 티티우스는 정직하지만, 그 다음에 그 티티우스가 부정직하다면 [⋯⋯]." 여기서 "그 다음에"라는 말은 그냥 들어온 말이 아니다. 이것은 분명 시간적 순서를 표현하기 위한 말이다. 따라서 우리는 라이프니츠의 주장을 시간과 관련해 해석해 주어야 한다. "그 다음에"라는 말의 의미를 살려서 각각의 명제에 시간 파라미터를 넣도록 하자.

(2) 티티우스는 시간 t_1에서 정직하다. 그리고 티티우스는 시간 t_2에서 부정직하다.

이 경우 모순은 사라진다. 그래서 모순 명제 (1)은, 각각의 요소 명제에 서로 다른 시간 파라미터가 들어감으로써, 무모순적인 명제 (2)가 되었다. 이제 이것을 더 분석해보도록 하자. 여기서 모순을 피하게 해주는 시간 파라미터 t_1과 t_2는 어떤 역할을 하는가? 필자의 생각에 시간 t_1과 t_2는 주어 개념 '티티우스'를 꾸민다(modify). 명제 '티티우스는 정직하다'를 살펴보자. 이 명제에서 술어 개념 '정직'은 주어 개념 '티티우스'를 꾸밈으로써, 티티우스의 한 측면에 관해 정보를 준다(티티우스의 정직한 측면). 마찬가지로, 필자의 생각에 시간 t_1은 주어 개념 '티티우스'를 꾸밈으로써,

티티우스의 한 측면에 관해 어떤 정보를 준다. 어떤 정보를 주는가? 시간 t_1에서의 티티우스에 관한 정보를 주는가? 다시 말해 시간에 대한 우리의 이미지, 즉 직선상의 한 점에서의 티티우스를 말하고 있는가? 필자의 생각에 그렇지 않다. 왜냐하면 라이프니츠는 시간에 대한 환원론자이기 때문이다. 앞에서 보았듯이 시간은 완전 개체 개념 내의 동시적 집합들의 계열로 환원된다. 즉 시간 t_1은 분석의 결과, 동시적 집합 'S₁'로 환원된다. 따라서 시간 t_1이 티티우스를 꾸며 무언가를 말하고 있다면, 그것은 완전 개체 개념 '티티우스' 내의 한 동시적 집합 'S₁'일 것이다. 이제 이것을 정식화해보자: 시간 t_i는 티티우스를 꾸민다. 그 결과 시간 t_i는 완전 개체 개념 '티티우스' 내의 한 동시적 집합 'S$_i$'를 지칭하게 된다. 필자는 시간 t_i가 티티우스를 꾸민다는 사실을 '티티우스-t_i'라고 표현하고자 한다. 그렇다면 '티티우스-t_i'는 티티우스 전체를 지칭하지 않는다. 이것은 완전 개체 개념 '티티우스' 내의 한 동시적 집합 'S$_i$'를 지칭하게 된다.

이제 변화가 어떻게 설명될 수 있을지를 살펴보자. 명제 (2)를 이루는 각각의 명제를 분리해보자. 그럼 우리는 다음을 얻는다.

(3) 티티우스는 시간 t_1에서 정직하다.
(4) 티티우스는 시간 t_2에서 부정직하다.

시간 t는 티티우스를 꾸미므로, (3)과 (4)는 다음과 같이 해석된다.

(3') 티티우스-t_1은 정직하다.
(4') 티티우스-t_2는 부정직하다.

이제 (3')는 다음과 같이 분석된다: 우선 '티티우스$-t_1$'은 완전 개체 개념 '티티우스'를 이루는 동시적 집합들의 계열 중 하나인 동시적 집합 'S_1'을 지칭한다. 그래서 명제 (3')는 라이프니츠의 진리에 대한 견해에 의해[12] 다음과 같은 사실을 보여준다. 즉 완전 개체 개념 '티티우스' 내의 한 동시적 집합 'S_1' 안에 '정직함'이 원소로서 포함된다. 즉 '정직함 $\in S_1$.' (4')도 (3')와 마찬가지로 분석된다. 그래서 (4')가 주장하는 바는 다음과 같다. 즉, 'non$-$정직함 $\in S_2$.'

이제 변화가 정의될 수 있겠다. 우리는 앞 절에서, 완전 개체 개념을 이루는 동시적 집합들의 계열을 이용해 시간을 정의했다. 즉, 시간은 완전 개체 개념을 이루는 동시적 집합들의 특정 계열에 의해 정의된다. 이제 우리는 동시적 집합들의 계열만을 이용해 변화를 정의할 수 있다. 어떤 요소 개념(예컨대 '정직함')이 한 동시적 집합(S_i)의 원소이지만, 이웃 하는 동시적 집합(S_{i+1})의 원소는 아니다. 이를 일반화하면, 변화란 다음과 같다:

변화: 요소 개념 c와 동시적 집합 S에 대해, $c \in S_i$ & non$-c \in S_{i+1}$.

결국 동시적 집합들의 계열은 자연수 계열과는 달리 시간적 계열이다. 왜냐하면, 이것은 변화를 설명하기 때문이다.

---

12 진리에 대해 라이프니츠는 이렇게 말한다. "따라서 술어나 후건은 언제나 주어 혹은 전건 안에 들어 있다. 모든 진리의 본성이 바로 이러한 사실에 근거한다. 즉 진리란 명제의 항들 사이에 성립하는 관계이다. 아리스토텔레스가 언젠가 말했듯이 말이다. 그리고 동일률에서는 이러한 관계, 즉 술어가 주어 안에 내포되어 있는 것이 겉으로 드러난다. 반면 그 이외의 진리[참인 명제]들에 있어서 이러한 관계는 겉으로 드러나 있지 않다. 따라서 개념의 분석을 통해 이러한 관계를 드러내야 한다. 이렇게 하는 것이 선험적 증명이다"(Rauzy, p. 459).

5. 시간 t가 술어 개념을 꾸밀 가능성은 없는가?

필자는 명제 (3), 즉 '티티우스는 시간 t_1에서 정직하다'를 분석함에 있어서 시간 꼬리표(parameter) 't_1'을 주어 '티티우스'에 붙이는 방식을 채택했다. 그 결과 명제 (3)은 다음과 같이 번역되었었다: 티티우스-t_1은 정직하다. 그리고 이 경우 '티티우스-t_1'은 '티티우스'라는 완전 개체 개념 내의 한 동시적 집합 'S_1'을 지칭한다. 그런데 시간 't'를 술어에 붙일 가능성은 없는가? 그래서 명제 (3)은 다음과 같이 분석될 가능성은 없는가? 티티우스는 정직-t_1하다. 이러한 해석은 가능한 것으로 보인다. 이 해석도 (1)을 모순으로부터 구제할 수 있게 해주기 때문이다. 그러나 이러한 해석은 라이프니츠에게 적용되지 않는다. (3)이 다음과 같이 해석될 수 있다고 가정해보자. 티티우스는 정직-t_1하다. 우리가 모든 경우에 있어서 모순을 피하고자 한다면, 그래서 모든 술어에 시간 꼬리표를 붙인다면, 우리는, '정직'뿐만 아니라 그 외의 모든 술어에도 시간 꼬리표를 붙여야 한다. 그 결과, '티티우스'는 시간 꼬리표가 붙은 일련의 술어 개념들로 이루어진 완전 개체 개념이 되는 것이다. 이제 앞에서 인용한 라이프니츠의 시간에 대한 정의를 보자.

시간은 서로 모순을 일으키는 단항 용어(terme)들 사이의 존재의 질서/순서 이다.[13]

---

13 Recherches, p. 109.

라이프니츠는 시간을 "서로 모순을 일으키는 단항 용어(terme)들 사이의 존재의 질서/순서"로 정의한다. 우리의 예를 든다면, '정직'과 'non-정직'은 서로 모순을 일으키는 용어들이다. 그런데 우리가 술어에 시간 꼬리표를 붙인다면 우리는 '정직'과 'non-정직' 대신, '정직-t_1'과 'non-정직-t_2'를 얻는다. 이 둘은 모순을 일으키지 않는다. 따라서 우리가 술어에 시간 꼬리표를 붙인다면, 이것은 시간에 대한 라이프니츠의 생각과 부딪히게 된다. 결국, 우리는 술어에 시간 꼬리표를 붙일 수 없다.

6. 지속

라이프니츠는 실체가 시간을 뚫고 지속한다고 보았다. 1686년 7월 4일/14일에 아르노에게 보내는 편지에서의 다음과 같은 주장을 보자.

> 그리고 사실, 실체의 본성이나 개체의 본성, 혹은 자체적인 것(être per se)의 본성을 잘 이해하지 못하는 철학자들은 이렇게 믿습니다. 즉 그 무엇도 실제에 있어서(véritablement) 동일한 것으로 남아 있지 않는다.[14]

이것이 "실체의 본성[……]을 잘 이해하지 못하는 철학자들"에 대한 비판이라면, 라이프니츠는 분명 실체가 실제에 있어서 동일한 것으로 남는다고 믿었음이 확실하다. 이제 실체의 지속에 대한 이러한 라이프니츠의 견해를 분석해보자. 어떤 이유로 실체는 지속하는가? 어떤 이유로 어제의 티티우스와 오늘의 티티우스는 동일한가? 혹은 어떤 이유로

---

14 Le Roy, p. 119.

티티우스는 시간을 뚫고 지속하는가?

우선, 실체가 시간을 뚫고 지속한다는 것에 대한 라이프니츠의 설명을 보자. 1686년 5월 13일에 라이프니츠는 아르노로부터 편지를 받는데, 이에 대한 답장을(실제로는 보내지 않은) 준비하게 된다. 여기서 그는 다음과 같이 말한다.

> 직선 ABC를 가정하자. 이 직선은 어떤 시간을 나타낸다. 그리고 어떤 개체적 실체를 가정하자. 예컨대 나 자신 말이다. 이 실체는 위의 시간 동안 지속한다. 혹은 위의 시간동안 존재한다. 이제 내가 시간 AB 동안 존재하며, 그 다음에 시간 BC 동안 존재한다고 해보자. 우리는 이 시간 동안 지속하는 것이 같은 사람이라고 생각한다. 혹은 우리는 시간 AB 동안 파리에서 존재하는 내가 연이어 시간 BC 동안 독일에서 존재하는 나와 같은 사람이라고 생각한다. 따라서 여기에는 어떤 이유가 반드시 있어야 한다. 왜 내가 지속한다고 말할 수 있는가? 왜 파리에 있었던 내가 지금은 독일에 있다고 말할 수 있는가? 아무런 이유가 없다면, 이 둘은 서로 다르다고 말하는 것이 옳아 보이기에 말이다. 분명 나의 내적 경험이 후험적으로(a posteriori) 이 둘의 동일성을 확신시켜준다. 그러나 선험적인(a priori) 이유도 반드시 있어야 한다. 다음과 같은 이유를 제외한 그 어떤 이유도 찾을 수 없을 것 같다. 즉, 앞의 시간, 앞의 상태에서 내가 가진 속성도 하나의 같은 주어의 술어이며, 뒤의 시간, 뒤의 상태에서 내가 가진 속성도 하나의 같은 주어의 술어라는 이유 말이다. 그런데 술어가 같은 주어 안에 있다는 말은 무슨 말인가? 술어 개념이 어떤 방식으로든 주어 개념 안에 포함되어 있다는 말 아닌가?[15]

파리에 있었던 나와 독일에 있었던 내가 동일한 나일 수 있는 선험적

---

15 Le Roy, p. 109.

이유는 무엇인가? 즉 내가 시간을 뚫고 지속한다는 사실에 대한 선험적 근거는 무엇인가? 라이프니츠의 답은 이렇다. "앞의 시간, 앞의 상태에서 내가 가진 속성도 하나의 같은 주어의 술어이며, 뒤의 시간, 뒤의 상태에서 내가 가진 속성도 하나의 같은 주어의 술어이다." 이러한 대답이 정확히 무엇을 뜻하는지 따지기 전에 우선 다음과 같은 사실을 살펴보자. 여기서 라이프니츠는 창조된 실체의 시간적 동일성, 혹은 실체의 지속에 관한 이유를 제시함에 있어서 주어(개념), 술어(개념) 등에 관해 말하고 있다. 즉 창조된 실체의 지속은 개념의 특성과 관련해 설명되고 있다. 이러한 사실은 1686년 7월 4일/14일에 아르노에게 실제로 보낸 편지에서 더 분명해진다. 거기서 라이프니츠는 다음과 같이 말한다.

> 파리에 있었던 것은 나이며, 또한 지금 독일에 있는 것도 역시 나라고 하는 사실에 대해 우리가 진실하게 말할 수 있는 선험적 이유(나의 경험과 독립적인)가 분명 있어야 합니다. 따라서 나의 개념은 이러한 여러 상태를 묶거나 포함해야 하는 것입니다. 그렇지 않다면, 우리는 이것을 하나의 동일한 개체가 아니라고 말할 수 있을 것입니다. 하나의 동일한 개체처럼 보일지라도 말입니다.[16]

창조된 실체의 지속에 대한 선험적 이유는 이렇게 개념의 특성과 관련해 설명되고 있다. 그리고 라이프니츠는 그러한 선험적 이유를 밝히고 있는데, 그 이유는 "나의 개념은 이러한 여러 상태를 묶거나 포함해야 하는 것"이다. 이제 이 주장을 분석해보자.

라이프니츠의 견해에 따르면 창조된 실체는 그에 대응하는 완전 개체

---

16 Le Roy, p. 119.

개념을 갖는다. 그리고 앞에서 우리는 완전 개체 개념은 동시적 집합들의 계열이라고 했다. 이제 동시적 집합이라는 개념을 통해 지속에 대한 선험적 이유를 분석해보자. 즉, "나의 개념은 이러한 여러 상태를 묶거나 포함해야 하는 것"이라고 하는 이유 말이다. 우선 완전 개체 개념 'A'를 가정하자. 이 완전 개체 개념은 동시적 집합들의 계열이다. 'A=S_1, S_2, S_3, ······ S_n.' 실체 A가 지속한다는 것은 완전 개체 개념 'A'가 'S_1', 'S_2', 'S_3', ······ 'S_n'들을 묶거나 포함하는 것이다. 다시 말해 'S_1', 'S_2', 'S_3', ······ 'S_n'은 완전 개체 개념 'A'에 의해 서로 묶여 있고, 또 'A' 안에 포함되어 있다. 이것이 창조된 실체 A가 시간을 뚫고 지속한다는 사실에 대한 선험적 이유이다. 이를 정식화해보자.

지속에 대한 선험적 이유: 실체 A가 시간 t_i에서 시간 t_{i+1}까지 지속한다고 가정하자. 이에 대한 선험적 이유는 다음과 같다. 완전 개체 개념 'A' 안의 두 동시적 집합 'S_i'와 'S_{i+1}'은 'A'에 의해 묶여 있고, 또 'A' 안에 포함되어 있다.

7. 선험적 이유는 왜 필요한가?

이러한 설명이 어떻게 실체의 지속에 대한 선험적 이유가 될 수 있는가? 왜 라이프니츠는 실체의 지속에 대해 이러한 이유를 찾는가? 적어도 필자가 아는 한 이에 대한 라이프니츠의 설명은 없다. 그러나 우리는 다음과 같이 추정해볼 수 있을 것 같다. 우선 비교를 위해 실체의 지속에 관한 우리의 상식적 이미지를 한번 살펴보자. 직선이 있고, 직선상의

한 점에서의 실체 A는 다른 점에서의 실체 A와 동일하다. 예를 들면, 어제의 티티우스와 오늘의 티티우스는 동일하다. 여기서 동일하다는 의미는 무엇인가? 더 정확히 말해, 여기서의 동일성은 어떤 동일성인가? 다음과 같은 명제들을 살펴보자.

(1) 티티우스는 티티우스와 동일하다.
(2) 어제의 티티우스는 어제의 티티우스와 동일하다.
(3) 어제의 티티우스는 오늘의 티티우스와 동일하다.

(1)에서의 동일성은 단순한 동일성(identity simpliciter), 혹은 수적 동일성(numerical identity)이다. (2)에서의 동일성은 동시적 동일성(synchronic identity)이다. (3)에서의 동일성은 비동시적 동일성(diachronic identity)이다. 이제 다음과 같은 질문을 던져보자. 어제의 티티우스와 오늘의 티티우스가 동일하다고 할 때, 우리가 상식적으로 이해하는 동일성은 어떤 동일성인가? 일단, 비동시적 동일성임은 틀림없다. 그러나 필자의 생각에 상식이 우리에게 말해주는 동일성은 이러한 비동시적 동일성 이상의 동일성이다. 다시 말해, 필자의 생각에 상식이 우리에게 말해주는 동일성은 수적 동일성까지도 포함한다. 왜냐하면, 우리의 상식은 이렇게 말해주기 때문이다. 즉 어제의 티티우스와 오늘의 티티우스는 수적으로 동일하며, 바로 그러한 이유로 인해, 어제의 티티우스는 오늘의 티티우스와 비동시적으로 동일하다. 상식에 의하면, 실체의 비동시적 동일성은 단순한 동일성, 혹은 수적 동일성에 근거한다. 다시 말해 수적 동일성 때문에 비동시적 동일성이 확보된다는 것이다. 이 경우, '어제의 티티우스'라는 표현과 '오늘의 티티우스'라는 표현은 하나의 지칭체, 즉 하나의 동일한 티티우스를 자신의 지칭체로서 갖는다.

필자는 라이프니츠가 이렇게 생각하지 않았다고 본다. 이제 이것을 설명해보도록 하자. 이것이 설명되면, 왜 라이프니츠가 지속을 설명하면서 그것의 선험적 이유를 찾고 있는지를 이해할 수 있을 것이다. 우선 (3)을 라이프니츠의 시각으로 분석해보자.

어제의 티티우스와 오늘의 티티우스가 동일하다고 할 때, 여기서의 동일성은 라이프니츠에 있어서 어떤 동일성인가? 비동시적 동일성임에는 틀림없다. 즉, 어제의 티티우스와 오늘의 티티우스 사이에는 비동시적 동일성 관계가 있다. 이제, 이 동일성이 라이프니츠에 있어서 수적 동일성, 혹은 단순한 동일성으로 이해될 수 있는지 살펴보자. 만약 그렇다면 라이프니츠에 있어서의 실체의 지속은 우리의 상식이 말해주는 바와 같을 것이다.

앞에서 우리는 다음과 같은 라이프니츠의 주장을 인용했다. "혹 우리는 시간 AB 동안 파리에서 존재하는 내가 연이어 시간 BC 동안 독일에서 존재하는 나와 같은 사람이라고 생각한다. 따라서 여기에는 어떤 이유가 반드시 있어야 한다. 왜 내가 지속한다고 말할 수 있는가? 왜 파리에 있었던 내가 지금은 독일에 있다고 말할 수 있는가? 아무런 이유가 없다면, 이 둘은 서로 다르다고 말하는 것이 옳아 보이기에 말이다." 이유가 있다면, 시간 AB 동안 파리에 있던 나와 시간 BC 동안 독일에 있던 나는 동일하다. 이 말을 바꾸면, 만약 이유가 없다면, 이 둘은 다르다는 것이다. 여기에서의 '동일성'의 의미를 더 잘 살려서 말한다면, 이 주장은 다음과 같이 이해될 수 있다. 만약 어떤 이유가 있다면, AB 동안의 나와 BC 동안의 나 사이에는 비동시적 동일성 관계가 있다. 그러나 아무런 이유가 없다면, 그 둘 사이의 비동시적 동일성 관계가 없다. 이유가 없다면, 왜 그 둘 사이에 비동시적 동일성 관계가 없을까? 이렇게 보자. 만약 AB 동안의 나와 BC 동안의 나 사이에 수적 동일성 관계가 있다고 해보자. 그렇다면 지속에 대한 어떤 이유가 필요할까? 이 경우, 아무런 이유가 필요 없다. 이 경우, 지속이란 수적 동일성의 유지이다. 즉 어제의 나와 오늘의 나는 수적으로 동일하며, 그러한 이유로 이 둘 사이에는 비동시적 동일성 관계가 있는 것이다. 반면 라이프니츠에 의하면, AB 동안의 나와 BC 동안의 나 사이에 비동시적 동일성 관계가 있으려면 어떤 이유가 필요하다. 필자는 이렇게 생각한다. 이렇게 이유가 필요한 것은 바로 AB 동안의 나와 BC 동안의 나 사이에 단순한 동일성 관계 (identity simpliciter)가 없기 때문이라고. 다시 말해 'AB 동안의 나'라는 표현과 'BC 동안의 나'라는 표현은 서로 다른 지칭체를 갖기 때문이라고. 이 둘은, 만약 아무런 이유가 없다면 서로 다른 것이다. 따라서 지속을 확보하기 위해서는 어떤 이유가 필요한 것이다. 그리고 그 이유는 '나의 개념은 이러한 여러 상태를 묶거나 포함해야 하는 것'이다.

　　AB 동안의 나와 BC 동안의 나는 수적으로 다른 것은 아니다. 이것들을 둘로 셀 수는 없다. 만약 이것들이 둘로 세어진다면, 라이프니츠는 아마 실체에 관한 환원론자가 될 것이다. 그러나 라이프니츠에 있어서 실체는 기본적인 실재물이다. 실체는 다른 부분, 혹은 다른 요소로 환원되지 않는다. 그러나 필자의 생각에 AB 동안의 나와 BC 동안의 나는 단순히 다를 수 있다(differ simpliciter). 왜냐하면 이 둘은 다른 요소들을 갖기 때문이다(하나는 파리에 있음이라는 속성을 갖지만 다른 하나는 이 속성을 결여한다).[17] 이것들이 단순히 다르기 때문에, 즉 이것들 사이에 단순한

---

17 수적 동일성과 단순한 동일성은 다르다. 예를 들어, 하얗고, 둥근 공이 있다고 해보자. 몇 개의 사물이 있는가? 가장 일반적인 대답은 '하나가 있다'이다. 여기서 우리는 이미 수적 동일성과 단순한 동일성을 구분하고 있는 것이다. 우리는 하양과 둥긂을 같은 것으로 간주하지 않는다. 즉 이것들은 단순히 다른 것이다. 그럼에도 불구하고, 우리는 이것들을 둘로 세지 않는다. 즉 이것들은 수적으로 다른 것이 아니다. 만약 수적으로 다르다면,

동일성 관계가 없기 때문에, 이것들이 비동시적으로 같을 수 있는 이유가 필요한 것이다. 즉, 내가 지속함에 대한 이유가 필요한 것이다.

이제 실체의 지속에 대한 라이프니츠의 입장을 다음과 같이 정리해보자: AB에서의 나와 BC에서의 나 사이에는 단순한 동일성 관계가 없다. 따라서 이 둘 사이에 비동시적 동일성 관계가 있을 수 있게 해주는 이유, 즉 나의 지속에 대한 이유가 필요하다. 그 이유는 AB에서의 나에 대응하는 동시적 집합(S_i라고 하자)과 BC에서의 나에 대응하는 동시적 집합(S_{i+1}이라고 하자)이 '나'라는 완전 개체 개념에 의해 묶여 있기 때문이다. 이렇게 묶임으로 인해 AB에서의 나와 BC에서의 나 사이에는 단순한 동일성 관계가 없음에도 불구하고, 이 둘 사이에는 비동시적 동일성 관계가 있는 것이다. 즉, 나는 AB로부터 BC로 지속하는 것이다.

우리는 '몇 개가 있는가?'라는 물음에 대한 답으로 '두 개가 있다'고 말할 것이다. 사물들을 셀 때, 우리의 직관 안에는 이미 수적 동일성과 단순한 동일성의 구분이 전제되어 있다.

한편, 다음과 같은 점 역시 지적되어야 할 것 같다. 우리가 속성에 대해 실재론적 입장을 취한다고 해보자. 이 경우, 각각의 보편자는 수적으로 하나인 실재물이다. 따라서 하얗고 둥근 공이 있다면, 여기에는 적어도 세 개의 보편자가 뭉쳐 있는 것이다. 즉, 하양, 둥긂, 그리고 공. 그래서 우리가 속성에 대한 실재론적 입장을 취한다면, 우리는 여기에 하나의 실재물이 아니라, 세 개의 실재물이 있다고 말해야 한다. 결국, 수적 동일성과 단순한 동일성은 분명 구분되어야 하지만, 우리가 어떤 형이상학적 입장을 취하느냐에 따라서, 이 둘이 일치하는 경우가 있게 된다(위의 예에서처럼, 속성에 대해 실재론적 입장을 취할 경우, 단순히 다른 속성들은 수적으로도 다른 속성들인 것이다). 라이프니츠의 경우, AB에서의 나와 BC에서의 나는 실체와 독립해 자신의 정체성을 갖는 실재물이 아니다. 따라서 이것들은 하나, 둘 하며 셀 수 있는 실재물이 아니다. 즉, 이것들은, 서로 단순히 다르긴 해도, 수적으로 다른 실재물은 아니다.

8. 지속: '묶음' 관계

라이프니츠가 주장하는 선험적 이유는 정말 실체의 지속에 대한 이유가 되는가? 정말 그러한 이유로 인해 나는 지속하는가? 이에 대한 설명은 라이프니츠에게 없다. 그러나 필자는 이러한 주장이 정말로 실체의 지속에 대한 선험적 이유가 된다고 생각한다. 이제 이것을 살펴보자.

한 동시적 집합 'S_i'와 다른 동시적 집합 'S_{i+1}'은 완전 개체 개념 'A'에 의해 묶인다. 이것이 실체 A가 지속함에 대한 라이프니츠적 이유이다. 우선 다음과 같은 사실을 살펴보자. 라이프니츠는 창조에 관해 다음과 같은 입장을 갖는다. 즉, 신은 완전 개체 개념을 설계도 삼아 실체를 창조하는데, 창조의 순간 신은 완전 개체 개념 내에 있는 것을 창조함에 실패하지 않으며, 또 완전 개체 개념 내에 없는 것을 창조하지도 않는다. 따라서 우리는 '티티우스'라는 완전 개체 개념에 대해 말할 수 있는 것은 창조된 실체 티티우스에 대해서도 말할 수 있으며, 그 역도 마찬가지이다.

완전 개체 개념 'A'는 창조된 실체 A에 대응한다. 그렇다면 동시적 집합 'S_i'와 'S_{i+1}'은 무엇과 대응할까? 라이프니츠의 주장에 따른다면, 이것들은 고정된 시간 t_i와 t_{i+1}에서의 실체의 각 상태와 대응할 것이다. 이제 t_i에서의 실체의 상태를 P_i라고 하고 t_{i+1}에서의 실체의 상태를 P_{i+1}이라고 하자. 이 경우 P_i와 P_{i+1}은 일련의 속성들의 다발이다. 예컨대 착함, 아름다움, 지각함, 이성적임, 정직함 등등. 물론 P_i와 P_{i+1}은 적어도 하나의 속성은 공유하지 않는다. 예컨대, 정직함. 이제, 앞에서 본 것처럼 'S_i'와 'S_{i+1}' 사이에는 '묶임' 관계가 있다. 그리고 이것이 실체 A의 지속에 대한 선험적 이유이다. 분명 여기에는 모호함이 있다. 존재하는 실체

A의 지속의 이유를, 개체 개념 'A'의 특성에서 찾고 있기 때문이다. 그러나 우리가 완전 개체 개념과 창조된 실체 사이의 긴밀한 연관 관계에 주목한다면 우리는 다음과 같이 주장할 수 있다. 속성들의 다발 P_i와 P_{i+1} 사이에도 묶임 관계가 있다. 이 묶임 관계가 실체 A의 지속을 보장한다.

이제 이 '묶임' 관계에 관해 논의해보자. 왜 '묶임' 관계가 지속에 대한 원리를 제공하는가? 라이프니츠에 있어서 이에 대한 설명이 없지만, 필자는 현대 철학에서의 펼침 지속 이론(perdurantism)[18]이 이에 대한 한 가지 해석을 준다고 생각한다. 펼침 지속 이론의 입장은 다음과 같다. 실체는 시간적으로 연장됨으로써 지속한다. 즉 실체가 지속한다는 것은 실체가 시간적으로 연장되어 있다는 말이다.

펼침 지속 이론의 입장을 자세히 다룰 수는 없다. 필자는 단지 간단한 예를 통해 이를 설명하고자 한다. 영화 하나를 생각해보자. 이 영화는 오직 하나의 실체만을 찍은 영화라고 가정하자. 그리고 그 실체를 A라고 하자. 우리는 이 영화를 보면서, 실체 A가 지속한다고 생각한다. 여기서 실체 A의 지속은 연속성과 관련이 있다. 필름이 빨리 돌아감에 따라 우리는 각 컷의 A가 급격한 속성의 변화를 겪지 않으며, 또한 그런 한에서 자기 동일성을 유지한다고 생각한다. 필름이 빨리 돌아갈 때, 실체 A는 연속적 변화를 한다. 그리고 여기서의 바로 이 연속성이 우리

---

18 펼침 지속 이론은 실체가 시간 축 전체에 펼쳐짐으로써 지속한다고 주장한다. 다시 말해 이 이론에 따르면, 실체가 시간을 뚫고 지속한다는 것은 그 실체가 시간 축 전체에 펼쳐져 있다는 것이다. 이에 대립하는 이론이 있는데, 이동 지속 이론(endurantism)이 그것이다. 이 이론은 실체의 지속에 대한 우리의 상식에 기반하고 있는 이론으로서, 이 이론에 따르면, 실체가 지속한다는 것은 실체가 시간 축 상을 이동하면서, 자기 동일성을 유지한다는 것이다.

의식으로 하여금 앞 컷의 A와 뒤 컷의 A가 수적으로 동일하다고 생각하게 해주는 원리가 된다. 이것은 지속에 대한 우리의 상식과 일치한다. 우리는, 컷1의 A와 컷2의 A가 수적으로 다르다고 생각지 않는다. 실체 A는 이러한 수적 동일성에 근거해 지속하는 것이다.

이제, 우리가 영화를 보는 것이 아니라 필름 전체를 펼쳐놓고 본다고 가정해보자. 우리가 필름의 각 컷을 비교해본다면, 우리는 이것들이 서로 조금씩 다름을 발견하게 된다. 즉, 각 컷에서의 A는 조금씩이나마 서로 다른 모습을 취하고 있다. 각 컷의 A가 이렇게 다를 경우 A의 지속은 어떻게 설명되는가? 펼침 지속 이론은 실체 A의 지속에 대해 다음과 같이 주장한다. A는 필름 전체에 펼쳐져 있음으로 해서 지속한다.[19]

펼침 지속 이론의 핵심적 아이디어는 이런 것이다. 컷1의 A와 컷2의 A는 서로 다르다. 그럼에도 불구하고 A가 지속한다고 말할 수 있는 이유는, 컷1의 A와 컷2의 A가 특정 방식으로 연결되어 있기 때문이다. 즉, 컷1의 A와 컷2의 A는 모두, 전체 A의 부분들이다. 컷1의 A, 그리고 컷2의 A, 이 둘은 A의 시간적 부분들로서 전체 A라고 하는 시간적 연장체를 구성한다. 바로 이러한 '시간적으로 연장되어 있음'이 지속의 근거가 된다.

....

19 Cf. 루이스는 perdurance를 다음과 같이 정의한다. " 무언가가 펼침 지속한다는 것은 다음과 같은 것이다. 즉 그것은 지속하는데, 서로 다른 시간에서, 서로 다른 시간적 부분들 혹은 시간적 단계들을 가짐으로써 지속하는 것이다. 시간적 부분은 오직 하나의 시간[시점]에서만 전체적으로 존재한다. 반면에 무언가가 이동 지속한다는 것은 다음과 같은 것이다. 즉 그것은 특정한 한 시간[시점]을 넘어 여러 시간[시점]에서 전체적으로 존재한다. 펼침 지속은 하나의 도로가 공간 상에서 이어져 있는 그런 방식과 비슷하다. 도로의 한 부분은 여기에 있고, 또 다른 부분은 저기에 있다. 그리고 그 어떤 부분도 서로 다른 두 장소에 전체적으로 존재하고 있지 않다. 이동 지속은 보편자가(만약 그러한 것이 있다면) 존재하는 방식과 비슷한데, 보편자는 그것이 예화되는 모든 곳에, 모든 때에 전체적으로 존재하는 것이다"(Lewis, 1986, p. 202).

이제 펼침 지속 이론의 입장을 정리해보자. 우리는 세 개의 실재물과 이 실재물들 사이의 관계를 통해 지속을 정의할 수 있다. 우선 컷$_1$에서의 A가 있고, 컷$_2$에서의 A가 있고, 마지막으로 전체 A가 있다. 전체 A가 지속한다는 것은 컷$_1$에서의 A도 전체 A의 부분이고, 컷$_2$에서의 A도 전체 A의 부분이라는 것이다. 지속은 이러한 세 실재물들 사이의 부분/전체 관계에 의해 정의된다.

이제 지속에 대한 라이프니츠의 입장을 검토해보자. 실체란 일련의 동시적 속성 다발들의 계열이다. P$_1$, P$_2$, P$_3$, …… P$_n$. 이 계열을 이루는 각각의 속성 다발들은 서로 (단순히) 다르다. 그럼에도 불구하고 라이프니츠는 실체가 지속한다고 보았다. 그리고 그 이유로서 라이프니츠는 다음과 같은 주장을 한다: "나의 개념은 이러한 여러 상태를 묶거나 포함해야 하는 것"이다. 필자는 이 주장이 개념의 차원을 넘어 사물의 차원으로 확장됨으로써(왜냐하면, 완전 개체 개념과 창조된 실체 사이에는 구조적 동일성 관계가 있기 때문에) 다음과 같이 분석될 수 있다고 생각한다. 우선, 실체 A가 시간 t$_1$에서 시간 t$_2$까지 지속한다고 가정해보자. 이제 라이프니츠가 실체의 지속에 대해 드는 이유는 펼침 지속 이론의 입장과 매우 유사해진다. 라이프니츠 역시 세 개의 실재물과 이 실재물들 사이의 관계를 통해 지속을 정의하기 때문이다. 우선, t$_1$에서의 A가 있다. 그리고 이것은 분석의 결과, 속성들의 동시적 다발 P$_1$이다. 또, t$_2$에서의 A가 있다. 이것은 또 다른 속성들의 동시적 다발 P$_2$이다. 마지막으로 전체 A가 있다. 이렇게 해서 우리는 세 개의 실재물을 갖게 되었다. 이제 실체의 지속에 대한 라이프니츠의 주장은 다음과 같다: 실체 A가 지속한다는 것은, t$_1$에서의 A도(P$_1$) 전체 A에 의해 묶이거나 포함되어야 하며, t$_2$에서의 A도(P$_2$) 전체 A에 의해 묶이거나 포함되어야 한다는 것이다. 결국 라이프니츠에 있어서 지속은 펼침 지속 이론의 입장과 매우 유사하게, 이러한 세 실재물들 사이의 묶임, 혹은 포함 관계에 의해 정의된다. 이제 이것을 정리해보자.

지속: 실체 A가 시간 t_i에서 시간 t_{i+1}까지 지속한다고 가정하자. 이러한 지속에 대한 형이상학적 근거는 다음과 같다. 즉 실체 A 내의 속성들의 동시적 다발 P_i와 P_{i+1}은 A에 의해 묶여 있고, 또 A 안에 포함되어 있다.

속성들의 다발 P_i와 P_{i+1}은 나를 구성하는 것들이지만, 이 둘 사이에는 단순한 동일성 관계가 없다. 이 둘은 서로 (단순히) 다른 것이다. 그럼에도 불구하고 이러한 속성들의 다발 P_i와 P_{i+1}은 전체로서의 나와 특정한 관계를 맺는다. 앞에서 본 것처럼, 라이프니츠에 있어서 이러한 특정한 관계는 바로 '묶음' 관계이다. 속성들의 다발 P_i와 P_{i+1}은 나와 이렇게 특정한 관계를 맺음으로써, 나라고 하는 시간적 연장체를 구성한다. 내가 시간을 뚫고 지속한다는 말은 바로 P_i와 P_{i+1} 등이 나와 특정한 관계, 즉 '묶음' 관계를 맺고 있다는 말이다. 이 세 실재물이 이러한 관계를 맺음으로 인해 나는 시간적 연장체, 혹은 지속하는 실재물이 되는 것이다.[20] 결국, 라이프니츠의 주장은 실체의 지속에 대한 선험적 이유가 될 수 있다.[21]

필자는 라이프니츠가 정말 이렇게 생각했는지에 대해서는 논란의 여지가 있다고 생각한다. 그러나 필자는 라이프니츠의 여러 사상들이

---

[20] 다음과 같은 라이프니츠의 주장을 참조하라. "지각들의 이러한 연속, 지각들의 이러한 결속이 실제로 동일한 하나의 개체를 구성한다"(NE, p. 186).

[21] 라이프니츠는 이러한 '묶음' 관계를 실체 안에 있는 어떤 법칙으로 본다. 이 법칙은 실체의 각 상태를 포함함으로써, 실체의 비동시적 동일성을 확보해준다. "변치 않는 법칙이 있다. 이 법칙은 우리가 동일하다고 여기는 어떤 것의 미래 상태들을 포함한다. 그리고 바로 이 법칙이, 내가, 동일한 실체를 구성한다고 말하는 바로 그것이다"(GPG II, p. 264).

실체의 지속에 대한 그의 설명을 이렇게 해석하도록 이끈다고 생각한다. 적어도 이러한 해석이 없다면 지속에 대한 라이프니츠의 주장은 이해될 수 없는 것으로 보인다.

9. 결론

라이프니츠에 있어 시간·변화·지속 등의 개념은 매우 이상화되어 있다. 시간은 기본적인 실재물이 아니다. 시간은 완전 개체 개념을 이루는 동시적 집합들의 계열로 정의된다. 변화는 한 동시적 집합의 원소가 이웃 동시적 집합의 원소가 아니라는 사실에 의해 정의된다. 지속은 동시적 집합들이 완전 개체 개념에 의해 묶여 있음을 통해 정의된다. 신은 완전 개체 개념을 모델로 창조를 한다. 창조된 실체는 직선으로 표상되는 시간 축을 따라 왼쪽에서 오른쪽으로 이동하는 것이 아니다. 창조된 실체는 시간적으로 연장되어 있다. 즉 실체는 시간 축 전체에 펼쳐져 있다. 각각의 시간 축 상의 점을 점유하는 것은 완전한 실체가 아니라, 실체를 이루는 속성들의 동시적 다발이다. 변화란 각각의 속성들의 동시적 다발들이 서로 다른 요소 속성들을 갖는 것이다. 실체는 지속한다. 각각의 속성들의 다발들은 오직 하나의 실체가 갖는 속성들의 다발로서, 그 실체에 의해 묶여 있기 때문이다.

제8장
결정론

이 장에서 필자는 라이프니츠의 철학이 결정론적인 성격을 가지고 있음을 보이고자 한다. 이를 위해 이 장에서는 라이프니츠에 있어서 개체의 통세계적 동일성(transworld Identity) 문제를 다룬다. '개체의 통세계적 동일성'이라는 제목 하에 라이프니츠가 이 문제를 다룬 적은 없다. 오히려 이 문제는 현대 양상 논리 의미론이 탄생한 이후 쟁점이 되는 그러한 문제이다. 그럼에도 불구하고 사실 라이프니츠는 이 문제에 깊숙이 개입하고 있다. 그 증거로 라이프니츠와 아르노(Arnauld) 사이에 벌어졌던 논쟁을 들 수 있다. 아르노는 라이프니츠가 결정론에 빠진다고 비판한다. 이 비판에 대해 라이프니츠는 아르노가 혼동을 하고 있다고 주장한다. 결정론을 둘러싼 이러한 논쟁 속에서 이 두 철학자는 점점 개체의 통세계적 동일성 문제에 개입하게 되는데, 여러 가능한 아담들에 관한 문제, 그리고 이 여러 가능한 아담들 사이의 동일성 문제가 그것이다. 라이프니츠 스스로는 부정하지만, 사실 라이프니츠는 결정론에 빠진다.[1] 그리고

----

* 이 장은 박제철(2009)을 수정·보완한 것이다.

라이프니츠가 결정론에 빠지게 되는 이유는 그가 개체의 통세계적 동일성을 인정하지 않기 때문이다. 이제 가능세계, 개체의 가능세계적 동일성 문제 등이 라이프니츠 철학 체계 내에서 어떻게 서로 연계되어 있는지, 그리고 이러한 주제들에 대한 라이프니츠의 입장이 왜 결정론으로 향해 가는 계기가 되는지 살펴보도록 하자. 출발을 위해 우선, 가능세계에

---

1 서강학술총서 심사자 중 한 분께서 다음을 지적하셨다.

"라이프니츠 스스로는 부정하지만, 사실 라이프니츠는 결정론에 빠진다." 라이프니츠가 과연 스스로 결정론을 부정하는가? 그가 부정하는 것은 스피노자류의 필연주의 아닌가?

우선 지적할 점은, 이 책을 쓸 때 필자는 결정론(determinism)과 필연주의(necessitarianism)를 구분하지 못하고 있었다. 다만 스피노자류의 결정론을 강한 결정론이라고 생각했고, 라이프니츠의 결정론을 약한 결정론이라고 생각했었다. 이 두 개념을 구분하지 못한 것은 오류이다. 이제 이 두 개념을 구분해 필자의 견해를 정리해야 할 것 같다. 필자의 생각에 라이프니츠는 스피노자류의 필연주의를 부정한다. 스피노자의 필연주의에 따르면, 신조차도 선택의 여지가 없다. 비유적으로 말하자면, 신은 오직 하나의 대본만 가지고 있는 것이다. 우연을 구제하기 위해 라이프니츠는 이 견해에 반대한다. 그에 따르면, 신은 무수히 많은 대본을 가지고 있었고, 그 중 하나를 선택해 창조를 한 것이다. 이런 무수히 많은 대본을 라이프니츠는 가능세계라고 부른다. 가능세계들이라는 선택지가 있기 때문에 신은 자유를 가지고 있는 것이다.
라이프니츠는 스피노자류의 필연주의를 부정한다. 가능세계 개념이 그 증거이다. 그런데 라이프니츠는 필연주의뿐만 아니라 결정론도 부정한다. 결정론이란 한 개체에게 일어나는 모든 사건이 필연적으로 일어난다고 하는 철학적 입장이다. 예를 들어 '유다는 죄를 필연적으로 짓는다'와 같은 명제를 참으로 보는 입장을 말한다. 아르노의 비판에 맞서 라이프니츠는 자신이 이와 같은 명제를 참이라고 보지 않는다고 주장한다. 라이프니츠는 다음과 같이 주장한다. "그러나 이렇게 볼 때, 우연적 진리와 필연적 진리의 차이가 파괴되는 것으로 보인다. 그리고 인간의 자유는 자리를 얻지 못하고, 절대적인 운명이 우리의 모든 행동뿐만 아니라 세계에서 일어나는 모든 사건들을 지배할 것으로 보인다. 이에 대해 나는 이렇게 대답한다. 확실한(certain) 것과 필연적인 것을 구분해야 한다고. 신이 미래를 앞서 보기 때문에 미래적 우연은 확실하다고 하는 데에 모든 이는 동의한다. 그러나 그렇다고 해서 미래적 우연이 필연적이라고 인정할 수 없다"(Le Roy, pp. 47~48). 즉 라이프니츠는 스피노자류의 필연주의뿐만 아니라 결정론도 부정하려고 한다. 물론 자세히 살펴보면 결정론에 빠지게 되지만 말이다.

184

대한 라이프니츠의 입장부터 살펴보도록 한다.

1. 가능세계와 우연성

라이프니츠 철학이 현대에 와서 다시 부활하게 된 배경 중 하나가 바로 그의 가능세계에 관한 논의이다. 라이프니츠에 따르면, 창조된 현실세계 이외에도 수없이 많은 가능세계들이 있었는데, 창조 이전에 신은 이러한 가능세계 모두를 검토했으며, 그 중 가장 좋아 보이는 세계 하나를 선택해 창조했다. 그것이 바로 현실세계이다. 아르노에게 보내는 편지에서 라이프니츠는 다음과 같이 말한다.

> 무수히 많은 가능세계가 있는 것처럼 각각의 세계에 고유한 무수히 많은 법칙들이 있습니다. 그리고 각 세계 내의 각각의 가능한 개체들은 자신의 개념 속에 자기 세계의 법칙들을 포함하고 있습니다.[2]

여러 곳에서 라이프니츠는 이러한 가능세계에 대해 말하고 있다.

> 내가 설명했듯이 존재하는 사물들은 오직 존재하는 사물들로부터만 나올 수 있으므로 영원한 진리들은 자신들의 존재를 절대적인, 혹은 형이상학적으로 필연적인 주체 안에서 가져야 한다. 즉, 신 안에서 말이다. 신을 통해 이러한 가능한 것들은 실현된다. 신을 통하지 않는다면 단지 상상적일 뿐인 그러한 것들이 말이다.[3]

---

2 Le Roy, p. 107.

신의 지성 안에서, 모든 가능한 사물들은 자신들의 완전성에 비례해 존재함을 요구하므로, 이러한 요구의 결과는 분명, 가능한 것으로서의 가장 완전한 현실세계인 것이다.[4]

여러 가능세계들이 있다. 공가능한(compossible) 것들의 각 집합들이 이러한 가능세계들 각각을 이룬다.[5]

라이프니츠에 따르면 이러한 가능세계가 있어야 하는 이유는 우연이라는 것이 설명되어야 하기 때문이다.

만약 우리가 순수한 가능성을 완전히 배제하고자 한다면, 우리는 우연을 파괴해버리게 될 것입니다. 왜냐하면, 신이 실제로 창조한 것만이 가능하다면, 신이 어떤 것을 창조하기로 결정했을 경우에, 신이 창조한 그것은 필연적일 것이기 때문입니다.[6]

라이프니츠의 주장은 다음과 같은 것이다. 창조에 있어서 신은 선택의 자유가 있다. 그러한 자유로운 선택의 대상이 되는 것이 바로 무수히 많은 가능세계들이다. 이러한 여러 가능세계들 중 하나를 선택할 자유가 우연의 근거이다. 만약 창조된 이 세계만이 가능했다면, 신에게는 선택의 자유가 없었을 것이고, 따라서 우연은 파괴되고 말 것이다. 다시 말해 모든 것은 필연적이 될 것이다. 이것이 가능세계에 관한 라이프니츠의

---

3 L, p. 488.
4 L, p. 639.
5 L, p. 662.
6 Le Roy, p. 111.

입장이다. 이제 이러한 라이프니츠적 가능세계에 관한 몇 가지 점들을 살펴보도록 하자. 우선 가능세계와 현실세계가 라이프니츠에 있어서 어떤 존재론적 위상을 갖는지부터 살펴보도록 한다.

2. 가능세계와 현실세계의 존재론적 위상

라이프니츠에 따르면 창조 이전에 수없이 많은 가능세계가 있었고, 신은 그 중 하나를 선택해 창조했다. 그 창조된 세계가 바로 현실세계이다. 이러한 생각을 통해 보자면 현실세계도 창조 이전에는 무수히 많은 가능세계들 중 하나인 것이다. 이러한 각각의 가능세계들은 각각의 가능한 실체들로 이루어져 있다. 그리고 라이프니츠에 따르면, 각각의 가능한 실체들은 정신적·추상적 존재자이다. 라이프니츠는 다음과 같이 말한다.

> 순전히 가능하기만 한 실체들의 실재성에 관해서, 다시 말해, 신이 창조하지 않은 것들에 대해서, 당신은 그것들이 공상일 뿐이라고 믿는다고 말했습니다. 이에 저는 반대하지 않습니다. 단, 제가 그렇게 믿듯이, 당신이 그것들을 다음과 같이만 이해한다면 말입니다. 즉, 그것들은, 신의 정신 안에서 갖는 실재성만을 갖는다. 혹은, 그것들은 신의 능력 안에서 갖는 실재성만을 갖는다.[7]

각각의 가능세계를 이루는 각각의 가능한 실체들은 신의 정신 안에서 갖는 실재성만을 갖는다. 다시 말해 이러한 가능한 실체들은 플라톤적 보편자처럼 이 세계와 다른 어떤 곳에 존재하는 그러한 실체들이 아니다.

---

7 Le Roy, p. 120.

이것들은 신의 정신적 속성, 혹은 신의 성향적 속성(dispositional property)일 뿐이다. 존재하는 것은 오직 현실세계와 현실세계를 구성하는 실체들뿐이다. 가능세계와 가능세계의 거주자들에 관한 이러한 라이프니츠의 입장은 루이스의 가능세계론과 관련해 흥미로운 차이를 보여주고 있다. 루이스의 경우 각각의 가능세계들 모두는 현실적·구체적인 실체들로 이루어진 실제적인 세계이다. 그에 따르면 '현실'이라는 단어는 상황지시어(indexical)이다. 이 단어는 '나', '지금', '여기' 등과 마찬가지로 발화 상황과 관련해서만 지칭체가 결정되는 그러한 단어이다. 그래서 루이스에 따르면 '현실세계'라는 단어는 발화자가 속해 있는 세계를 지칭한다. 따라서 다른 가능세계의 거주자들도 우리와 똑같은 권리를 가지고 이 단어를 사용할 수 있다. 우리가 '현실세계'라는 단어를 발화하면, 이 단어는 우리의 세계를 지칭하지만, 다른 가능세계의 거주자가 이 단어를 발화하면 이 단어는 그들 세계를 지칭하게 된다. 결국 루이스에 따르면 가능세계와 현실세계 사이에는 그 존재론적 위상에 있어서 아무런 차이가 없다. 이와 달리 라이프니츠는 현실세계에 특별한 존재론적 지위를 부여한다. 다른 가능세계는 모두 정신적·추상적 실재물들로 이루어져 있다. 라이프니츠의 용어에 따르면, 다른 가능세계의 거주자들은 모두 완전 개체 개념들(complete individual notions)[8]이다. 이와 반대로 현실세계는 정신 독립적·구체적 실체들로 이루어져 있다. '현실세계'는 다른 가능세

---

8 예를 들면 페가수스나 벨러로폰 같은 존재자들이 이러한 완전 개체 개념들이다. 우선 이것들은 일종의 개념이다. 존재하지 않으며, 단지 신의 정신적 속성이라는 의미에서 그렇다. 또 이것들은 완전하며 개체적이다. 신이 이 세계를 창조하지 않고 대신 신화의 세계를 창조했다면, 창조된 페가수스나 벨러로폰 같은 것들은 완전한 개체로서 창조된다는 의미에서 그렇다. 다시 말해, 페가수스나 벨러로폰 등은 합리성·동물 등과 같은 일반 개념과는 다른 특징을 갖는다는 것이다.

계를 지칭하는 단어가 될 수 없다. '현실세계'는 오직 신에 의해 창조된 이 세계만을 지칭한다.

3. 가능세계에 대한 유명론적 환원

라이프니츠는 자신의 존재론 안에 오직 실체와 실체가 갖는 속성, 그리고 그 속성의 변화만을 허용한다. 존재하는 것은 오직 속성을 갖는 실체들뿐이다. 이것은 라이프니츠의 철학에 있어서 근원적인 존재론적 원리이다.

> 단순 실체들과, 그리고 그것들 안에서의 지각과 욕구, 이것들 밖에는 존재하
> 지 않는다. 물질과 운동은 실체도, 사물도 아니다. 이것들은 지각하는 자의
> 현상이기 때문이다. 이것들의 실재성은 지각하는 자와 (다른 시간에 있어서의)
> 그 자신 사이의 조화, 혹은 지각하는 자와 다른 지각하는 자 사이의 조화에
> 근거한다.[9]

여기서 라이프니츠는 자기 철학 내에서 허용될 수 있는 존재론적 기본 벽돌들을 제시하고 있다. 그에 따르면 이러한 존재론적 기본 벽돌들은 단순 실체와 그 실체가 갖는 속성, 즉 지각뿐이다.[10] 다른 모든 것들, 예를 들어 물질·운동 같은 것들은 지각하는 자 안에서 갖는 실재성,

---

9 L, p. 537.
10 데카르트의 사유 실체가 자신의 속성으로서 생각함을 갖는 것처럼 라이프니츠의 단순
   실체는 자신의 속성으로서 지각함을 갖는다.

즉 현상적 실재성만을 갖는다. 이러한 것들은 라이프니츠 철학 내에서 존재론적인 기본 벽돌이 아니다. 따라서 이것들은 존재론적 기본 벽돌로, 즉 지각하는 실체들로 분석·환원되어야 하는 것들이다. 가능한 실체들도 마찬가지이다. 이것들은 정신적·추상적 실재물들로서 지각하는 실체들로 분석·환원되어야 한다.11 문제는 이러한 추상적 실재물들이 실체와 실체가 갖는 속성으로 분석·환원될 수 없는 것처럼 보인다는 것이다. 라이프니츠가 제시하는 설명에 따르면, 가능세계 개념은 창조된 세계라는 개념에 존재론적으로 선행한다. 그의 설명에 따르면 무수히 많은 가능세계가 먼저 있고, 신은 그 중 하나를 선택해 창조를 한 것이다. 그렇다면 가능세계는 창조된 세계에 존재론적으로 선행하는 것 아닌가? 그래서 결국 가능세계들은 창조된 세계 내의 실체와 실체가 갖는 속성으로 분석·환원되지 않는 기본적 실재물 아닌가? 만약 사정이 이렇다면 라이프니츠의 유명론적 기획은, 즉 존재론적 기본 벽돌은 오직 실체와 실체가 갖는 속성뿐이며, 다른 모든 추상적 실재물들은 이와 같은 존재론적 기본 벽돌로 분석·환원된다고 하는 철학적 입장은 설명의 초기에서부터 흔들리게 된다.

이에 대한 한 가지 설명이 메이츠(Benson Mates)에 의해 제기됐다.12 메이츠 설명의 핵심은 가능세계들을 현실세계로 환원하지 말고, 신의 정신적 속성으로 환원하자는 것이다. 라이프니츠 존재론 내에서 신도

---

11 "지금까지 나는 이러한 어려움들을 피할 다른 방도를 찾지 못했다. 오직 다음과 같은 방법만이 이러한 어려움을 피하게 해준다. 즉 추상물은 실제적인 사물이 아니라 단지 생략해 말하는 방식(*compendia loquendi*)일 뿐이다. 따라서 내가 뜨거움이라는 이름을 사용할 때 나는 어떤 모호한 주체에 대해 말하는 것은 아니다. 그렇게 말할 때 나는 오히려 어떤 것이 뜨겁다는 것을 말할 뿐이다. 그리고 이러한 한에서 나는 유명론자이다. 적어도 잠정적으로는 말이다"(Grua, p. 547).

12 Mates(1986), p. 175~176 참조.

190

하나의 (특별한) 실체이므로, 이러한 환원은 라이프니츠의 기본적인 존재론적 원리와 충돌하지 않는다. 메이츠에 의하면, 각각의 가능세계를 이루고 있는 것들은 신의 정신 안에 있는 완전 개체 개념이다. 그런데 신의 정신 안에 있는 개념들은 신의 성향적 속성이다. 다시 말해, 완전 개체 개념들이라는 것은 어떤 조건이 주어졌을 때, 신이 이러저러하게 생각할 수 있는 그러한 신의 정신적 기능인 것이다. 따라서 가능세계들은 결국 하나의 특별한 실체, 즉 신의 정신적 기능으로, 혹은 신의 정신적 속성으로 환원된다. 이러한 주장은 다음과 같은 비유를 통해 잘 이해될 수 있다. 예를 들어 한 목수가 있다고 해보자. 목수는 이런저런 여러 가능한 집들을 머리에 떠올리고 있었다. 수없이 많은 가능한 집들 중 목수는 하나의 집을 선택하고 그 집을 만들었다. 여기서 우리는 좀 환상적인 방식으로 다음과 같이 말할 수 있다. 즉 수없이 많은 가능한 집들이 존재한다고. 그러나 이 말의 의미는 사실 다음과 같은 것이다. 즉, 목수는 수없이 많은 집들을 머리에 떠올렸다. 결국 가능한 집들이라는 것은 목수의 정신적인 속성, 혹은 목수의 생각하는 방식을 은유적으로 표현한 것일 뿐이다. 존재하는 것은 이러저러한 방식으로 생각을 하는 목수뿐이다. 가능한 집들은 결국 이러한 목수의 생각 방식으로 환원된다. 만약 이러한 해석이 라이프니츠 형이상학에 대한 올바른 해석이라면, 라이프니츠는 자신의 유명론적 기획을 훼손하지 않으면서도 가능세계라는 개념 틀을 잘 사용할 수 있다. 가능세계라는 개념이 나올 때마다 우리는 그것을 신의 정신적 속성으로 환원할 수 있다. 따라서 코페르니쿠스주의자들이 '해가 뜬다, 해가 진다'라는 말을 잘 사용할 수 있듯이 라이프니츠 역시 가능세계 개념을 잘 사용할 수 있다. 필요한 것은 단지 환원이 되는가의 문제일 뿐이다.

이제 라이프니츠적 가능세계와 관련한 중요한 논쟁 하나를 살펴보도록 하자. 가능세계 개념은 사물들의 여러 가능한 존재 방식을 도식화한 것이다. 사물들이 우연적으로 존재하는가, 아니면 필연적으로 존재하는가와 같은 여러 가능한 존재 방식 말이다. 이렇게 볼 때 가능세계 개념은 철학사적으로 볼 때 매우 중요한 하나의 철학적 입장, 즉 결정론과 긴밀한 연관을 갖고 있음을 알 수 있다. 결정론이란 사물들의 존재 방식에 관한 어떤 철학적 입장으로서, 이 입장에 따르면 한 개체에게 일어나는 모든 사건들은 필연적이다. 우연을 설명하기 위해 가능세계라는 개념을 도입한 만큼 라이프니츠는 이러한 결정론에 개입하지 않을 것으로 보인다. 그런데 문제는, 그게 그렇지 않다는 것이다.

4. 아르노와의 논쟁

가능세계에 관한 특정 입장은 결정론이라고 하는 철학적 입장과 긴밀히 연계되어 있다. 결정론이란 한마디로 우연적 사건이란 존재하지 않는다고 하는 철학적 입장이다. 우연을 설명하기 위해 가능세계라는 개념을 도입한 만큼 라이프니츠는 결정론을 피할 수 있을 것으로 보인다.[13] 그리고 이것이 라이프니츠의 주장이다. 문제는, 아르노가 그렇지 않다며 라이프니츠를 비판한다는 것이다. 이제 결정론을 둘러싸고 벌어지는 이 두 철학자 사이의 논쟁을 간략히 살펴보자.

---

[13] 앞에서와 마찬가지로 여기서도 필연주의와 결정론, 이 둘의 개념적 구분이 필요하다. 라이프니츠가 스피노자 식의 필연주의를 거부한다는 것은 분명하며, 이 점에 있어서는 성공하고 있다. 이 절에서의 문제는 스피노자 식의 필연주의를 거부하기 위해 도입된 장치인 가능세계 개념이 결정론도 피하게 해줄 수 있느냐 하는 것이다. 라이프니츠는 이에 실패함으로써 결정론에 개입하게 된다.

『형이상학 서설』(*Discours de Metaphysique*) 13절에서 라이프니츠는 다음과 같이 말한다.

각 사람들의 개체 개념은 그에게 일어날 모든 일을 포함하고 있다. 따라서 우리는 각각의 사건들이 왜 참인지, 그 이유에 대한 선험적 증명을 그 개념 안에서 본다. 혹은, 우리는 왜 다른 사건이 아닌 이 사건이 발생했는지에 대한 선험적 증명을 본다. 그러나 이러한 진리는 비록 확실하기는 하나 우연적일 뿐이다.[14]

아르노는 라이프니츠의 이러한 입장이 결정론으로 빠지는 계기가 된다고 비판한다.

그가 13절에서 한 얘기만 예로 들어보겠습니다. "각 사람의 개체 개념은 그에게 일어날 모든 일을 포함하고 있다." 이것이 사실이라면 신은 자유롭게 아담을 창조했었을 수도, 또 자유롭게 아담을 창조하지 않았을 수도 있습니다. 그러나 그가 아담을 창조하기로 마음먹었다고 가정하면 다음과 같은 결론이 나옵니다. 즉 인류에게 일어난 모든 일들, 인류에게 일어날 모든 일들은 운명 이상 가는 필연에 의해 일어났었고, 또 일어나야 할 것입니다. 왜냐하면 아담의 개체 개념은 그가 얼마만큼의 자손을 가질 것인지를 포함하며, 또 그 자손들 각각의 개체 개념은 자신들이 앞으로 할 모든 일들을 포함할 것이며, 또 그 자손의 자손들 모두를 자신들의 개념 안에 포함할 것이기 때문입니다.[15]

아르노 비판의 핵심은 라이프니츠에게 있어서 개체에 관한 모든 판단들

---

14 Le Roy, p. 47.
15 Le Roy, p. 88.

은 분석적이며 따라서 필연적이라는 것이다. 라이프니츠에 따르면, 만약 '아담은 이브를 부인으로 갖는다'라는 명제가 참이라면, 그 참인 이유는 '아담'이라고 하는 완전 개체 개념 내에 이미 '이브를 부인으로 갖는다'라는 술어 개념이 포함되어 있기 때문이다. 따라서 이 명제가 참이라면 이것은 분석적으로 참이며, 또 그만큼 이 명제의 참임은 필연적이다. 이것이 아르노의 비판이다.

결혼을 한 번만 할 수 있는 것이라고 우리가 가정한다면 우리는 라이프니츠의 입장을 다음과 같은 예로서 정식화할 수 있다. 만약 '아담은 이브를 부인으로 갖는다'라는 명제가 참이라면, '아담은 퀴라를 부인으로 갖는다'라는 명제는 반드시 거짓이다. 따라서 만약 누군가가 퀴라를 부인으로 갖는다면, 그는 아담이 아니라 다른 누군가인 것이다. 이 말이 뜻하는 것은 결국 아담이 아담이려면 그는 필연적으로 이브를 부인으로 갖는다는 것이다. 이것은 분명 결정론이다. 그리고 라이프니츠는 여러 곳에서 이와 유사한 주장을 한다.

> 왜 신은 자신이 가진 힘보다 더 센 힘을 당신에게 주지 않았냐고 당신은 물을 수 있다. 이것이 당신의 반박일 것이다. 이에 대해 나는 다음과 같이 대답한다. 신이 그렇게 했다면, 당신은 존재하지 않았을 것이라고 왜냐하면 신이 그렇게 했다면, 신은 당신이 아니라 다른 어떤 이를 창조했을 것이기 때문이다.[16]

그러나 어떤 이는 다음과 같이 반박할 수 있을 것이다. 이 사람이 반드시 죄를 짓는다는 일이 어떻게 일어날 수 있는가? 답은 쉽다. 만약

---

16 Grua, p. 327.

죄를 짓지 않는다면, 그는 그 사람이 아닌 것이다.[17]

많은 미래 조건문은 정합적이지 않다. 그래서 만약 유다가 예수를 부정하지 않았다면 어떻게 되었을까를 내가 묻는다면, 나는, 만약 유다가 유다가 아니라면 어떻게 되었을까를 묻는 것이다. 왜냐하면 예수에 대한 부정은 유다의 완전 개념 내에 포함되어 있기 때문이다.[18]

이것이 한 개체에게 일어날 사건의 본성에 대한 라이프니츠의 견해이다. 문제는 라이프니츠가 이러한 견해를 유지하면서도 자신은 결정론을 피할 수 있다고 주장한다는 것이다. 자신이 결정론에 빠진다고 비판하는 아르노에 대해 라이프니츠는 아르노의 이 같은 비판은 절대적 필연과 가설적 필연을 혼동한 결과라고 반박한다.

위의 주장은 가설적 필연(*necessitatem ex hypothesi*)과 절대적 필연(necessité absolue)을 혼동한 것임이 분명합니다.[19]

이에 대해 아르노는 자신이 이 둘을 혼동한 것이 아니라고 주장한다.

내가 이렇게 말할 때, 저는 제가 가설적 필연을 절대적 필연과 혼동했다고 생각지 않습니다. 왜냐하면, 이와는 반대로, 저는 가설적 필연만을 말했기 때문입니다. 저는 단지 다음과 같은 사실이 이상해 보이는 것뿐입니다. 즉, 신이 아담을 창조하기로 결심했다는 가정으로부터 모든 인간사 사건들이

---

17 Le Roy, p. 67.
18 Grua, p. 358.
19 Le Roy, p. 86.

가설적으로 필연적이라는 것 말입니다. 마치 신이 나를 창조하기로 결심했다는 가정으로부터 세상에 생각할 수 있는 본성을 가진 것이 있다는 사실이 가설적으로 필연적이라는 것같이 말입니다.[20]

여기서 핵심은 가설적 필연이라는 개념과 절대적 필연이라는 개념이다. 우선 라이프니츠가 이 둘을 어떤 방식으로 구분하고 있는지 살펴보자. 『형이상학 서설』 13절에서 라이프니츠는 절대적 필연과 가설적 필연을 구분하고, 우연 명제가 필연적이라면 그때의 필연은 절대적인 의미에서의 필연이 아니라 가설적 의미에서의 필연이라고 주장한다.

우리는 이렇게 말했었다. 개체적 실체의 개념은 그 개체에 일어날 모든 일을 담고 있다고 이 개념을 고찰하면, 마치 원의 본성으로부터 그것의 모든 속성을 연역해낼 수 있는 것처럼, 우리는 이 실체에 대해 참되게 언명할 수 있는 모든 것을 알 수 있다. 그러나 이렇게 볼 때, 우연적 진리와 필연적 진리의 차이가 파괴되는 것으로 보인다. 그리고 인간의 자유는 자리를 얻지 못하고, 절대적인 운명이 우리의 모든 행동뿐만 아니라 세계에서 일어나는 모든 사건들을 지배할 것으로 보인다. 이에 대해 나는 이렇게 대답한다. 확실한 (certain) 것과 필연적인 것을 구분해야 한다고. 신이 미래를 앞서 보기 때문에 미래적 우연은 확실하다고 하는 데에 모든 이는 동의한다. 그러나 그렇다고 해서 미래적 우연이 필연적이라고 인정할 수 없다. 정의 혹은 개념으로부터 어떤 결론이 틀림없이 도출될 수 있다면, 그 결론은 필연적이다. 그런데 한 사람에게 일어날 모든 일은 그 사람의 본성에 혹은 개념에 이미 잠재적으로 포함되어 있다고 우리는 생각한다. 이는 원의 정의 안에 원의 속성들이 들어 있는 것과 마찬가지이다. 이처럼 어려움은 지속된다. 이에 충분히 답하고자

---

20 Le Roy, p. 95.

나는 이렇게 말한다. 연관(connexion) 혹은 계기(consecution)에는 두 종류가 있다. 하나는 절대적으로 필연적이다. 이것의 반대는 모순을 함축하고, 이러한 연역은 영원한 진리들 중에 놓여 있다. 이것은 마치 기하학에서의 연역과 같다. 다른 것은 오직 가설적으로만(ex hypothesi) 필연적이다. 달리 말해 그것은 우연적으로만(par accident) 필연적이다. 반대가 모순을 함축하지 않으므로, 그것은 그 자체로 볼 때 우연적이다. 그리고 이러한 연관은 신의 아주 순수한 관념, 혹은 단순한 지성에 근거하지 않고, 신의 자유로운 명령, 그리고 우주의 계기에 근거한다. 예를 들자. 시저는 독재자가 될 것이며 공화국의 지배자가 될 것이며, 로마인들의 자유를 박탈할 것이기 때문에 이러한 행위는 그의 개념 안에 포함되어 있다.[21]

여기서 라이프니츠는, 예를 들어 시저와 같은 개체와 관련한 필연을 말하고 있다. 시저가 독재자가 된다는 것은 그 자체로 필연적인 것은 아니다. 그러나 시저가 독재자가 된다는 것은 확실하다. 왜냐하면 신이 미래를 앞서 보기 때문이다. 이러한 확실성을 라이프니츠는 가설적 필연이라고 부른다. 따라서 가설적 필연에 관한 라이프니츠의 주장은 다음과 같은 것이다. 개체 개념을 주어 개념으로 하는 한 명제에 대해, 그 명제는 그 자체로서는 필연적이지 않고 우연적이다. 그러나 신이 미래를 앞서 본다는 사실을 전제하면, 그 명제는 필연적이 된다. 이를 정식화하자.

가설적 필연: 개체 개념을 주어 개념으로 하는 하나의 명제 P에 대해, P는 그 자체로 우연적이지만, 신이 P를 미리 앞서 본다고 하는 사실을 전제하면 P는 필연적이다(신은 P를 미리 앞서 본다 → 필연적으로 P).[22]

---

21 Le Roy, p. 47~48.
22 여기서의 핵심은 한 명제가 자신의 양상적 성격을 바꾼다는 것이다. 개체 개념을 주어

이제 문제는 가설적 필연을 이렇게 이해할 경우 라이프니츠가 정말 결정론을 피할 수 있는가의 문제이다.[23] 이 문제를 다루기 위해 우선

개념으로 하는 명제 P는 그 자체로서는 우연적이지만(◇P), 신이 미리 본다고 하는 사실을 전제하면, 자신의 양상적 성격을 바꾸어 필연적이게 된다(신이 미리 본다 → □P).

[23] 여기서 다음과 같은 점을 언급하고 넘어가는 것이 좋을 것 같다. 서강학술총서의 익명의 심사자 한 분은 다음과 같은 지적을 해주셨다.

형이상학 논고 13절의 해석: 라이프니츠의 '가설적 필연성'에 대한 저자의 해석이 독특하다는 점을 명시하는 것이 좋을 듯싶다. 다시 말해, Adams나 Sleigh의 경우, 가설적 필연성을 다르게 해석하고 있고, 저자가 제시하는 해석이 13절 전체를 고려했을 때 받아들여질 수 있는지는 따져보아야 할 문제이다.

심사자의 지적대로, Adams(1994)에서 애덤스는 라이프니츠의 가설적 필연에 대해 필자와는 다른 해석을 제시하고 있다. 이와 관련해 우선 애덤스의 해석을 간략히 살펴보는 것이 좋을 것 같다.

그[라이프니츠]의 주장에 따르면, 이 세계가 현실세계라는 것은 우연적인 일인데, 왜 그런가 하면 다른 세계들 역시 그 자체의 본성에 의해서는 여전히 가능하기 때문이다. 물론 다른 가능세계들은 신의 의지와 관련해서는 가능하지 않지만 말이다. 그러나 초기 작품들에서 보이듯이(Gr, 289f.; A VI, iii, 127f.) 우연에 대한 이러한 이론을 펼치면서 라이프니츠는 신이 이 세계를 선택하는 것이 필연적임을 허용하는 듯이 보인다. 그리고 만약 신이 이 세계를 선택하는 것이 필연적이라면, 그리고 그로부터[신이 이 세계를 선택하는 것으로부터] 이 세계가 현실세계라는 것이 필연적으로 도출된다면, 이 세계가 현실세계라는 것은 우연적인 일이 아니라 필연적인 일 아닌가?(Adams, 1994, p. 16)

애덤스의 주장을 분석하기 위해, p와 q가 다음을 뜻한다고 해보자.

p: 신이 이 세계(최선의 세계)를 선택한다.

q: 이 세계는 현실세계이다.

이제 애덤스의 주장은 다음과 같다. 라이프니츠에 따르면 다음의 두 명제는 참이다.

(1) □p

(필연적으로 신은 이 세계[최선의 세계]를 선택한다)

(2) □(p⊃q)

(필연적으로, 신이 이 세계를 선택한다면, 이 세계는 현실세계이다)

이로부터 다음이 도출된다.

(3) □q

(필연적으로 이 세계는 현실세계이다)

(1)과 (2)로부터 (3)이 도출되는 이유는 다음과 같은 명제가 양상 논리학의 공리이기 때문이다.

양상논리학 공리(A6)

(4) □(p⊃q)⊃(□p⊃□q)

그리고 이 공리는 importation에 의해 다음의 명제와 동치이다.

(5) (□(p⊃q)&□p)⊃□q

즉 라이프니츠의 주장대로, 필연적으로 신이 이 세계를 선택한다면 이 세계는 현실세계라는 명제가 참이고, 또 필연적으로 신은 이 세계(최선의 세계)를 선택한다는 명제도 참이라면 이로부터 다음과 같은 명제는 반드시 참이다. 즉, 필연적으로 이 세계는 현실세계이다.

가설적 필연에 대한 애덤스의 이러한 해석은 심사자가 지적한 것처럼 필자의 해석과 다르다. 이제 이에 대해 답하고자 한다. 핵심은 다음과 같은 것이다. 즉, 가설적 필연에 대한 애덤스와 필자의 서로 다른 해석은 각자가 끌어내고자 하는 결론이 다르기 때문이라는 것이다. 애덤스의 경우, 그가 고찰하고자 하는 문제는, 라이프니츠가 다음과 같은 명제, 즉 "필연적으로 이 세계는 현실세계이다"라는 명제에 개입하고 있는지의 여부이다. 애덤스의 관심은 신 앞에 여러 가능세계라고 하는 선택지들이 있지만, 과연 그러한 장치들을 통해 이 세계가 현실세계라는 사실이 우연적일 수 있는가의 여부이다. 이러한 관심에서 핵심은 신의 선택의 문제이다. 신이 자유롭게 이 세계를 선택해 창조했는가, 아니면 필연적으로 이 세계를 선택해야만 했는가의 문제가 그것이다.

반면, 필자의 관심은 애덤스가 제기한 문제 다음에 발생하는 논쟁점에 놓여 있다. 신이 자유롭게 이 세계를 선택해 창조했는지, 아니면 필연적으로 이 세계를 선택해야만 했는지는 필자의 관심이 아니다. 필자의 관심은 오히려 신이 어떤 방식으로든 세계를 창조했다면, 그 창조된 세계가 우연적으로 돌아가는 세계인지, 아니면 필연에 의해 돌아가는 세계인지의 여부이다. 이러한 관심에서 핵심은 신의 선택의 문제가 아니라 신의 지성의 문제이다. 신이 미리 본 세계가 우연적으로 돌아갈 것인지, 아니면 필연에 의해 돌아갈 것인지의 문제 말이다.

애덤스는 두 개의 명제 사이의 논리적 관계를 이용해 이 세계가 현실세계라는 것이 필연적 사실인지의 문제를 다루고 있다. 앞에서 본 것처럼, 그 두 명제란 '필연적으로 신은 이 세계(최선의 세계)를 선택한다'와 '필연적으로, 신이 이 세계를 선택한다면, 이 세계는 현실세계이다', 이 둘이다. 반면 필자는 오직 다음과 같은 명제만을 다루고 있다. 즉 '선택되어 창조된 이 세계는 필연적으로 돌아간다.' 이런 이유로 인해, 가설적 필연에 대한 애덤스와 필자의 접근 방식이 달라지는 것이다.

이제 마지막으로, 『형이상학 논고』 13절에 대한 필자의 해석이 정당화될 수 있는지의 물음이 남았다. 필자는 이러한 해석이 정당화될 수 있다고 생각한다. 우선 애덤스의 주장을 살펴보자.

통상적으로 '가설적 필연'은 라이프니츠가 그렇게 이해하듯이(G III, 400/AG 193), '필연적 조건문'(necessity of the consequence)과 동의어이다. 따라서 그는 필연적 조건문, 그리고 필연적 후건(necessity of the consequent)이라는 전통적 구분을 이용하고 있는 것으로 보인다. '만약 p라면 필연적으로 q이다'는 다음의 두 가지를 뜻할 수 있다. 하나는 '만약 p라면 q이다'는 필연적이다(필연적 조건문). 다른 하나는 만약 'p'가 참이라면, 'q'는 필연적이다(필연적 후건). 그렇다면 필연적 조건문(가설적 필연)과 필연적 전건이 결합한다면, 필연적 후건이 나오는 것이다. 만약 'p'와 '만약 p라면 q이다'가 둘 다 필연적이라면, 'q'는 필연적이다(Adams, 1994, p. 16).

여기서 애덤스는 필연적 조건문, 즉 '□(p⊃q)' 형태의 필연적 문장과 필연적 후건, 즉 'p⊃□q' 형태의 필연적 문장을 구분하고 있다. 그런데 애덤스는 가설적 필연과 관련해 오직 필연적 조건문만을 다루고 있으며, 가설적 필연이 오직 이런 방식으로만 이해될 수 있는 것이라고 가정하는 듯 보인다. 그러나 라이프니츠에게서 가설적 필연이 오직 조건문 전체의 필연성만으로 이해되어야만 하는지 의심스럽다. 가설적 필연에 대한 라이프니츠의 전형적 주장은 필연적 후건, 즉 'p⊃□q' 형태의 필연적 문장과 관련되기 때문이다. 예를 들어 다음과 같은 라이프니츠의 주장이 그러하다.

만약 신이 어떤 것을 미리 본다면, 그것은 필연적으로 일어날 것이다[(p⊃□p)]. 그러나 이 필연성은, 이것이 단지 가설적이기 때문에 우연성과 자유를 부정하지는 않는다(G III 36. Mates, 1986, p. 117, 주 43에서 재인용).

더군다나, 벤슨 메이츠도 라이프니츠의 가설적 필연을 논하는 자리에서 '미끄러진 양상사의 오류'(fallacy of slipped modal operator)라고 하면서 다음과 같은 점을 지적한다. "내일 해전이 일어난다면, 필연적으로 해전이 일어난다"와 같은 명제의 경우, 원래는 □(p⊃p)로 이해되어야 하는데, 조건문 전체를 꾸며야 할 양상사 '□'가 후건으로 미끄러지면서 (p⊃□p) 라고 하는 의심스러운 명제로 변했다.

이렇게 볼 때, 가설적 필연에 대한 애덤스의 해석이 유일한 해석은 아니라고 생각되며, 앞의 인용문에서 보듯이 가설적 필연과 관련된 라이프니츠의 생각은 많은 경우, 신이 미리 본다는 점과 관련되어 이 세상이 필연적으로 돌아가는지의 문제와 연계되어 있다고 보는 것이 옳은 것 같다. 즉, 신이 미리 본다고 했을 때 과연 이 세상은 그래도 우연적으로

200

결정론이라는 것이 어떠한 철학적 입장인지부터 살펴보아야 할 것 같다. 그러나 결정론에 대해 이해하기 위해서는 다음과 같은 두 개의 개념, 즉 사물 양상과 명제 양상이라는 개념의 구분부터 분명해져야 할 것으로 보인다. 우선 이 개념들을 구분하는 것으로 논의를 시작하도록 하자.

5. 명제 양상(*de dicto* modality)/사물 양상(*de re* modality)

철학자들은 가능/우연/필연이라는 양상 개념들이 작동하는 두 가지 서로 다른 방식에 대해 주목하고 이를 개념적으로 구분했다. 양상 개념들은 명제(*dictum*)를 꾸미거나(modify), 아니면 사물(*res*)이 어떤 속성을 가진다는 사실을 꾸민다. 예를 들어 '삼각형의 내각의 합은 180도이다'라는 명제는 필연적으로 참인 명제이다. 이 경우, '필연적으로'라는 표현은 '삼각형의 내각의 합은 180도이다'라는 명제를 꾸민다. 이때의 필연을 명제 필연이라고 하는데, 어떤 명제의 양상적 성격, 즉 그 명제의 필연성을 표현하기 때문에 그러하다. 명제 양상을 도식화하는 표준적 방식이 있는데, 그것은 라이프니츠의 가능세계 개념을 이용하는 것이다. 이러한 표준적 방식에 의하면, 가능적으로 참인 명제는 어떤 가능세계(혹은 적어도

돌아가는가, 아니면 필연에 의해 돌아가는가의 문제 말이다. 그렇다면 『형이상학 논고』 13절에 나오는 가설적 필연에 대한 필자의 해석, 즉 "신이 미래를 앞서 보기 때문에 미래적 우연은 확실하다고 하는 데에 모든 이는 동의한다. 그러나 그렇다고 해서 미래적 우연이 필연적이라고 인정할 수 없다"에 대한 필자의 해석은 정당성을 얻을 수 있을 것으로 보인다. 왜냐하면, 여기서 라이프니츠는 필연의 문제와 관련해 신의 선택의 문제(어떤 세계를 선택해 창조할 것인지의 문제)를 다루고 있는 것이 아니라, 신의 지성의 문제(신이 미리 본다면, 이 세상이 어떤 양상적 특성을 보일 것인지의 문제)를 다루고 있기 때문이다.

하나의 가능세계)에서 참인 명제이고, 우연적으로 참인 명제는 창조된 현실세계에서 참인 명제이고, 필연적으로 참인 명제는 모든 가능세계에서 참인 명제이다. 이러한 도식 하에서 보자면, '삼각형의 내각의 합은 180도이다'라는 명제는 필연적으로 참인 명제로서, 모든 가능세계에서 참이다.

한편, '소크라테스는 인간이다'와 같은 명제를 살펴보자. 이 명제는 우연적 명제로서 모든 가능세계에서 참인 명제가 아니라 현실세계에서만 참인 명제이다. 그러나 아리스토텔레스주의에 의하면, 이 명제는 단순히 우연적인 명제가 아니다. 아리스토텔레스주의자에 의하면, 한 개체가 속하는 종은 그 개체의 존재에 있어 필연적이다. 다시 말해 만약 소크라테스가 인간이 아니라면, 혹은 만약 소크라테스가 인간이라는 속성을 갖지 않는다면, 소크라테스는 소크라테스가 아니거나, 혹은 소크라테스는 존재할 수 없다. 반면 소크라테스는 들창코가 아닐 수도 있다. 다시 말해 소크라테스는 들창코라는 속성을 갖지 않아도 여전히 소크라테스로서 존재할 수 있다. 따라서 아리스토텔레스주의자들에 의하면, 한 개체가 갖는 속성들은 서로 다른 두 그룹으로 나뉠 수 있는 것이다. 즉 한 개체가 필연적으로 갖는 속성, 그리고 한 개체가 우연적으로 갖는 속성. 여기서, 어떤 개체가 어떤 속성을 필연적으로 갖는가, 아니면 우연적으로 갖는가와 관련한 양상을 사물 양상이라고 한다.

이제 가능세계와 관련해 한 개체가 필연적으로 갖는 속성을 도식화해보자. 우선, 아리스토텔레스주의에 따르면 소크라테스는 인간이라는 속성을 필연적으로 가지므로, 우리는 이를 다음과 같이 도식화할 수 있겠다. 즉 모든 가능세계에서 소크라테스가 이 속성(인간)을 가짐. 그러나 이 도식화는 틀렸다. 왜냐하면 소크라테스는 필연적 존재가 아니기 때문이다. 즉, 소크라테스는 모든 가능세계에 존재하는 그런 존재가 아니다.

따라서 우리는 이를 다음과 같은 좀 더 제한된 형태로 도식화해야 한다. 즉 소크라테스가 존재하는 모든 가능세계에서 소크라테스가 이 속성(인간)을 가짐. 이렇게 볼 때 사물 양상은 명제 양상과 다른 특징을 갖는다. 어떤 명제가 명제 필연적인지를 알고자 할 때, 우리는 모든 가능세계들을 검토하고, 이 모든 가능세계에서 그 명제가 참일 경우 이 명제를 필연적이라고 한다. 반면, 어떤 명제가 사물 필연적인지를 알고자 할 때, 우리는 그 명제의 주어의 지칭체가 존재하는 가능세계들만을 열거하고, 그 세계들 모두에서 그 개체가 문제의 그 속성을 가질 경우, 그때 이 명제가 사물 필연을 표현하고 있다고 할 수 있다. 이것이 바로 사물 양상, 즉 어떤 개체가 어떤 속성을 갖는 방식에 관한 양상이다. 어떤 개체가 어떤 속성을 필연적으로 갖는가, 아니면 우연적으로 갖는가를 물을 때, 우리가 말하는 필연/우연은 명제 양상이 아니라 사물 양상인 것이다.

6. 결정론

플란틴가에 따르면 아퀴나스가 결정론을 정의한 적이 있다.[24] 아퀴나스는 결정론에 대해 논하면서 사물 필연과 명제 필연을 구분하는데, 그에 따르면 만약 우리가 사물 필연을 참된 것으로 인정하면, 그 경우 우리는 결정론에 빠지게 된다. 이제 아퀴나스의 논증을 살펴보자.

가설적 필연에 관한 라이프니츠의 주장을 다시 떠올려보자. 가설적 필연이란 그 자체로는 필연적이지 않지만 '신이 미리 본다'를 조건으로서

---

24 Plantinga(1974), p. 9~13 참조.

덧붙이면 필연적이 되는 명제이다. 이제 아퀴나스는 다음과 같은 물음을 던진다. 신이 미리 본다는 사실로부터 결정론이 정당화되는가? 예를 들어, 신은 아리스토텔레스가 앉아 있음을 미리 본다. 이 경우 아퀴나스의 물음은 이런 것이다. 신이 이렇게 미리 본다면, 아리스토텔레스가 앉아 있다는 것은 필연적인 사실인가, 아니면 우연적인 사실인가? 만약 아리스토텔레스가 앉아 있다는 것이 필연적인 사실로 판명되면 우리는 결정론이 옳다고 해야 할 것이다. 신이 미리 본 바에 의해, 아리스토텔레스는 필연적으로 앉아 있어야 하는 것이다. 신이 잘못 봤을 리 없다. 반대로 신이 미리 보더라도, 아리스토텔레스가 앉아 있다는 것이 필연적이지 않다면, 그 경우 우리는 결정론을 피할 수 있을 것이다.

이제 아퀴나스의 분석은 다음과 같다. 다음과 같은 명제가 있다. 즉, '앉아 있는 것으로 미리 보인 것은 필연적으로 앉아 있다.' 여기서 미리 보는 주체는 신이다. 아퀴나스에 따르면, 이 명제는 두 가지 서로 다른 명제들로 분석될 수 있다. 그 하나는 명제 필연을 표현하는 명제이고, 다른 하나는 사물 필연을 표현하는 명제이다. 우선 앞의 명제를 명제 필연으로 읽는다면 그것은 다음과 같다.

(1) 필연적으로, 앉아 있는 것으로 미리 보인 것은 앉아 있다.

아퀴나스는 이 명제가 참이라고 주장한다. 반면 우리가 위의 명제를 사물 필연으로 읽으면 우리는 다음과 같은 명제를 얻는다.

(2) 앉아 있는 것으로 미리 보인 것은 필연적으로 혹은 본질적으로 앉음이라는 속성을 갖는다.

아퀴나스는 이 명제가 거짓이라고 주장한다. 이제 이를 좀 더 분석해보자. 아퀴나스 논증의 핵심은 두 가지이다. 첫째로, 예를 들어 다음과 같은 명제, 즉 '신은 아리스토텔레스가 앉아 있음을 미리 본다'에서 우리는 '신은 미리 본다'를 뺄 수 있다는 것이다. 혹은 좀 더 약한 의미로 해석해서, '신은 아리스토텔레스가 앉아 있음을 미리 본다'와 '아리스토텔레스가 앉아 있다'는 동치(equivalent)라는 것이다. 이런 식으로 해서 우리는 (1)을 재서술할 수 있을 것이다. 만약 우리가 (1)에서, 신이 미리 본다는 사실을 표현하는 '미리 보인'을 빼면, 그리고 (1)이 표현하는 의미를 살려서 (1)을 조건문으로 이해하면, (1)은 다음과 같이 재서술된다.

(1-a) 필연적으로(아리스토텔레스는 앉아 있다 → 아리스토텔레스는 앉아 있다)

(2)도 이와 마찬가지 방식으로 재서술된다.

(2-a) 아리스토텔레스는 앉아 있다 → 필연적으로(아리스토텔레스는 앉음이란 속성을 갖는다)

아퀴나스 논증의 두 번째 핵심은 앞의 (1-a)와 (2-a)에서의 '필연적으로'가 서로 다른 기능을 함을 밝히는 것이다. 아퀴나스에 따르면 (1-a)에서의 '필연적으로'는 명제들의 관계를 꾸민다. 다시 말해 (1-a)에서의 '필연적으로'는 '아리스토텔레스는 앉아 있다'라는 명제와 '아리스토텔레스는 앉아 있다'라는 명제 사이의 관계를 꾸민다. 즉 이 두 명제 사이의 관계(즉, '→'라는 기호로 표현되는 조건적 관계)가 필연적이라는 것이다. 반면 (2-a)에서의 '필연적으로'는 아리스토텔레스라는 개체와 앉아 있음이라는 속성 사이의 관계를 꾸민다. 이 경우 '필연적으로'가 의미하는 바는 아리스토텔레스라는 개체와 앉아 있음이라는 속성 사이에 필연적 관계가 있다는 것이다. 다시 말해, 이 주장이 뜻하는 바는 개체 아리스토텔 레스가 속성 앉아 있음을 갖는 것이 사실이라면, 개체 아리스토텔레스는 속성 앉아 있음을 필연적으로 갖는다는 것이다.

(1-a)에서의 '필연적으로'는 명제들의 관계를 꾸미고 있다는 의미에서 명제 필연이다. 반면 (2-a)에서의 '필연적으로'는 개체 아리스토텔레스 와 속성 앉아 있음 사이의 관계를 꾸미고 있다는 의미에서 사물 필연이다. 이제 아퀴나스는 다음과 같은 결론을 내린다. 결정론은 (2-a)가 참임을 요구한다. 다시 말해, 우리가 만약 (2-a)를 참이라고 한다면, 우리는 결정론에 빠지게 되는 것이다. 그러나 아퀴나스가 보기에 (2-a)는 거짓이 다. 따라서 신이 미리 봄을 뜻하는 '앉아 있는 것으로 미리 보인 것은 필연적으로 앉아 있다'라는 명제를 참이라고 한다고 해서 반드시 결정론 적 입장으로 나아가게 되는 것은 아니다. 결정론으로 빠져들게 되는 경우는 이 명제의 양상사 '필연적으로'를 오직 사물 필연으로 읽을 경우, 즉 (2-a)의 경우뿐이다. 이 명제를 명제 필연으로 읽을 경우, 우리는 결정론에 빠지지 않게 된다. 따라서 신이 미리 본다는 사실에 의해 결정론 의 정당성이 확보되는 것은 아니다.[25]

라이프니츠가 절대적 필연, 그리고 가설적 필연이라고 부른 것과 아퀴

---

25 결정론은 그 역사가 깊다. 이것은 아리스토텔레스까지 거슬러 올라간다. 메이츠에 따르면, 결정론은 양상사가 잘못 미끄러져 들어가기 때문에 발생한다. 그에 따르면 다음과 같은 문장은 의심의 여지가 없다. 즉, (1) $\Box(P \rightarrow P)$. 그러나 양상사 '$\Box$'가 조건문의 후건으로 미끄러져 들어가면 다음과 같은 의심의 여지가 많은 문장이 얻어진다. 즉, (2) $(P \rightarrow \Box P)$. 이것은 언어 습관과 관련한 문제이기도 하다. '필연적으로'라는 단어는 문장 내에서 그 위치가 자유롭다. 그래서 '필연적으로 P이면 P이다'로부터, 'P이면 필연적으로 P이다'로 넘어가기 쉬운 것이다. 이것이 결정론이라는 철학적 입장이 등장하게 된 배경이다.

나스가 명제 필연, 그리고 사물 필연이라고 부른 것은 각각 일치한다. 그리고 아퀴나스에 따르면 신이 미리 본다는 사실에 근거해서 한 명제를 사물 필연적인 것으로 취급하는 것은 오류이다. 또한 이러한 오류에 근거해 결정론을 지지하는 것도 역시 오류이다. 라이프니츠는 자신이 결정론에 빠지지 않는다고 주장하지만, 그는 신이 미리 본다는 사실에 근거해 어떤 명제를 사물 필연적으로, 혹은 그의 용어로 말한다면, 가설적 필연인 것으로 취급하고 있다. 결국 그는 결정론에 빠지게 된다.

7. 개체의 통세계적 동일성

아르노의 비판에 대한 답을 하는 과정에서 라이프니츠는 다음과 같이 말한다.

> 이러저러한 후손을 갖는 가능한 어떤 아담(un Adam possible)이 있고, 또 저러저러한 후손을 갖는 무수한 다른 것들이 있습니다. 가능한 아담들은(이렇게 말할 수 있다면) 서로 서로 다르지 않겠습니까? 그리고 신은 그 중의 하나만을, 즉 우리의 아담만을 선택했겠지 않겠습니까?[26]

이에 대해 아르노는 다음과 같이 말한다.

> 게다가 저는 개체적 본성을 갖는 것으로서 아담을 예로 들 때, 어떻게 우리가 여러 가능한 아담들을 인정할 수 있는지 알 수 없습니다. 이건 마치

---

26 Le Roy, p. 88.

여러 가능한 나를 제가 인정한다고 하는 것과 같습니다. 이건 분명 이해할 수 없는 것이죠. 왜냐하면 저는 저 자신을 개체적인 본성을 갖는 것으로밖에는, 그래서 그 밖의 존재하는, 혹은 그 밖의 가능한 모든 다른 것들과 구분된 것으로밖에는 생각할 수 없기 때문입니다. 저는 여러 나를 인정할 수 없습니다. 모든 직경이 동일하지 않은 원을 이해할 수 없듯이 말입니다. 이유는 이렇습니다. 이러한 여러 나는 서로 다른 것입니다. 그렇지 않다면 이것은 여러 내가 아닐 것입니다. 그렇다면 이러한 여러 나 중 내가 아닌 누군가가 있어야 할 것입니다. 바로 모순이 나오는 것이죠.27

이에 대해 라이프니츠는 다음과 같이 대답한다.

나는 이에 동의합니다. 그러나 여러 아담이라고 말했을 때, 나는 아담을 규정된 개체로 간주했던 게 아닙니다. 설명을 좀 해야 할 것 같습니다. 아담에 대해 내가 이해한 것은 이런 것입니다. 아담에 대해 그의 속성들 중 일부를 고려할 때, 예를 들어 그가 최초의 인간이다, 쾌락의 동산에 놓여졌다, 그의 갈비뼈로부터 신이 여자를 만들었다 등등 일반적으로 이해되는(즉 이브를, 에덴동산을, 그리고 개체성을 확립하게 해주는 그 외의 상황들을 언급하지 않는) 이러한 술어들을 고려할 때, 그리고 아담을 이 술어들이 귀속되는 사람이라고 할 때, 이 모든 것은 그 개체를 규정함에 있어서 충분치 않습니다. 왜냐하면 무수한 아담이, 다시 말해 이 모든 술어들이 귀속되는 가능한 인간들이 서로 다른 그러한 무수한 아담들이 있을 수 있기 때문입니다. 그래서 하나의 개체가 여럿임에 반대하는 아르노의 주장에 대해 내가 반대하는 것이 아니라, 나는 그저 개체의 본성이란 완전해야 하며 규정되어야 한다는 것을 더 잘 이해시키기 위해 여러 아담들이란 말을 사용했던 것입니다. 나는 영적 존재에 관해 토마스 아퀴나스가 이미 설교했던 것에 충분히 동의하며, 또 이것을 일반적이라고

27 Le Roy, p. 97.

간주하고 있는데, 그에 의하면, 오직 수적으로만 다르며 완전히 유사한 두 개체가 존재한다는 것은 불가능하다는 것입니다.[28]

이 편지들에서 라이프니츠와 아르노 사이의 논쟁의 주제는 '여러 가능한 아담들'이다. 라이프니츠가 여러 가능한 아담에 대해 이야기하자 아르노는 이 말의 의미를 이해할 수 없다고 말한다. 왜 이 말의 의미를 이해할 수 없을까? 아르노에 의하면, 아담은 하나의 개체로서 개체적 본성을 갖는다. 개체적 본성이란 다른 모든 것들과 구분된다는 것이다. 이제 '아담'이라는 고유명사의 지칭체를 살펴보자. '아담'이라는 이름의 지칭체는 하나인가 아니면 여럿인가? 아르노가 이해할 수 없다고 한 것이 바로 이것이다. '아담'이 고유명사인 한, 이 이름은 하나의 지칭체를 가져야 한다. 그런데 라이프니츠는 '아담'의 지칭체가 여럿이라고 주장하는 것처럼 보인다는 것이다.

이에 대한 라이프니츠의 대답은 이렇다. 자신이 여러 아담이라는 표현을 쓸 때 염두에 둔 것은 '일반적으로 이해되는 술어들을 갖는', 충분히 규정되지 않은 개체들이라는 것이다. 따라서 어떤 개체가 충분한 규정성을 갖는다면, 그 개체는 다른 모든 개체들과 구별되는 하나의 개체가 되는 것이다. 이러한 규정성으로서 라이프니츠가 드는 예는 "이브를, 에덴동산을, 그리고 개체성을 확립하게 해주는 그 외의 상황들을 언급하는" 술어들이다. 따라서 우리의 아담은, 이브의 남편임을 통해, 에덴동산에 쫓겨남을 통해, 다른 모든 개체들과 구별되는 그러한 개체가 된다. 개체의 개체성은 개체가 최대(maximal)가 됨으로써 확보되는 것이다.

이브 · 에덴동산, 이 모든 것들은 현실세계를 이루는 개체들이다. 그러므

28 Le Roy, p. 108.

로 라이프니츠의 주장은 이런 것이 된다. 아담이 다른 모든 가능한 아담들과 구별되는 것은 아담이 속한 세계에 속하는 다른 모든 개체들 덕분이다. 이제 이러한 사실을 다음과 같이 표현해보자. 일반적 규정성만을 가진 여러 가능한 아담들이 있다. 이 아담들은 각각이 속한 세계의 다른 개체들 덕분에 완전히 규정된 개체가 된다. 따라서 우리는 여러 가능한 아담들 중 우리의 아담을 우리 세계와 관련된 개체로 표현할 수 있겠다. 아담-w_1로 말이다. 또한 우리는 여러 가능한 아담들 중 우리의 아담과 다른 아담을 아담-w_2라고 표현할 수 있겠다. 아담-w_1과 아담-w_2는 각각 w_1과 w_2라는 가능세계에 속하는 서로 다른 개체들이며, w_1과 w_2를 이루는 모든 개체들이 서로 다르다는 사실로 인해 각각 서로 다른 아담이 되는 것이다.

이렇게 해서 우리는 여러 아담들이라는 라이프니츠의 주장, 그리고 개체의 본성은 다른 모든 개체들과 구별되는 것이라는 주장, 이 둘 사이에 있는 것으로 보이는 모순을 해결할 수 있다. '여러 아담들'이라는 언어적 표현의 지칭체들은 일반적으로 이해된 개체들이다. 그리고 이렇게 이해된 개체들을 개체화시켜주는 것은(다른 모든 개체들과 구별되는 것으로 만들어주는 것은) 그 개체가 속하는 세계인 것이다.

무수히 많은 가능한 아담들이 있다. 그리고 각각의 아담들은 오직 자신이 속한 세계에만 묶여 있다. 다시 말해, 각각의 아담들은 다른 세계에 속할 수가 없다. 이제 이를 논증해보자. 우선 가능한 아담들 중 하나의 아담을 선택해보자. 그리고 이 아담이 현실세계 w_1에도 속하며 다른 가능세계 w_2에도 속한다고 해보자. w_1에 속하는 아담을 아담-w_1이라고 하고, w_2에 속하는 아담을 아담-w_2라고 해보자. 아담이 여러 세계에 속할 수 있다는 주장은, 하나의 동일한 아담이 w_1에도 속하고 또 w_2에도 속한다는 말이다. 따라서 아담이 여러 세계에 속할 수 있다는 말은 w_1에 속하는 아담과 w_2에 속하는 아담이 동일하다는 말과 같다. 즉 아담–w_1과 아담–w_2가 동일하다면, 아담은 여러 가능세계(w_1과 w_2)에 속하는 개체가 된다. 라이프니츠가 이러한 입장을 취할 수 있는지 살펴보자.

w_1과 w_2는 가능세계로서, 개체들(개체 개념들)로 이루어진 집합이다. 따라서 w_1과 w_2가 같은 개체를 가지면 w_1과 w_2는 같은 세계이다. 신은 w_1과 w_2 중 그 어떤 세계라도 선택할 수 있다. 그러나 w_1을 창조하는 것이 보기에 좋았기 때문에 신은 w_1을 선택해 창조한 것이다. 만약 w_1과 w_2가 같은 세계라면, 신은 아무 이유도 없이 w_2 대신 w_1을 창조한 것이 된다. 그러나 라이프니츠에 따르면 신은 w_1을 선택함에 있어서 분명 어떤 이유를 갖고 있었다. 즉 w_2보다는 w_1이 더 좋은 세계이므로, 신은 w_1을 선택한 것이다. 따라서 w_1과 w_2는 신이 보기에 더 좋다, 혹은 덜 좋다는 의미에서 서로 다른 세계들이다. 이제 다음과 같은 논증이 나온다.

(1) $w_1 \neq w_2$(전제)

(2) w_1, w_2는 개체들의 집합이고, 따라서 w_1과 w_2가 같은 개체를 가지면 $w_1 = w_2$(전제)

(3) 아담–w_1은 자신의 개념 속에 다른 모든 개체(후손)를 갖는다는 사실을 포함한다(전제)

(4) 아담–w_2는 자신의 개념 속에 다른 모든 개체(후손)를 갖는다는 사실을 포함한다(전제)

(5) 아담–w_1과 아담–w_2가 같다고 해보자(가정)

(6) (3), (4), (5)에 의해, 아담–w_1＝아담–w_2라면, w_1의 모든 개체＝w_2의 모든 개체

(7) 따라서 (2)에 의해, $w_1 = w_2$

(8) 이것은 전제 (1)에 어긋난다. 따라서 가정 (5)는 기각되어야 한다

따라서 각각의 아담들은 여러 세계에 속하지 못하고, 오직 자신이 속한 세계에만 속한다.

이제 각각의 세계에 묶여 있는 아담$-w_1$과 아담$-w_2$에게 어떤 일이 발생하는지 살펴보자. 앞에서 우리가 사물 필연을 논할 때 우리는 사물 필연을 다음과 같이 정의했었다.

사물 필연: 한 개체가 존재하는 모든 가능세계에서 그 개체가 그 속성을 가짐

아리스토텔레스주의자들은 개체가 속한 종을 그 개체가 필연적으로 갖는 속성으로 본다. 예를 들어 소크라테스는 인간이라는 속성을 필연적으로 갖는다. 이를 가능세계와 관련해 정식화하면, 소크라테스는 소크라테스가 존재하는 모든 가능세계에서 인간이라는 속성을 갖는다고 할 수 있다. 사물 필연에 관한 이러한 정의를 라이프니츠에게 적용하면 우리는 다음과 같은 결론을 얻는다(아담의 예를 사용하면).

(1) 아담이 존재하는 모든 가능세계에서 아담이 그 속성을 가짐

그러나 라이프니츠의 주장을 엄격하게 지킨다면 사물 필연에 관한 위의 주장은 옳지 않다. 왜냐하면 앞의 주장에서의 아담은 모호한 개체이지 규정된 개체가 아니기 때문이다. 따라서 우리가 규정된 개체의 이름을 주어로 한다면 우리는 다음과 같은 사물 필연에 대한 정의(아담과 관련해서)를 얻을 수 있다.

(2) 아담-w_1이 존재하는 모든 가능세계에서 아담-w_1이 특정 속성을 가짐

그런데 우리가 앞의 논증에서 보았듯이, 아담-w_1은 자신의 세계(w_1)에 묶여 있는 사람이다. 다시 말해, 아담-w_1은 무수히 많은 가능한 아담들 중 유일하게 w_1에 속하는 개체이다. 이로부터 다음과 같은 결론이 나온다. 아담-w_1은 그 어떤 속성을 갖든, 그 속성들을 필연적으로 갖는다. 왜냐하면 아담-w_1이 갖는 모든 속성은 아담-w_1이 속하는 모든 가능세계에서 (w_1) 그가 갖는 속성이기 때문이다.

결국 라이프니츠에게 있어서 한 개체가 갖는 모든 속성은 그 개체가 필연적으로 갖는 속성들이다. 아르노의 주장처럼 라이프니츠는 결정론에 빠지게 된다.[29]

---

[29] 라이프니츠가 결정론에 빠진다는 해석적 입장은 라이프니츠 해석가들 모두의 입장은 아니다. 예를 들어 블루멘펠트(David Blumenfeld) 같은 해석가는 라이프니츠가 결정론에 빠지지 않는다고 주장한다. 그의 주장의 핵심은 루이스(David Lewis)의 "대역"(counterpart) 개념을 이용하는 것이다. 루이스도 라이프니츠처럼 개체의 가능세계적 동일성을 허용하지 않는다. 그럼에도 불구하고 루이스는 결정론에 빠지지 않는다. 왜냐하면 루이스에게 있어서 각각의 개체들은 다른 가능세계에 존재하는 "대역"들을 갖기 때문이다. 그래서 예를 들어 우리의 아담과 다른 가능세계의 아담은 서로 수적으로 다르지만, 이러한 다른 가능세계의 아담은 우리 아담의 대역으로서, 아담에게 일어날 가능한 일들에 대한 보증을 주는 것이다. 그래서 루이스에 의하면 우리의 아담이 사과를 받지 않았을 수도 있다는 말은 다른 가능세계에서의 아담의 대역이 사과를 받지 않았다는 말이다. 블루멘펠트는 라이프니츠도 이러한 대역 이론을 도입해 결정론을 피하고 있다고 주장한다. 그리고 사실, 라이프니츠는 '여러 가능한 아담들'이라는 말로써 이러한 대역 이론의 씨앗을 자신의 존재론에 포함하고 있는 것으로 보인다. 그러나 필자는 여기에 동의하지 않는다. 분명 라이프니츠는 '여러 가능한 아담들'이라는 단어를 사용하며, 루이스처럼 이러한 여러 가능한 아담들은 서로 매우 닮았다고 주장한다. 그러나 라이프니츠가 '여러 가능한 아담들'이라는 단어를 어떤 맥락에서 사용하는지 살펴보는 것이 중요하다. 필자가 알기로 라이프니츠는 '여러 가능한 아담들'이라는 단어를, 결정론을 피하기 위해 사용한 적이 없다. 결정론을 피하기 위한 라이프니츠의

8. 결론

칸트와 달리 라이프니츠는 개체 개념을 주어 개념으로 하는 명제가 선험적이기는 하지만 우연적이라고 주장한다. 그러나 우리의 분석은 다음과 같은 사실을 보여주고 있다. 즉, 이러한 명제는 명제 필연적(라이프니츠 용어로 절대적으로 필연적)이지는 않지만, 사물 필연적(라이프니츠 용어로 가설적으로 필연적)이기는 하다. 그리고 이러한 사실로 인해 라이프니츠는 결정론에 빠져들었다.

라이프니츠가 결정론에 개입하게 된 배경에는 명제들의 인식론적 · 양상적 성격에 관한 그의 생각이 놓여 있다. 개체 개념, 예를 들어 아담의 개체 개념을 주어 개념으로 하는 명제를 하나 생각해보자. 예컨대, '아담은 쾌락의 정원에서 쫓겨난다'와 같은 명제. 이제 라이프니츠는 이 명제의 성격을 결정하고자 한다. 이 명제는, 예를 들어 '삼각형의 내각의 합은 180도이다'라는 명제와는 다른 성격을 갖는다. '삼각형의 내각의 합은 180도이다'라는 명제는 필연적으로 참인 명제로서, 신조차도 이 명제를 부정할 수 없다. 반면, '아담은 쾌락의 정원에서 쫓겨난다'라는 명제는 이러한 필연적 명제의 지위를 갖지 못한다. 만약 이 명제가 필연적이라면, 신조차도 아담을 쾌락의 정원에 머무르게 할 수 없게 된다.

전략은 언제나 가설적 필연이라는 개념을 통해(혹은 우리가 논의하지는 않았지만, 무한분석이라는 개념을 통해) 수행되고 있다. 따라서 라이프니츠를 루이스 식으로 해석해 그를 결정론으로부터 구출하려는 시도 자체는 의미 있는 일이나, 라이프니츠가 결정론을 피하기 위해 실제로 대역 이론을 도입했다고 하기는 어려워 보인다.

그리고 이것은 신의 자유를 부정하는 결과를 낳게 되는 것이다. 그래서 라이프니츠는 이 명제를 우연적 명제로, 즉 신의 자유로운 선택과 관련된 그러한 명제로 분류하게 되는 것이다.[30]

한편 이 명제는 라이프니츠에 따르면 선험적이다. 신의 전지성을 강조하는 라이프니츠는 신이 모든 것을 단번에 미리 보고 나서 창조를 했다고 생각한다. 여기서 '미리 본다'라는 표현이 바로 앞의 명제의 인식론적 성격을 특징짓는다.

단칭 명제에 대한 이러한 라이프니츠의 두 입장은 양립 가능한가? 즉 선험적이면서 우연적인 명제가 가능한가? 라이프니츠는 이것이 가능하다고 보았다. 필자의 생각에 선험적이면서 우연적인 명제는 가능하다. 이러한 명제의 가능성은 선험을 어떻게 정의할 것인가, 또 우연을 어떻게 정의할 것인가에 의존한다. 그리고 라이프니츠처럼 선험을 신의 인식으로, 또 우연을 신의 선택으로 이해하면 이러한 명제는 분명 가능하다. 그러나 이러한 명제의 가능성은 결국 결정론으로 귀결된다. 따라서 결정론을 부정한다는 것은 이러한 명제의 가능성을 부정하는 결과를 낳게 된다.

---

[30] 스피노자의 철학은 매우 강한 결정론적 성격을 갖는다. 그에 따르면, 신은 그가 합리적으로 계획한 바로 그것을 창조할 수밖에 없었다. 비유를 하자면, 스피노자에 따르면 이 세상의 모든 사물들은 하나의 대본에 맞추어 행동해야 하는 것이다. 반면, 완전한 자유론적 입장은 스피노자와 정반대의 위치에 놓인다. 이 입장에 따르면, 이 세상 모든 사물들은 자신들이 따라야 할 대본이 없는 것이다. 따라서 그들의 행동은 극히 자유롭다. 라이프니츠는 이 두 입장 중간에 위치한다. 라이프니츠에 따르면, 신은 무수히 많은 대본들을 가지고 있었다. 그리고 그 중 하나를 선택해 실현시켰다. 이 경우, 라이프니츠도 스피노자와 마찬가지로 결정론에 빠지게 된다. 왜냐하면, 라이프니츠의 구도에서 진정 자유로운 것은 이 세상의 사물들이 아니라 신뿐이기 때문이다. 신이 여러 대본 중 어느 하나를 자유롭게 선택했다면, 이 세상 모든 사물들은 그 대본에 맞추어 행동해야 하는 것이다. 스피노자와 입장이 다름에도 불구하고 라이프니츠가 결정론에 빠지게 된 이유가 바로 여기에 있다.

제9장
물체적 실체

꾸투라(Couturat)에 의하면 라이프니츠의 철학 체계는 1686년, 그러니까 그가 『형이상학 서설』(Discours de métaphysique)을 쓴 해에 완성되어 더 이상의 변화를 갖지 않는다. 라이프니츠 철학에 대한 이러한 반역사주의적 해석은 많은 비판을 불러왔다. 어떻게 한 철학자의 사상이 일단 고정된 이후 불변할 수 있는가, 하는 것이 비판의 핵심이다. 이러한 비판자들은 라이프니츠의 철학을 역사적으로 분석하고, 그의 철학이 어떤 변화를 겪었는지 고찰한다. 이러한 여러 다양한 연구들 중 핵심이 되는 것이 바로 라이프니츠의 '물체적 실체'(corporeal substance)에 관한 연구이다. 애덤스(Adams)는 라이프니츠의 후기 철학에서 물체적 실체가 사라졌다고 주장하며, 또 피샹(Fichant)은 이보다는 좀 더 온건한 해석을 취해, 라이프니츠의 물체적 실체는 1686년 이후 아르노와의 논쟁을 통해 그 구조가 바뀌게 되었다고 주장한다. 이 장에서는 이러한 물체적 실체의 구조에 대해서, 그리고 이러한 물체적 실체의 구조가 어떻게 바뀌어나가는지에 대해 다루고자 한다. 그 결과 우리는 꾸투라의 반역사주의적 해석이 라이프니츠를 극단적 논리 공간에 위치시키는 오류를 범하고 있음을 발견하게 될 것이다.

1. 다섯 가지 실재물(entity): 1703년에 드 볼더(De Volder)에게 보내는 편지

라이프니츠는 1703년 6월 20일, 그러니까 『형이상학 서설』을 쓴 지 17년 후인 1703년에 드 볼더에게 편지를 쓰는데, 이 편지에서 라이프니츠는 물체적 실체를 포함해 자신의 철학이 받아들이고 있는 다섯 가지의 실재물을 제시한다.

> 따라서 나는 다음을 구분한다. (1) 근원적 엔텔레키 혹은 영혼. (2) 물질, 즉 일차 물질, 혹은 근원적 수동 힘. (3) 이 둘에 의해 완전해지는(completed) 모나드. (4) 덩어리(Mass) 혹은 이차 물질, 혹은 유기적 기계. 이를 위해 수없이 많은 하위 모나드들이 함께 모이는. (5) 기계를 지배하는 모나드에 의해 하나가 되는, 동물 혹은 물체적 실체.[1]

이 글에서 우리는 (5)번 실재물, 즉 "기계를 지배하는 모나드에 의해 하나가 되는, 동물 혹은 물체적 실체"에 대해 논하고자 한다. 그러나 우리가 (5)번 실재물에 대해 정확히 이해하기 위해서는 나머지 네 가지 실재물에 대해서도 어느 정도의 이해가 필요할 것으로 보인다. 따라서 우선 나머지 네 가지 실재물에 대해 논해보도록 하자.

(3)번 실재물은 1714년의 『모나드론』(*Monadologie*)에서의 모나드가 분

---

1 L, p. 530~531.

명하다. 그리고 이 실재물은 "(1) 근원적 엔텔레키 혹은 영혼"과 "(2) 물질, 즉 일차 물질, 혹은 근원적 수동 힘", 이 둘에 의해 "완전해지는" 실재물이다. 따라서 (3)번 실재물, 즉 모나드는 완전한 실재물이지만 (1)번 실재물과 (2)번 실재물은 불완전한 실재물이다. 그래서 우리는 다음과 같이 생각해볼 수 있겠다. 즉 (1)번 실재물과 (2)번 실재물은 불완전한 실재물, 즉, 독자적으로는 존재할 수 없는, 기껏해야 (3)번 실재물의 구성요소 정도로만 간주될 수 있는 그러한 실재물이다.

(4)번 실재물은 "덩어리 혹은 이차 물질, 혹은 유기적 기계"이다. 그리고 "이를 위해 수없이 많은 하위 모나드들이 함께 모"인다. 따라서 (4)번 실재물은 (3)번 실재물들이 수없이 많이 모여 이루어진 실재물이며, 이것에 대해 라이프니츠는 "덩어리, 혹은 이차 물질, 혹은 유기적 기계"라는 이름을 붙인다.

(5)번 실재물은 (4)번 실재물, 즉 수없이 많은 모나드들이 모여 이루어낸 이차 물질에 지배 모나드가 더해져 만들어진 실재물이다(모나드들+지배 모나드). 그리고 이차 물질이 하나의 모나드에 의해 지배됨으로써 이 전체는 하나가 된다. 이를 라이프니츠는 동물 혹은 물체적 실체라고 부른다.

우선, 우리의 목적은 (5)번 실재물, 즉 동물 혹은 물체적 실체의 구조를 다루는 것이다. 그러나 이에 앞서 우리는 다음과 같은 사실에 주목해볼 필요가 있다. 앞에서의 다섯 가지 실재물에 대한 라이프니츠의 설명은 여러 시기마다, 또 여러 저작마다, 그 의미가 달라진다. 따라서 우리가 논의를 명확히 해나가기 위해서는 각각의 단어들의 의미를 어느 정도 고정시켜야만 할 것이다. 이를 위해, 각각의 단어들의 의미가 어떻게 매 저작마다, 매 시기마다 달라지는지 간략히 살펴보도록 한다. 우선 다음 절에서는 1686년의 『형이상학 서설』에서의 '개체적 실체'라는 단어의 의미와 1696년 이후로부터 라이프니츠의 저작에 등장하는 '모나드'라는 단어의 의미 차이를 살펴보도록 할 것이며, 그 다음 절에서는 '실체적 형상'이라는 단어의 의미 변화를 살펴보도록 할 것이다.

1) 개체적 실체와 모나드

『형이상학 서설』에서 우리는 개체적 실체(la substance individuelle)에 관한 라이프니츠의 설명을 보게 된다.

> 모든 참된 술어화는 사물의 본성 안에 어떤 근거를 갖는다는 사실은 변함없는 사실이다. 그리고 한 명제가 동일성 명제가 아닐 때, 즉 술어가 주어 안에 명시적으로 포함되어 있지 않을 때, 이 경우 술어는 주어 안에 잠재적으로 (virtuellement) 포함되어 있어야 한다. 이것이 바로 철학자들이 술어가 주어 안에 있다고 하면서, 안에 있음(in-esse)이라고 부르는 것이다. 이처럼 주어 개념은 언제나 술어 개념을 포함해야 한다. 그 결과, 주어 개념을 완전히 이해하는 자는 술어가 주어에 속한다고 생각할 것이다. 그렇다면, 우리는 다음과 같이 말할 수 있다. 개체적 실체, 혹은 완전한 존재의 본성은 완전한 개념을 갖는 것이다. 그리고 이 개념은 완전하기 때문에 이해하는 데 충분하고, 또 이 개념이 술어로 붙는 주어의 모든 술어를 끄집어내는데도 충분하다.[2]

여기서 라이프니츠는 개체적 실체에 대해 설명하고 있다. 그에 따르면 개체적 실체란 완전한 개념을 갖는 존재자이다. 우선 다음과 같은 피샹의 주장을 살펴보자. 피샹은 다음과 같은 사실을 지적한다. 1686년의 『형이상학 서설』에서의 개체적 실체와 1696년 이후의 모나드, 이 둘을 다른 이름 하의 같은 것들로 보는 견해들이 있어 왔다(예를 들면, 하이데거[3]).

---

2 DMF, p. 213.
3 "우리가 밝힌 바와 같은 형이상학적 테제는 다음과 같은 것이다: 개체적 실체는 모나드이다.

그러나 이 두 이름, 즉 '개체적 실체'와 '모나드'는 적어도 다음과 같은 이유에서 서로 다른 의미를 갖는 것들이다. 즉, (1) 이 이름들의 외연이 다르다. (2) 이 이름들의 지칭체들은 라이프니츠의 철학 내에서, 서로 다른 기능을 한다. 피샹에 의하면, '개체적 실체'라는 단어의 외연은 역사상 나타나는 인물들이다(알렉산더, 시저 등등). 반면 '모나드'의 외연은 무명인들이다. 다시 말해 '모나드'라는 단어의 외연은 인간 영혼뿐만 아니라 모든 지각적 존재자들을 다 포함한다. 이러한 외연의 차이는 이 두 이름이 지칭하는 실재물의 기능적 차이를 낳는다. '개체적 실체들'은 라이프니츠가 데카르트적 영향 하에서 철학하고 있음을 반영하는 단어이다. 즉, 이성을 갖는 영혼만을 인정하는, 그래서 동물의 영혼, 식물의 영혼들은 인정되지 않는, 그 결과 동물·식물, 그 밖의 생명체들은 오직 기계로서만 이해되는 그러한 세계관의 영향 말이다. 반면, '모나드'의 지칭체가 무명인이라는 것은 이 단어의 지칭체가 인간 영혼만이 아니고, 지각 작용을 하는 모든 것에게로 확대됨을 의미한다. 결국 '개체적 실체'로부터 '모나드'로 단어가 바뀌어나가는 과정은 라이프니츠 존재론이 포함하는 실재물의 수가 급격히 늘어남과 동시에 그의 철학이 받아들이고 있는 존재자들의 종류가 데카르트의 그것에 비해 광범위하게 다양해져가는 과정과 일치한다.

'개체적 실체'의 외연에 비해 '모나드'의 외연이 크게 확장되었다는 사실은 『형이상학 서설』 내부의 어떤 긴장이 '모나드'라는 단어의 사용으로 인해 어느 정도 해소됨을 보여준다. 『형이상학 서설』에 등장하는

존재에 관한 라이프니츠의 해석은 모나드적 해석인 것이다"(Metaphysische Anfangsgrunde der Logik im Ausgang von Leibniz[cours du semester d'ete 1928], Gesamtausgabe, Bd. 26, Frankfurt am Main, Klostermann, 1990, p. 87). DMF, p. 18에서 재인용.

실재물은 개체적 실체(인간 영혼)뿐만이 아니다. 거기에는 실체적 형상이라는 실재물도 등장한다. 실체적 형상이란 물질에 부가되어 그 물질에게 단일성을 주는 원리인데, 이 실체적 형상은 개체적 실체와는 독립적인 어떤 범주에 속하는 것으로 설명되고 있다. 따라서 『형이상학 서설』의 존재론은 두 개의 존재론적 범주를 전제하는 것으로 보인다. 개체적 실체와 실체적 형상 말이다. 이러한 것이 '모나드'라는 단어를 사용하게 됨으로써, 오직 하나의 존재론적 범주만 갖는 그러한 존재론으로 발전해 나가게 되는 것이다. 두 범주 존재론으로부터 한 범주 존재론으로 나아가는 과정에 있어 '모나드'라는 단어의 사용은 그 핵심을 이룬다.

결국 1686년의 『형이상학 서설』에서의 개체적 실체는 사라지고 대신 라이프니츠의 존재론에는 모나드라는 실재물이 들어섰다. 그렇다면 모나드는 라이프니츠의 존재론에서 새롭게 창조된 실재물인가? 그렇지 않다. 다음 절에서 논할 것이지만, 라이프니츠의 '실체적 형상'은 아르노와의 논쟁 속에서 그 의미가 변하는데, 이러한 의미 변화를 통해 결과되는 것은 다음과 같은 것이다. 즉, 라이프니츠의 존재론에서 모나드는, 『형이상학 서설』에서의 개체적 실체가 하는 역할을 물려받은 것이 아니라, 실체적 형상이 하는 역할을 물려받았다. 결국 개체적 실체는 사라졌지만, 실체적 형상은 1686년 이후에도 계속 라이프니츠의 철학 체계 내에 남게 된다. '모나드'라는 새로운 이름을 갖고서 말이다. 이에 대한 피상의 주장을 들어보자.

따라서 모나드는 개체적 실체와 이름만 다른 것이 아니다. 1686년에 실현된 종합의 불완전성이 부가했던 개념적 장치들의 변형 내에서, 모나드는 시저나 알렉산더와 같은 개체적 실체들을 대체한 것이 아니다. 오히려 모나드는 실체적 형상이 했던 역할을 이어 받는다. 이처럼 모나드는 『형이상학 서설』에서 보여지는, 단일성 논제를 불안정하게 만들었던 긴장을 푼다. 실재성을 단일화하는 개념적 장치를 주면서 말이다. 실체성을 인정하기 위한 어느 정도 조율된 두 개의 장치로서의 완전 개념 그리고 실체적 형상, 이 둘의 불안정한 병렬 대신에 이제 개념적 단일성이 온다. 실재성 안에는 이제, 모나드 혹은 모나드들의 집적체밖에 없다. [……] 이 개념의 외연은 질적인 다양함의 가능성을 제거한다. 왜냐하면, 단일성의 정도가 있는데, 거기서 물체의 유기적 결합은 모나드들의 위계에 대응하기 때문이다.4

이제 우리의 목적을 위해, 즉 물체적 실체의 구조를 다룸에 있어서 우리는 『형이상학 서설』에 나오는 '개체적 실체'라는 단어는 사용하지 않을 것이다. 우리가 다룰 물체적 실체는 그 구조에 있어서 '개체적 실체'라는 단어가 암시하는 존재론의 폭을 넘어서는 것이다. 따라서 우리는 '개체적 실체'라는 단어는 사용하지 않으며 단지 '실체적 형상' 혹은 '모나드'라는 단어만을 사용할 것이다.

그러나 단어들의 의미에 관해 더 다룰 것이 있다. 이번에 우리가 다룰 단어들은 '실체적 형상'(la forme substantielle), '엔텔레키'(l'Entelechie), '영혼'(l'Ame), '단순 실체'(la substance simple), '모나드'(la Monade)이다.

2) 실체적 형상, 엔텔레키, 영혼, 단순 실체, 모나드

앞에서 우리는 1703년에 라이프니츠가 드 볼더에게 보낸 편지를 인용했었는데, 거기서 (1)번 실재물은, 즉 근원적 엔텔레키 혹은 영혼은 불완전한 것으로서, 다시 말해 (2)번 실재물과 결합해서만이 완전한 실재물을 구성하는 그러한 실재물로 설명되었었다. 따라서 이 편지에서의 (1)번 실재물,

---

4 DMF, p. 135.

즉 근원적 엔텔레키 혹은 영혼은 독자적 존재자가 아니라 (3)번 실재물, 즉 완전한 모나드의 한 요소로 해석되어야 옳을 것이다. 그러나 '엔텔레키', 혹은 '영혼'이 이런 의미로만 사용되는 것은 아니다. 이것들은 (3)번 실재물을, 즉 모나드를 지칭하는 단어로도 사용된다. 예를 들어 『모나드론』 19절에서 라이프니츠는 다음과 같이 말한다.

만일 방금 설명한 일반적인 의미에서의 지각들과 욕동들을 가진 모든 것을 영혼들이라고 부른다면, 모든 단순 실체들, 즉 창조된 모나드들은 영혼들 이라고 부를 수 있을 것이다. 그러나 감정은 단순한 지각 이상의 것이기에, 나는 지각만을 가진 단순 실체들에게는 모나드들 및 엔텔레키들이라는 이름으로 충분하며 영혼이라는 말은 보다 구분된 지각을 가지는 동시에 기억을 동반하는 존재들에게게만 적용되어야 한다는 점에 동의한다.5

여기서 라이프니츠는 '엔텔레키'를 '모나드'와 동일한 의미로 사용하고 있다. 다음으로 피샹의 주장을 인용한다.

실체적 형상, 엔텔레키 등의 단어가 모나드 때문에 사라지지는 않았다. […] 이런 의미에서 텍스트는 이 단어들을 거의 등가로 묶는다. 반면, 개체적 실체는 사라졌다. 그리고 라이프니츠는 완전 개념, 주어-안-술어 원리, 이러한 것들을 이용하지 않는다.6

피샹에 따르면, '실체적 형상', '엔텔레키', '모나드' 등은 같은 의미를 갖는다. 이것들은 라이프니츠의 철학 체계 내에서 동일한 범주에 속하는

---

5 Monadologie, p. 81.
6 DMF, p. 114.

것들을 지칭하는 이름들이다. 따라서 우리는 이 모든 단어들, 즉 '실체적 형상', '엔텔레키', '영혼', '단순 실체', '모나드'가 다소 간의 의미 차이를 내긴 해도, 이 모든 것들이(이 단어들의 지칭체들이) 서로 다른 존재론적 범주에 들어갈 만큼 큰 차이가 나는 것들은 아니라고 간주할 수 있다. 이 모든 단어들은 등가적인 것으로 취급되어야 한다.

이제, 실체적 형상, 엔텔레키, 영혼, 단순 실체, 모나드, 이 모든 실재물들의 기능을 살펴보도록 하자. 이것들은 라이프니츠의 존재론에서 어떠한 기능을 수행하고 있는가? 이것을 이해하기 위해서 우리는 다음과 같은 사실에 주목해야 한다. 즉, 라이프니츠의 사유에 있어서 이 모든 실재물들은 모두 목적론이라는 철학적 입장에 발을 디디고 있다. 이제 이것을 간략히 고찰해보도록 하자. 우리는 실체적 형상만 다루어도 이 모든 실재물들의 역할을 이해할 수 있을 것이다. 왜냐하면, 실체적 형상이 갖는 목적론적 특성을 우리가 알게 된다면, 다른 것들도 이와 유사한 기능을 하는 이상, 그것들에 대해서도 우리는 어느 정도 분명한 의미를 얻을 수 있을 것이기 때문이다.

3) 실체적 형상의 역할

아리스토텔레스에 의하면 실체는 개체, 즉, 모든 범주를 자신의 측면으로서 갖는 그러한 개체이다. 이것이 『범주론』에서의 실체에 대한, 더 정확하게 말하면 제일 실체에 대한 아리스토텔레스의 규정이다. 아리스토텔레스에 의하면 제일 실체는 제이 실체를 갖는다. 아리스토텔레스주의에 의하면, 제일 실체가 갖는 제이 실체는, 그 제일 실체가 속하는 종이다. 개체로서의 제일 실체는 특정한 제이 실체, 즉 특정 종에 속함으로써 자신의 존재를 얻게 된다. 그래서 예를 들어, 소크라테스는 인간 종에 속함으로써 자신의 존재를 얻게 된다. 이러한 제이 실체, 혹은 종을 스콜라 철학자들은 실체적 형상이라고 부른다. 실체적 형상, 즉 한 개체가 속하는 종은 그 개체의 존재에 있어서 본질적이며, 또한 그 개체의 존재 혹은 그 개체의 정체성을 결정한다. 그래서 소크라테스에 있어 하얀색이라는 속성은 소크라테스에 있어서 우연적 형상이지만(그 형상을 갖지 않아도 존재한다는 의미에서), 인간이라는 종은 그에게 있어 본질적 · 실체적 형상인 것이다(소크라테스가 인간이 아니라면, 그는 존재하지 않거나, 아니면 다른 그 무엇이다).

이제 하나의 종에 속하는 어떤 개체는 그 종의(실체적 형상) 생물학적 유형이 정해놓은 바의 특정 속성들을 갖게 된다. 소크라테스는 인간이라는 실체적 형상을 가짐으로써, 합리적 동물이며, 웃을 수 있으며, 또 말할 수 있다. 또한 어떤 도토리는 도토리라는 실체적 형상을 가짐으로써, 특정한 색과 모양 등등을 갖추게 되는 것이다.

그런데 실체적 형상이라는 개념 속에는 이것 이상의 그 어떤 의미가 담겨 있다. 실체적 형상이라는 개념 안에는 목적론적인 세계관이 들어가 있는데, 이것이 말하는 바는 다음과 같다. 예를 들어, 어떤 도토리의 실체적 형상은 그 도토리의 현재적 모양 · 색깔 등등을 특징짓고 있지만, 거기에서 끝나는 것이 아니라, 이 도토리가 앞으로 어떤 속성들을 갖게 될 것인지에 대한 계획표도 보여주고 있다. 그래서 도토리의 실체적 형상은 앞으로 이 도토리가 어떤 싹을 내고, 어느 정도 범위의 키를 갖고, 또 어떤 색을 갖고, 또 어떤 열매를 낼지에 관한 일종의 정보 체계로서 기능하는 것이다. 이 점에서 우리는 다음과 같이 말할 수 있다. 질료와 형상으로 구성된 도토리에서, 이 도토리가 갖는 실체적 형상(form)이 하는 일은 질료에게 정보를 주는(inform) 것이다. 만약 어떤 도토리가 자신의 실체적 형상을 잃는다면, 그 도토리는 다른 시스템의 영향을 받게 될 것이다. 즉 그 도토리는 도토리나무가 되지 못하고 흙에서 썩어버리게 될 것이다.

실체적 형상에 관한 이러한 이해는 라이프니츠의 철학을 이해하는 데 있어서 도움이 된다. 우선, 아리스토텔레스의 실체적 형상과 라이프니츠의 실체적 형상에 있어서 우리는 커다란 유사성을 발견하게 된다. 첫째로, 이 두 철학자에 있어서 실체적 형상은 모두 목적론적인 맥락 하에서 이해되고 있다. 실체적 형상(form)이 하는 일은 물질에다가 정보를 주는(inform) 것이며, 이러한 정보는 이러한 실체적 형상을 갖는 실재물이 미래 시간에 있어서 가질 속성들을, 즉 이 실재물이 궁극적으로 향해 갈 목적을 그 안에 담고 있다. 둘째, 특정 목적에 대한 정보는 실체적 형상을 갖는 실재물 안에 내재화 되어 있다. 도토리가 특정 방식으로 성장해 특정한 속성들을 갖게 되는 것은 도토리 외부에 있는 어떤 원인에 의해서가 아니라, 도토리가 자신 안에 내재적으로 갖고 있는 실체적 형상 때문이다.

앞에서 우리는 실체적 형상, 엔텔레키, 영혼, 단순 실체, 모나드, 이 모든 실재물들이 같은 존재론적 카테고리에 들어간다고 가정했다. 이러한 가정 하에서 보자면, 이 모든 것들이 하는 일은 다음과 같은 것이다. 즉 물체와 결합해 물체적 실체를 구성하는 것. 이것들은 모두 실체적 형상이라고 불릴 수 있으며, 이것들이 하는 일은 물체에 정보를 주는 일이다. 그래서 우리는 이제 드 볼더에게 보내는 편지에서 나타나는 (5)번 실재물의 구성 요소 중 하나, 즉 '기계를 지배하는 모나드'가 무엇인지 알게 된다. 이것은 물체에게 정보를 제공하는 실체적 형상이다. 이제 (4)번 실재물, 즉 실체적 형상과 결합해 (5)번 실재물을 구성하는 것, 다시 말해 덩어리 혹은 2차 물질, 혹은 유기적 기계가 무엇인지 살펴보도록 하자.

4) 집적체(물질)

(1) 집적체(물질)의 현상성

라이프니츠는 다음과 같이 주장한다.

> 물체는 실체들의 집적체이다. 엄밀한 의미로 볼 때 이것은 실체가 아니다.[7]

> 따라서 우리는 이렇게 결론 내릴 수 있다. 물질 덩어리는 진정한 하나의 실체가 아니다. 그것의 단일성은 관념적일 뿐이다. 그리고 그것은 집적체(*aggregatum*)일 뿐이며, 무더기(amas)일 뿐이며 무수히 많은 진짜 실체의 복합물일 뿐이며, 잘 근거 지워진 현상일 뿐이다.[8]

여기서 주목할 것은 "물질 덩어리", "집적체"라는 단어이다. 드 볼더에게 보내는 편지에서 이러한 표현들은 (4)번 실재물, 즉 "덩어리, 혹은 이차 물질, 혹은 유기적 기계"를 가리킨다. 왜냐하면, 여기서 "물질 덩어리", "집적체"는 무수히 많은 진짜 실체들의 복합물일 뿐인데, (4)번 실재물, 즉 "덩어리, 혹은 이차 물질, 혹은 유기적 기계"도, '이를 위해 수없이 많은 하위 모나드들이(단순 실체들이) 함께 모인다'는 특징을 갖기 때문이다.

덩어리, 혹은 이차 물질, 혹은 유기적 기계, 혹은 집적체, 이들은 모두 같은 실재물들이다. 이제 이것들의 특징을 알아보도록 하자.

우선 이차 물질, 즉 집적체는 "무수히 많은 진짜 실체의 복합물일 뿐이며, 잘 근거 지워진 현상"이다. 우선 드는 의문은 어떻게 집적체가

---

7 Le Roy, p. 199.

8 DMF, p. 361.

실체들의 복합물이면서 동시에 현상일 수가 있는가 하는 점이다. 이 주장에 의문이 가는 이유는 다음과 같다. 실체는 실재성(reality)을 가지며, 따라서 우리 정신과 독립적인 실재물인 데 반해 현상이란 우리 정신에 의존하는 그러한 실재물이다. 따라서 실재성을 갖는, 즉 우리 정신에 독립적인 실체들이 어떻게 모인다는 이유만으로 우리 정신에 의존적인 현상이 되느냐가 문제인 것이다. 애덤스는 라이프니츠가 이 두 사실, 즉 실체들의 실재성, 그리고 실체들로 구성되는 집적체의 현상성, 이 두 사실이 서로 일관적이라고 생각했다고 주장한다. 그리고 애덤스는 이에 대한 이유를 제시하는데 다음과 같다. 실체들과 실체들의 집적체는 마치 원소와 집합의 관계와 같은 것이다. 따라서 실체들은 실제적이며, 실체들의 집적체는 현상적이라는 주장이 이상하게 들리는 사람은 볼펜들과 볼펜들의 집합이 서로 다른 존재론적 위상을 갖는다는 주장도 이상하게 봐야 한다. 그러나 볼펜들과 볼펜들의 집합이 같은 존재론적 지위를 가져야 한다는 주장은 오히려 대단히 이상해 보인다.[9]

두 번째 주목할 점은 집적체의 현상성을 라이프니츠는 단일성의 결여 때문이라고 간주한다는 점이다. "물질 덩어리는 진정한 하나의 실체가 아니다. 그것의 단일성은 관념적일 뿐이다." 현상과 실재의 구분은 보통 정신 의존적이냐 정신 독립적이냐의 구분과 일치한다. 어떤 실재물이 정신 의존적일 때, 그 실재물은 현상이라고 불리고, 또 어떤 실재물이 정신 독립적일 때, 그 실재물은 실재·실체라고 불린다. 이제 라이프니츠는 현상과 실재를 구분하는데, 그러한 구분은 보통의 구분, 즉 정신 의존성/정신 독립성과의 구분과 약간 달라진다. 새로운 기준이 들어오는데, 이를 정식화하면 다음과 같다. 어떤 실재물이 갖는 단일성이 정신 의존적이면

---

9 Adams(1994), p. 245.

그 실재물은 현상이고, 어떤 실재물이 갖는 단일성이 정신 독립적이면 그 실재물은 실재·실체이다.**10** 라이프니츠가, "물질 덩어리는 진정한 하나의 실체가 아니다. 그것의 단일성은 관념적일 뿐이다. 그리고 그것은 집적체일 뿐이며"라고 말할 때, 그가 의미하는 바가 바로 이것이다. 즉 "집적체", "물질 덩어리"가 실체가 아닌 이유는, "그것의 단일성은 관념적일 뿐이기" 때문이다.

이제 이를 간략히 정리해보자. 정신 독립적 단일성을 갖는 실체들이 있다. 이것들은 실재성을 갖는다. 이것들이 모여 집적체를 이룬다. 이러한 집적체는 단지 정신 의존적 단일성(관념적 단일성)만을 갖는다. 따라서 이것들은 현상이다.**11**

이러한 그림 하에서 우리는 다음과 같이 생각해볼 수 있을 것 같다. 즉, 진정한 단일성을 갖는 실체들과 단지 현상적(관념적) 단일성만을 갖는 집적체는 부분과 전체라는 관계를 갖는다. 왜냐하면 실체들이 모여서 집적체를 이루며, 어떤 것들이 모여 다른 어떤 것을 구성할 경우, 우리는 이것들이 부분과 전체의 관계를 갖는다고 말하기 때문이다. 하지만 이러한 주장은 라이프니츠의 주장과는 다르다. 실체와 집적체 사이에는 이보다 좀 더 복잡한 관계가 있다. 이제 이를 논해보자. 이러한 논의가 이루어지면 우리는 실체들과 집적체의 관계, 그리고 실재와 현상간의 관계, 이 두 관계가 어떤 식으로 연결되어 있는지 좀 더 분명히 알게 될 것이다.

---

10 한 영혼은 정신 독립적인 단일성을 갖는다. 그래서 한 영혼은 실체이다. 양떼나 군대는 정신 의존적인 단일성을 갖는다. 다시 말해, 이것들의 단일성은 우리 정신이 자의적으로 부가한 것이다. 그래서 이것들은 현상이다.

11 자세한 내용은 박삼열(2002) 참조.

(2) 집적체의 요소

라이프니츠는 다음과 같이 말한다.

그럼에도 불구하고 불가분적인 실체가 마치 부분으로서 물체라는 구성체를
구성한다고 말해서는 안 됩니다. 불가분적 실체는 본질적 내적 요건으로서,
물체라는 구성체를 구성합니다. 마찬가지로, 점은 선을 구성하는 부분이
아니며, [선과는] 이질적인 어떤 것이지만, 그럼에도 불구하고 선이 있기
위해 혹은 선이 인식되기 위해서는 꼭 필요한 본질적 요건인 것입니다.[12]

여기서 라이프니츠가 물체라고 부른 것은 우리가 앞에서 집적체라고
부른 것과 동일한 것이다. 왜냐하면, 여기서의 물체는 우리가 앞에서
언급한 집적체와 같은 속성을 갖기 때문이다. 즉, 이것들은 모두 불가분적
인 실체에 의해 구성된 구성체이다. 이제 여기서 라이프니츠는 불가분적
인 실체와 물체(집적체), 이 둘의 관계를 점과 선의 관계와 유사한 것으로
보고 있다. 이에 대한 자세한 설명을 하기 전에 우선 라이프니츠에 있어서
물체가 갖는 한 특징을 언급하는 것이 좋겠다. 물체에 관한 라이프니츠의
사유에 있어서 물체는 무한 분할 가능하다. 이제 하나의 물체를 잘라보자.
우선 반으로 나누고, 또 반으로 나누고, 또 반으로 나누고 언제 우리는
불가분적인 실체에 도달하는가? 불가분적인 실체와 물체의 관계가 점과
선의 관계와 유사하다면, 우리는 절대 불가분적인 실체에 도달할 수
없다. 왜냐하면, 선을 아무리 나누어도, 우리는 더 짧은 선에만 도달할
수 있을 뿐이지 점에는 도달할 수 없기 때문이다. 이와 마찬가지로,
우리가 물체를 나누면 우리는 더 작은 물체에 도달할 뿐이지 분할 불가능

---

12 DMF, p. 322~323.

한 실체에는 도달할 수 없다. 만약 불가분적인 실체와 물체 사이의 관계가 점과 선 사이의 관계와 유사한 특성을 갖는다면 말이다.

반면, 라이프니츠에 따르면 물체는 분명 불가분적인 실체들로부터 구성된다. 마치 "점은, [······] 선이 있기 위해 혹은 선이 인식되기 위해서는 꼭 필요한 본질적 요건인 것"처럼 말이다. 따라서 우리는 다음과 같이 서로 모순되는 것처럼 보이는 두 주장에 도달하게 된다. (1) 선을 아무리 나누어도 점에 도달하지 못하는 것처럼, 집적체로서의 물체를 아무리 나누어도 분할 불가능한 실체에 도달하지 못한다. (2) "불가분적 실체는 [······] 물체라는 구성체를 구성한다." 사과는 모나드들로 구성된 집적체 이지만, 사과를 끝까지 잘라도 모나드에 도달할 수 없다.

이제 이렇게 모순되어 보이는 문제를 푸는 열쇠는 다음과 같은 라이프니츠의 개념들에 의해 주어진다. 즉 요건/전체, 실재/현상, 구성/결과. 우선 『신 인간 지성론』에서의 다음과 같은 라이프니츠의 주장을 살펴보자.

우리는 이렇게 생각해야 한다. 즉, 완전한 존재로 간주되는 물질(다시 말해 이차 물질, 즉 순수하게 수동적이며 따라서 불완전한 것으로서의 일차 물질과 대립되는 이차 물질)은 단지 집적체이다. 혹은 그로부터 결과되는 것이다. 그리고 모든 진정한 집적체는 단순 실체들, 혹은 진정한 단일성들을 전제한다. 그리고 우리가 더 나아가 이러한 진정한 단일성들의 본성에 속하는 것이 무엇인지를 고려할 때, 즉 지각과 그것의 결과를 고려할 때, 우리는 말하자면, 다른 세계로 옮겨가는 것이다. 즉, 실체들로 이루어진 지적 세계로 말이다. 그 전에 우리는 단지 감각적 현상에만 머물렀던 것이다.[13]

---

13 NE, p. 298.

우선 여기서 중요한 개념은 '지적 세계'라는 개념, 그리고 '감각적 현상'이라는 개념이다. 지적 세계는 실체들로 이루어진 세계로서, 우리가 실재라고 부르는 영역을 의미한다. 그리고 이에 대립하는 것이 바로 감각적 현상이다. 이제 실재와 현상이라는 두 영역을 설정하는 것이 앞에서 모순처럼 보였던 관계, 즉 불가분적 실체와 집적체로서의 물체, 이 둘의 관계를 어떻게 해결하는지 살펴보자. 라이프니츠가 지적 세계, 그리고 감각적 현상을 말할 때 그는 우리가 이 세계로부터 저 세계로 옮겨간다고 주장했다. 그래서 우리는 현상 세계로부터 이와는 다른 실제 세계로 옮겨갈 수 있으며, 또 그 반대로도 할 수 있다. 이를 새로운 개념을 통해 표현해보자. 두 실재물이 있다. 하나는 현상적 실재물이고, 다른 하나는 이론적 실재물이다. 하나는 설명되는 실재물이고, 다른 하나는 설명하는 실재물이다. 그리고 이 두 실재물은 서로 다른 존재론적 지위를 가지며, 따라서 서로 다른 존재론적 속성을 갖는다. 우리는 이론적 실재물에 대해 다음과 같이 말할 수 있다. 이론적 실재물들은 어떤 특정 방식으로 서로 모인다. 우리가 라이프니츠의 실체에 관해 말한다면 우리 는 이렇게 말할 수 있다. 분할 불가능한 실체들은 이론적 실재물로서 서로 모인다. 우리가 이론적 실재물에 대해 말할 때, 혹은 실재계에 관해 보고할 때 우리는 이러한 이론적 실재물들이 갖는 존재론적 특성에 대해 이처럼 말할 수 있다. 이제 현상적 실재물에 대해 우리는 이론적 실재물에 대한 것과는 다른 주장을 할 수 있다. 그것들은 이론적 실재물들 이 어떤 방식으로 모인 것이 아니라, 그러한 모임을 통해 '결과'되는 것이다. 이렇게 '결과'라는 용어를 통해 라이프니츠가 주장하고자 한 것은 우리가 다른 차원으로 옮겨왔다는 것, 즉 실재계에서 현상계로 옮겨왔다는 것, 혹은 이론적 실재물로부터 현상적 실재물로 옮겨왔다는 것이다. 이 경우 우리는 이론적 실재물과는 다른 존재론적 속성을 갖는 실재물에 대해 말하는 것이다. 이렇게 볼 때 우리는 다음과 같은 두 주장이 서로 모순되지 않음을 보게 된다. (1) 선을 아무리 나누어도 점에 도달하지 못하는 것처럼 집적체로서의 물체를 아무리 나누어도 분할 불가능한 실체에 도달하지 못한다. (2) "불가분적 실체는 [……] 물체라는 구성체를 구성한다." 왜냐하면 (1)이 말하는 바는 현상적 실재물에 관한 것이고, 따라서 현상적 속성을 갖는 실재물에 관한 주장이지만, (2)가 말하는 바는 이론적 실재물에 관한 것이고, 따라서 이론적 속성을 갖는 실재물에 관한 주장이기 때문이다. 사과를 자를 때 우리는 현상계에서 작업하는 것이다. 반면 모나드가 모여 사과를 구성한다고 할 때 우리는 실재계의 모습을 그려내는 것이다.

　이런 의미에서 라이프니츠는 분할 불가능한 실체와 물체의 관계를 부분과 전체의 관계로 말하기를 꺼려한다. 왜냐하면, 라이프니츠에 있어서 부분은 전체와 등질적이어야 하기 때문이다. 우리의 용어로 하면 부분과 전체를 이루는 것들은 같은 세계에 있어야 하기 때문이다. 혹은 다른 말로 하면, 부분과 전체를 이루는 실재물들은 같은 존재론적 속성을 가져야 하기 때문이다. 부분/전체 관계 대신 라이프니츠가 즐겨 쓰는 표현은 앞에서 우리가 보았듯이 "내적 요건/전체"라는 관계이다. 물론 이러한 개념의 사용은 요건과 전체가 서로 다른 존재론적 지위를 가짐을 드러내기 위해서이다. 이것은 점과 선이 서로 다른 기하학적 지위를 갖는 것과 유사하다.

　이렇게 해서 부분/전체, 요건/전체, 실재/현상, 구성/결과라는 개념들이 어떤 맥락에서 서로 관련되는지 알 수 있게 되었다. 이제 이러한 개념 쌍과 관련해 라이프니츠는 현실/관념이라는 개념 쌍을 제시하는데, 현실을 실재라는 의미로, 그리고 관념을 현상이라는 의미로 읽는다면 다음과 같은 라이프니츠의 주장은 잘 이해될 수 있다.

현실성 속에는 이산적 양밖에는 없다. 다시 말해 여러 모나드들 혹은 단순 실체들밖에는 없다. [……] 그런데 연속량이라는 것은 관념적인 무엇으로서, 이것은 가능성에 속하는 것, 혹은 가능한 것으로서 간주되는 현실성에 속하는 것이다. [……] 현실적인 사물들은 마치 수가 단위로부터 구성되는 것처럼 그렇게 구성되어 있고, 관념적인 사물들은 수가 분수로부터 구성되는 것처럼 그렇게 구성되어 있다. 부분들은 실제적으로 실제적 전체 안에 있다. 그것들은 그러나 관념적 전체 안에 있는 것은 아니다. 그러나 관념적인 것과 실제적인 실체를 혼동해, 우리가 가능한 것들의 질서 속에서 현실적 부분을 찾는다거나 혹은 현실적인 집적체 속에서 무규정적인 부분들을 찾는 한, 우리는 연속성의 미궁 안에 풀 수 없는 모순을 도입하게 되는 것이다.[14]

지금까지 우리는, 드 볼더에게 보내는 편지에서 나타난 다섯 가지 실재물 중에서 (3)번 실재물, 즉 완전한 모나드와 (4)번 실재물, 즉 덩어리 혹은 이차 물질, 혹은 유기적 기계(이를 위해 수없이 많은 하위 모나드가 모이는)를 살펴봤다. 이제 (5)번 실재물, 즉 기계를 지배하는 모나드에 의해 하나가 되는 동물 혹은 물체적 실체를 살펴보도록 하자.

2. 물체적 실체

1686년 7월 4일/14일에 아르노에게 보낸 편지에서 라이프니츠는 다음 과 같이 말한다.

---

14 DMF, p. 122.

만약 물체가 하나의 실체라면, 따라서 무지개와 같은 단순한 현상이 아니라면, 물체는 연장에 근거할 수 없으며, 거기에서 우리는 필연적으로 우리가 실체적 형상이라고 부르는, 그리고 우리가 영혼이라고 부르는 것에 대응하는 그 어떤 것을 인정해야 할 것이다.[15]

이 글에서 주목할 점은 우선 "물체가 하나의 실체라면, 거기에서 우리는 필연적으로 우리가 실체적 형상이라고 부르는 […] 그 어떤 것을 인정해야 할 것이다"라는 구절이다. 여기서 라이프니츠는 물체가 실체일 가능성을 검토하고 있는데, 그는 물체의 실체성을 실체적 형상과 관련해 검토하고 있다. 이 경우 물체적 실체는 1703년에 드 볼더에게 보낸 편지에서의 다섯 번째 실재물, 즉, "지배 모나드(실체적 형상)에 의해 하나가 되는 동물 혹은 물체적 실체"이다. 이제 이러한 물체적 실체를 둘러싸고 라이프니츠는 아르노와의 서신 교환을 통해 논쟁을 벌인다. 우선 우리의 관심은 이 논쟁이 어떻게 이루어졌는가 하는 것이고, 또 이를 통해 어떤 결과가 발생했는가 하는 것이다. 우리는 아르노와의 논쟁을 통해 라이프니츠의 견해가 바뀌게 됨을 보게 될 것이며, 또 이러한 견해의 수정이 라이프니츠의 존재론에서 어떤 의미를 갖는지를 보게 될 것이다.

1) 아르노와의 논쟁: 실체적 형상과 실체적 형상들/전체적 단일성과 요소적 단일성

1686년 9월 28일에 아르노는 라이프니츠에게 편지를 쓰는데, 거기서 아르노는 라이프니츠가 주장하는 실체적 형상이 존재론적으로 어떤

---

15 Le Roy, p. 123.

지위를 갖는지를 묻는다.

> 우리 몸과 우리 영혼은 실제적으로 구분되는 두 실체입니다. 그런데 물체 안에 연장 말고 실체적 형상을 넣음으로써, 우리는 이 둘이 서로 구분되는 두 실체라고 생각할 수 없게 되었습니다. 따라서 우리는 이 실체적 형상이 우리가 우리의 영혼이라고 부르는 것과 어떤 관계를 갖는지 알 수 없습니다.[16]

아르노는 데카르트주의에 따라, "우리 몸과 우리 영혼이 실제적으로 구분되는 두 실체"로 본다. 데카르트에 따르면 몸의 본질은 연장이고, 영혼의 본질은 사유이다. 그리고 인간의 경우, 오직 그 경우에만 몸과 영혼은 서로 결합되어 하나의 실체를 이룬다. 따라서 인간 이외의 존재자, 예를 들어, 동물이나 식물 등은 오직 연장만을 자신의 본질로서 갖는 그러한 존재자이다. 이제 아르노의 의문은 이런 것이다. 오직 연장만을 본질로서 갖는 그러한 존재자에게 실체적 형상을 부여한다면, 우리는 우리의 몸과 영혼이 어떻게 서로 구분되는 두 실체라고 할 수 있을지 알 수 없다. 왜냐하면, 존재론적인 구도가 바뀌기 때문이다. 즉, 데카르트주의에 의하면 존재하는 것들의 구도는 "영혼 – 몸"인데 반해, 아르노가 이해하는 라이프니츠의 존재론적 구도는 "영혼 – (몸 + 실체적 형상)"이기 때문이다.

이에 대한 라이프니츠의 답은 아르노가 그를 오해하고 있음을 보여준다. 우선 그의 답을 들어보자. 1686년 11월 23일/8일에 아르노에게 보내는 편지에서 라이프니츠는 이렇게 말한다.

---

16 Le Roy, p. 134.

당신께서 주장했던 첫 번째 어려움은 다음과 같습니다. 즉, 우리의 영혼과 우리의 몸은 실제적으로 구분되는 두 실체이다. 이로부터, 그 중 하나[영혼]가 다른 것[몸]의 실체적 형상이 되지 않는다는 결론이 나오는 것으로 보인다. 이에 대해 답하겠습니다. 내 생각에 우리의 육체는 그것 자체로서, 즉 영혼과 떨어져서는, 다시 말해 시체는 실체라고 불릴 수 없다고 생각합니다. 실체라고 불린다면 그건 남용에 의해서겠죠. 마치 기계나 돌무더기를 실체라고 부르는 것처럼 말입니다. 이것들은 집적에 의한 존재자들일 뿐입니다. 왜냐하면 규칙적이건 불규칙적이건 어쨌건 배열이라는 것은 실체적 단일성에 아무런 도움도 안 되기 때문입니다. 게다가 라트란(Latran) 회의는 영혼이 우리 몸의 진정한 실체적 형상이라고 선포했습니다.[17]

우선, 라이프니츠의 대답은 그가 실체적 형상으로서 무엇을 뜻하는지를 보여준다. 적어도 이 글에서 나타나는 바로는, 실체적 형상은 영혼을 말한다. 따라서 이 글을 통해 라이프니츠는 아르노가 자신을 오해하고 있음을 보여준다. 왜냐하면, 아르노는 라이프니츠의 존재론적 구도가 "영혼−(몸+실체적 형상)"이라고 생각했지만, 실제로 라이프니츠의 존재론적 구도는 "영혼 혹은 실체적 형상−몸"이기 때문이다. 만약 인간이 영혼을, 혹은 실체적 형상을 잃으면 우리는 이러한 실재물을 시체라고 부르는데, 그 실재물은 집적에 의한 존재, 즉 우리가 앞에서 언급한 (4)번 실재물, 즉 덩어리, 혹은 이차 물질, 혹은 기계, 혹은 집적체 등등과 같은 존재자일 뿐이며, 하나의 실체가 아닌 것이다.

이를 뒤집어보면, 우리는 라이프니츠에 있어서 하나의 물체적 실체가 무엇인지 알 수 있다. 우리의 몸(corps)은 영혼과 떨어지지 않는다면, 즉 시체가 아니라면, 하나의 실체라고 불릴 수 있다. 따라서 영혼과

---

17 Le Roy, p. 144.

몸이 결합된 존재자는, 혹은 실체적 형상과 몸이 결합된 존재자는 하나의 물체적 실체인 것이다.

여기서 한 가지 지적해야 할 것이 있다. 매우 중요한 점인데, 라이프니츠의 주장을 살펴볼 때, 이 시기(가버[Garber]가 "middle years"라고 지칭하는 시기)에 그의 존재론은 이원론적인 특징을 가지고 있다는 것이다. 라이프니츠의 앞의 주장에 따르면 물체적 실체는 몸과 실체적 형상(영혼)의 통일체이다. 실체적 형상(영혼)이 몸에 유기적 단일성을 줌으로써 물체적 실체는 하나의 살아 있는 유기체가 되는 것이다. 그리고 만약 이 실체적 형상(영혼)이 빠진다면, 그 물체적 실체는 실체성을 잃고 물질 덩어리(시체)가 된다. 이렇게 봤을 때, 이 시기에 라이프니츠의 존재론은 물질을 한 편에 두고, 다른 편에는 실체적 형상(영혼)을 두는, 그런 이원론적 특징을 갖는다고 볼 수 있다. 이것은 매우 중요한 사실인데, 왜냐하면 후기 라이프니츠의 철학은 일원론적 특징을 갖게 되기 때문이다. 즉 후기 라이프니츠는 오직 실체적 형상들(모나드들)만 가지고 자신의 존재론을 꾸리게 된다. 이제 이 변화 과정을 따라가보기로 하자.[18]

1686년 9월 28일에 라이프니츠에게 보내는 편지에서 아르노는 실체적 형상에 관해 또 다른 질문을 제기하는데, 이번에는 실체적 형상이 무엇인가의 문제가 아니라, 실체적 형상이 어떤 속성을 갖고 있느냐의 문제이다. 아르노는 다음과 같이 질문한다.

---

[18] 이 절은 서강학술총서의 심사 이후 추가되었다. 심사자 한 분이 다음과 같은 지적을 해주셨기 때문이다. "9장 물체적 실체의 내용이 전반적으로 예상했던 것보다는 조금 빈약하다는 인상이다. 특히 이른바 중기 철학(가버[Garber]가 이른바 'middle years'라고 지칭하는 시기)에 라이프니츠가 이원론을 지니고 있었다는 근거는 명확하게 등장하지 않음에도, 결론에서는 이러한 이원론이 일원론으로 바뀌어 나간다는 주장이 제기된다. 어떤 의미에서 라이프니츠가 이원론을 고수했다고 볼 수 있는지 보다 명확한 설명이 요청된다."

대리석이 갖는 실체적 형상이 그 대리석이 하나가 되게 해줍니까? 만약 그렇다면, 우리가 이 대리석을 두 개로 쪼개서 하나의 존재이기를 멈췄을 때, 그 실체적 형상은 어떻게 됩니까? 실체적 형상은 없어지거나 아니면 둘로 됩니다. 만약 이 실체적 형상이라는 것이 존재의 방식이 아니라 실체라고 한다면, 첫 번째 것은 인정될 수 없습니다. 그리고 실체적 형상을 존재의 방식 혹은 양태라고 할 수는 없습니다. 왜냐하면, 그렇다고 한다면 실체적 형상이 양태가 되는 그 실체는 연장이어야 하기 때문입니다. 이것은 당신 생각이 아닌 듯합니다. 그리고 만약에 이 실체적 형상이 하나였다가 둘로 되었다면, 왜 우리는 연장만 가지고 말할 수 없고 꼭 실체적 형상을 말해야 할까요?[19]

이 물음은 『형이상학 서설』에서 출발해 『모나드론』까지 발전해가는 라이프니츠 철학 체계의 변화에 있어 매우 중요한 역할을 한다. 왜냐하면 이 질문에 대한 답을 내면서 라이프니츠는 자신이 이해하는 실체적 단일성이라는 개념의 의미를 바꾸게 되기 때문이다. 우선 이 질문에 대한 라이프니츠의 대답을 보자. 1686년 11월 28일/12월 8일의 편지에서 라이프니츠는 다음과 같이 말한다.

세 번째로, 저는 대리석이 돌무더기와 같은 것이라고 믿습니다. 따라서 하나의 실체로 간주될 수 없고 여러 실체들로 이루어진 하나의 집적체로 이해되어야 한다고 믿습니다. 왜냐하면 다음과 같이 가정해봅시다. 즉 두 개의 돌이 있다. 예컨대 대공작의 다이아몬드와 대무골인의 다이아몬드. 이 둘을 함께 고려해서 하나의 집합 이름을 만들 수 있을 것입니다. 그래서

19 Le Roy, p. 145.

우리는 이것은 다이아몬드 한 쌍이다, 라고 말할 수 있을 것입니다. 이 둘은 서로 아주 멀리 떨어져 있는데도 말입니다. 그러나 사람들은 이 두 다이아몬드가 하나의 실체를 이룬다고 말하지는 않을 것입니다. [……] 따라서 저는 하나의 대리석이 하나의 완전한 실체라고 생각하지 않습니다. 모든 물고기를 포함하고 있는 연못물도 마찬가지입니다. 모든 물고기와 함께 모든 물이 얼어 있다고 해도 말입니다. 양떼도 마찬가지입니다. 이 양들이 아주 잘 묶여 있어서 똑같은 걸음으로 움직일 수밖에 없다고 해도 말입니다. [……] 한 사람과 공동체, 예컨대 대중·군대·사회·학교 사이에는 큰 차이가 있습니다. 이것들은 정신적인 존재들입니다. 거기에는 뭔가 상상적인 것이, 그리고 우리 정신의 픽션에 의존하는 것이 있습니다. 실체적 단일성이란 불가분적이며 완성된 존재를 요구합니다. 그리고 자연적으로 해체가 안 되는. 왜냐하면 그것의 개념은 그에게 일어날 모든 것을 포함하기 때문입니다. 우리는 이것을 모양에서도, 운동에서도 발견할 수 없습니다. 우리는 이것을 영혼, 혹은 실체적 형상, 예를 들면 우리가 나라고 부르는 것에서만 발견할 수 있는 것입니다.[20]

이에 대해 1687년 3월 4일에 아르노는 라이프니츠에게 다음과 같은 편지를 쓰는데, 라이프니츠는 아르노의 편지 여백에 자신의 철학 체계의 발전에 있어서 매우 중요한 주석을 달게 된다.

이와 같은 주장에 저는 동의할 수 없습니다. 반면 저는 다음과 같은 믿음에 있어서 그 어떤 불편함도 느끼지 못하겠습니다. 즉 모든 물체적 본성 안에는, 오직 기계들과, 실체들의 집적체만이 있을 뿐이다. 왜냐하면, 거기에는 우리가 이렇게 말할 수 있는, 즉 엄밀하게 말해 이것은 하나의 실체이다, 라고 말할 그러한 부분들이 없기 때문입니다.[21]

---

20 Le Roy, p. 145.
21 Le Roy, p. 156.

이에 대한 라이프니츠의 주석은 다음과 같다.

실체들의 집적체가 있다면, 이러한 집적체를 구성하는 진정한 실체들이 있어야 한다.[22]

이 주석 이전의 라이프니츠의 견해는 실체적 형상이 물체에 실체적 단일성을 준다는 것이었다(하나의 단일한 물체적 실체＝실체적 형상＋물체). 그러나 이제부터 물체의 실체성은 그 물체를 구성하는, 단일성을 가진 실체들로부터 오는 것이다(물체적 실체＝하나의 단일한 실체들). 다시 말해, 실체적 단일성의 원리가 실체적 형상에서 실체적 형상들로 바뀌게 되는 것이다. 그리고 이러한 주석 이후 아르노에게 보내는 1687년 4월 30일의 편지에서 라이프니츠는 다음과 같이 말한다.

저는 진정한 단일성을 갖지 않는 사물들 안에 실체성이 전혀 없다고, 오직 가상적인 것만 있다고 말하는 것이 아닙니다. 왜냐하면, 저는 다음에 대해 동의하기 때문입니다. 즉, 그러한 사물들은 자신들을 구성하는 진정한 단일성이 있는 만큼의 실재성 혹은 실체성을 갖는다.[23]

이제, 이러한 실체적 형상에 관한 해석의 변화에 대한 피샹의 논평을 인용하고자 한다.

이렇게 해서 실체적 형상에 대한 이전의 해석과 관련해 중요한 변화가

---

22 Le Roy, p. 300.
23 Le Roy, p. 165.

일어난다. 물체 안에 있는 실체성이라는 것은 물체들이 오직 "현상적 혹은 정신적 단일성만을" 가진다는 의미에서, 그것들을 근원에서 구성하는 것의 진정한 단일성으로부터 나온다. 처음의 해석에 따르면, 실체적 형상은 말하자면 "위에서", 물체들에게 전체적 단일성(unité globale)을 부여하는 것이었다. 반면 이제부터는, 말하자면 "밑에서", 여러 요소들로부터(requisits) 실제적 단일성이 나온다. 그 여럿에서 지각은 이름뿐인(nominale) 단일성을 끊어낸다. 지금부터, 진정한 단일성을 갖지 못하는 사물들 안에 있는 실체성이라는 것은 사물들을 구성하는 진정한 단일성으로부터 나오는 것이다. "영혼 없는 독자적 물체는 집적체로서의 단일성밖에는 갖지 못한다. 그러나 물체에 남아 있는 실체성은 그 물체를 구성하는, 그리고 자신들의 단일성을 확보하고 있는, 그러한 부분들로부터 온다." 따라서 지금부터는 하나의 물체와 그것의 실체적 형상을 연결시킬 필요가 없다. 필요한 것은 각각의 물체−집적체가 포함하고 있는 복수성으로부터 출발해, 복수성이 가정하고 있는 진정한 단일성들로 올라가는 것이다. 단일성을 소유하고 있는 것은 복합체의 부분들이다. 이 단일성이 그 부분들 각각을 존재자로 만들어준다. 복합체는 이들로부터, 위탁을 통해, 그 자체 실재성을 갖는 것을 끊어낸다.[24]

아르노의 비판 이전에 물체적 실체는 물질에 실체적 형상이 부가되어 만들어진 것으로 이해되었었다. 아르노의 비판 이후 물체적 실체는 실체적 형상들이 모여 이루어진 것으로 이해된다. 물체의 실재성은 하나의 실체적 형상에 의해 주어지는 것이 아니라 그 물체를 구성하는 수없이 많은 실체적 형상들에 의해 주어지는 것이다. 이렇게 구도가 바뀌긴 했지만, 라이프니츠의 존재론이 완전히 모습을 바꾼 것은 아니다. 왜냐하면, 물체를 구성하는 수없이 많은 실체적 형상들은 위계를 가지며, 그

---

24 DMF, pp. 90~91.

위계의 제일 꼭대기에는 다른 모든 실체적 형상들을 지배하는 실체적 형상, 즉 지배 모나드가 있기 때문이다. 물체적 실체를 구성하는 요소들 사이의 존재론적 차이, 즉 물체와 실체적 형상, 이 둘의 존재론적 차이는 없어졌지만(이것들은 이제 모두 실체적 형상들, 즉 모나드들이다), 애초에 주장되었던 위계, 즉 물체와 실체적 형상, 이 둘 사이의 위계는 그대로 남게 되었다. 이것을 정리하면 다음과 같다. 존재론적 차이가 없는 무수히 많은 모나드들(실체적 형상들)이 있다. 이 모나드들 중 하나가 다른 모든 모나드들을 지배함으로써 이 전체는 하나의 물체적 실체가 된다.

이렇게 해서 라이프니츠의 존재론은 1686년 이래로 변화를 갖게 된다. 개체적 실체는 사라지고, 실체적 형상이 수행했던 기능은 이제 모나드가 대체하게 되었다. 그리고 물체적 실체가 갖는 몸은 이전에는 단순한 물질 덩어리였지만, 이제는 실체들의 집적체로서 실체성을 갖는다. 여기에 지배 모나드가 더해져서 이것들 전체는 하나의 실체가 되는 것이다. 이러한 변화는 단지 용어의 변화가 아니라 라이프니츠 존재론의 구도 자체의 변화이다. 그리고 이러한 변화는 라이프니츠의 생각이 자의적으로 바뀌었기 때문에 생겨난 것이 아니다. 이러한 변화의 배경에는 아르노의 비판과, 그 비판에 맞서 자신의 주장을 방어하려는 노력, 그리고 정당한 비판에 대해 자신의 견해를 수정하는 라이프니츠의 진정성이 있다.

지금까지 우리는 물체적 실체와 이것을 이루는 요소들에 대해 고찰했다. 그리고 우리는 이것들이 1686년 이래로 어떻게 변화하는가의 문제를 고찰했다. 이제 마지막으로 물체적 실체를 이루는 두 요소, 즉 지배 모나드와, 나머지 모나드들의 관계를 고찰하도록 하자. 이러한 관계는 전통적으로 영혼과 몸의 관계로서 이해되어온 그러한 관계이다.

246

3. 중간 결론

애덤스는 라이프니츠의 후기 철학에서 "물체적 실체"가 사라졌다고 본다. 그러나 이렇게 보기는 어렵다. 물론 『모나드론』에서는 "물체적 실체"라는 실재물이 등장하지 않는다. 그러나 『모나드론』과 같은 시기에 쓰인 『자연과 은총의 원리』에서 '물체적 실체'라는 단어가 나오며, 또 라이프니츠 생애의 마지막 시기에 쓰인 데 보스(Des Bosses)에게 보내는 편지에서도 '물체적 실체'라는 단어가 나온다. 따라서 '물체적 실체'가 사라졌다고 보는 것은 조금 지나친 해석이다. 그럼에도 불구하고 '물체적 실체'가 1686년에 아르노와의 편지 교환 초기에 묘사되었던 그러한 모습 그대로 라이프니츠 철학의 후기까지 이어진다는 것도 사실이 아니다. '물체적 실체'는 아르노와의 논쟁 속에서 그 모습을 바꾸어간다. 그리고 이러한 변화 과정은 라이프니츠 존재론이 이원론에서(하나의 단일한 물체적 실체＝물질＋실체적 형상) 일원론으로(물체적 실체＝하나의 단일한 실체들[모나드들]) 바뀌어가는 과정과 일치한다. 꾸투라의 해석과는 달리 라이프니츠의 철학은 철학자의 사색을 통해 계속 변화해나가는 그러한 역사적인 철학인 것이다.

4. 예정 조화설

라이프니츠가 물체적 실체에 대해 말할 때, 우리가 빼고 넘어가서는 안 될 것이 바로 지배 모나드와 지배 모나드에 의해 지배당하는 물체/집적체, 이 둘 사이의 관계이다. 이제 우리의 관심은 다음과 같다. 어떻게 기계는 지배 모나드에 의해 하나가 되는가? 이것은 전통적으로 영혼과 몸의 통일의 문제이다.

영혼과 몸의 통일의 문제는 전통적으로 볼 때, 이 둘의 인과적 소통의 문제로 다루어져왔다. 즉, 어떻게 하나에서 일어나는 사건이 다른 하나에서 일어나는 사건의 원인, 혹은 결과가 될 수 있는가의 문제로 말이다. 아르노의 예를 따라서 이를 정리해보자. 라이프니츠에게 보내는 편지에서 아르노는 다음과 같이 말한다.

> 당신 생각을 좀 더 잘 이해하게 할 예들이 있습니다. 누군가 내 손을 찔렀습니다. 이것은 내 몸과 관련해 물체적 운동일 뿐입니다. 그러나 내 영혼은 곧바로 고통이라는 감정을 갖습니다. 내 몸에 무언가가 일어나지 않았다면 갖지 않았을 그러한 감정 말입니다. 우리는 물을 수 있습니다. 무엇이 이 고통의 원인인가.[25]

다음의 문장을 보자.

(1) 내 손이 찔린다 → 나는 고통 감각을 갖는다.

앞의 조건문은 현상계에서 일어나는 두 사건, 즉 물리적 사건과 심적 사건에 대한 기술이다. 이것을 실재계에서 일어나는 두 사건으로 번역할 수 있겠는데, 우선 데카르트의 번역과 말브랑슈 등의 기회 원인론자들의 번역을 살펴보자. 이에 대한 데카르트의 번역은 다음과 같다.

---

25 Le Roy, p. 134.

(2) 내 손이 찔린다 → 나는 고통 감각을 갖는다.

데카르트에 따르면 물리적 사건과 심적 사건 간에는 직접적인 물리적 인과관계가 있다. 따라서 현상계에서 일어나는 두 사건 간의 관계에 대한 기술 (1)은 액면 그대로 실재계에서의 사건들의 관계를 표현한다.

기회 원인론의 번역은 이와 다르다. 심신 관계에 관한 기회 원인론자들의 주장은 그러한 심신 관계에 관한 데카르트적 입장에 대한 비판에 의해 촉발되는데, 그들에 따르면, 서로 다른 본질을 갖는 몸과 영혼은 직접적인 물리적 인과관계를 맺을 수 없는 것이다. 그래서 기회 원인론자들은 심신 관계를 설명하기 위해 신을 도입하는데, 이제 이들의 주장은 다음과 같은 것이다. 즉, 신이 심적 사건의 실제 원인이고, 물리적 사건은 기회적 원인이라는 것이다. 그래서 (1)에 대한 기회 원인론자들의 번역은 다음과 같다.

(3) 신이 내 정신에 고통 감각을 일으킨다 → 나는 고통 감각을 갖는다.

이제 (1)에 대한 라이프니츠의 번역을 보자. 자신의 예정 조화설이 기회 원인론과 어떻게 다른지를 묻는 아르노에게 라이프니츠는 다음과 같이 대답한다(1687년 10월 9일자 편지).

이 문제에 대해 설명하기 위해 다음을 보죠.
시간 A에서의 물체들의 상태. 시간 A에서의 영혼의 상태.
시간 B에서의 물체들의 상태(찔림). 시간 B에서의 영혼의 상태(고통).
시간 B에서의 물체들의 상태가 시간 A에서의 물체들의 상태로부터 나온 것처럼, 시간 B에서의 영혼의 상태는 같은 영혼의 이전 상태에서(시간 A) 나옵니다. 실체에 대한 일반적 개념에 따라서 말입니다. 그런데 영혼의 상태란 자연적으로, 그리고 본질적으로 세계의 대응하는 상태에 대한 표현들입니다. 영혼의 상태란 특히 자신에게 적절한 물체들에 대한 표현입니다. 따라서 찔림은 시간 B에서의 물체 상태의 부분을 이루므로, 찔림에 대한 표상 혹은 표현은 이것이 고통인데, 그 표현은 시간 B에서의 영혼의 부분을 이루는 것입니다. 왜냐하면, 운동은 다른 운동으로부터 나오는 것처럼, 하나의 표상은 다른 표상으로부터 나오기 때문입니다. 이러한 일은 하나의 실체 내에서 이루어지는데, 그 실체의 본성이란 바로 표상하는 것입니다.[26]

이를 정리해보며, 우리는 (1)에 대한 라이프니츠의 번역을 얻을 수 있다.

(4) (시간 A에서의 내 몸은 특정 상태에 있다 → 시간 B에서 내 몸은 찔림이란 상태에 놓인다) & (시간 A에서 내 정신은 특정 상태에 있다 → 시간 B에서 내 정신은 고통이란 상태에 놓인다)

이것을 라이프니츠는 예정 조화설이라고 부른다. 이제 예정 조화설에 관해 몇 가지 논의해 보자. 첫째, 예정 조화설은 물체와 정신간의 직접적인 물리적 인과관계를 허용하지 않는다. 시간 B에서의 내 몸의 찔림이라는 상태는 이전 물리적 상태로부터의 결과이며, 시간 B에서의 내 정신의 고통이라는 상태는 이전 심적 상태로부터의 결과이다. 따라서 심적 사건 과 물리적 사건 사이에는 인과관계가 없다. 심적 사건은 이전 심적 사건의

---

26 Le Roy, p. 182.

결과이고, 물리적 사건은 이전 물리적 사건의 결과이다. 이 점에서 예정 조화설은 데카르트의 물리적 인과관계와 달라진다.

예정 조화설은 기회 원인론과도 다르다. 왜냐하면 기회 원인론에 있어서 모든 사건의 원인은 신이기 때문이다. 반면 예정 조화설에 있어서 물리적 사건의 원인은 이전 물리적 사건이며, 심적 사건의 원인은 이전 심적 사건이다.

두 번째 지적해야 할 것은, 왜 라이프니츠가 심신 관계에 관해 이러한 입장을 취하느냐의 문제이다. 데카르트에 대한 비판으로부터 이러한 입장을 취하게 되었다는 것은 이해할 만하다. 왜냐하면, 기회 원인론자들만큼이나 라이프니츠 자신도 정신과 육체가 직접적인 물리적 인과관계를 갖는다는 사실에 대해 수긍할 수 없었기 때문이다. 그러나 기회 원인론에 대해서는 어떠한가? 이에 대한 라이프니츠의 생각은 데카르트주의에 대한 생각과는 다른 것으로 보인다. 데카르트를 비판하는 이유는 정신과 육체 사이의 직접적인 물리적 인과관계가 불가능하기 때문이다. 그러나 기회 원인론에 대해 말할 때는 다른 기준을 제시하는 것으로 보인다. 즉 미적 기준이 그것이다. 『새로운 체계』에서 예정 조화에 관해 말하는 맥락에서 라이프니츠는 다음과 같이 주장한다.

> [신이 실체들 안에 예정 조화를 넣을 수 있었다면] 이러한 방법은 가장 아름다운 방법이고, 또 신의 존엄성을 가장 잘 나타낸다.[27]

"신의 존엄성을 가장 잘 나타낸다"고 주장하는 것은 신이 매 사건마다 개입하는 수고를 하지 않아도 되기 때문일 것이다. 또한 아름답다는

---

27 SN, p. 83.

것은 아마 다음과 같은 의미로 읽힐 수 있을 것이다. 즉 신은 각각의 실체를 조절함에 있어서 예정 조화를 통해 최대한 다양한 세계를 최대한으로 통일시켰다.

이제 세 번째로, 이러한 예정 조화설이 라이프니츠의 형이상학 내에서 하는 역할은 심신 관계에 관한 설명을 제공하는 것뿐만이 아니라는 사실을 지적하는 것이 중요할 것 같다. 예정 조화설은 심신 관계에 관한 설명을 할 뿐만 아니라, 그러한 심신 관계를 이루는 요소들이 어떠한 것들이 될 것인지에 대한 설명도 제공한다. 『모나드론』에서의 다음과 같은 라이프니츠의 주장을 보도록 하자.

51. 그러나 단순 실체들에 있어서 한 모나드가 다른 한 모나드에 가하는 영향은 어디까지나 비물질적이다. 그리고 영향은 신의 관념들에 있어서 각 모나드는 신이 시초부터 다른 모나드들을 조절함으로써만 바로 그 모나드를 고려한다고 주장하는 한, 신의 매개를 통해서만 성립한다. 왜냐하면, 한 창조된 모나드는 다른 모나드의 내부에 물리적 영향을 미칠 수 없으므로, 한 모나드가 다른 모나드에 의존할 수 있는 것은 이 방법밖에 없기 때문이다.

52. 또 그래서 피조물들 사이에서 능동적 작용들과 수동적 작용들은 상호적이다. 왜냐하면 신은 두 단순 실체를 비교함으로써 각각에게서 그들을 일정하게 대응시켜야만 했던 이유를 발견하기 때문이다.[28]

신은 "시초부터 다른 모나드들을 조절함으로써만 바로 그 모나드를(지배 모나드) 고려한다고 주장하는 한", 이 둘의 "영향은 [……] 신의 매개를 통해서만 성립한다." 이를 다시 읽으면 다음과 같다. 신은 지배 모나드와

---

[28] Monadologie, p. 101.

기계를 시초부터 관련지었다. 다시 말해, 미리(pré) 그 관계를 세워놓았다 (établit). 그래서 어떤 영혼은 어떤 몸, 어떤 기관들을 갖고, 또 다른 영혼은 다른 몸, 다른 기관을 갖는 것이다. 그리고 이러한 관계를 세움에 있어서 신은 다음과 같은 방식으로 작업한다.

피조물은 그것이 [상대적으로] 완전한 한 바깥에 작용을 가한다고 할 수 있고, 불완전한 한 타자에 의해 작용을 받는다고 할 수 있다. 그래서 우리는 모나드가 구분된 지각들을 가지는 한, 그에 능동성을 귀속시키고, 혼동된 지각들을 가지는 한 수동성을 귀속시킨다.[29]

또 그래서 피조물들 사이에서 능동적 작용들과 수동적 작용들은 상호적이다. 왜냐하면 신은 두 단순 실체를 비교함으로써 각각에게서 그들을 일정하게 대응시켜야만 했던 이유를 발견하기 때문이다.[30]

"신은 두 단순 실체를 비교함으로써, 각각에게서 그들을 일정하게 대응시켜야만 했던 이유를 발견한다." 아마 신은 두 실체만을 비교하는 것은 아닐 것이다. 두 실체를 비교하고, 제3의 또 다른 실체를 비교하고, 그래서 무한히 많은 모든 실체들을 비교할 것이다. 이제 신은 이것들을 비교함으로써, 특정한 위계를 갖는 물체적 실체를 만든다. 신이 이러한 작업을 시초에 하는 이상, 이러한 결합, 즉 지배 모나드와 기계의 결합은 예정 조화되어 있는 것이다. 즉 어떤 정신이 어떤 몸을 가질지는 미리 조화롭게 주어져 있는 것이다.

결국 라이프니츠에게 있어서 지배 모나드와 나머지 모나드들 사이에는

---

29 Monadologie, p. 99.
30 Monadologie, p. 101.

직접적인 물리적 인과관계가 없다. 그러나 이들 사이에는 신이 미리 준비해놓은 예정 조화가 있다. 이것이 바로 지배 모나드와 나머지 모나드들 사이의 관계의 근거이다.

라이프니츠의 저작

A: *Sämtliche Schrifften und Briefe*, herausgegeben von der deutschen Akademie der Wissenschaften zu Berlin.

C: *Opuscules et fragments inédits de Leibniz: Extraits des manuscrits de la bibliothèque royale de Hanovre*, Couturat, L, ed., Paris, 1903; Reprinted Hildesheim, 1961.

CP: *Confessio philosophi*, Texte, traduction et notes par Yvon Belaval, Vrin, 1993.

DMF: *Discours de métaphysique suivi de Monadologie et autres textes*. Edition établie, présentée et annotée par Michel Fichant, Paris, Gallimard, 2004.

DMFR: *Discours de métaphysique et autres textes 1663~1689*, Présentation et notes de Christiane Frémont, Flammarion, 2001.

Fremont: *L'être et la relation avec trente-sept lettres de Leibniz au R. P. Des Bosses*, traduites du latin et annotées par Christiane Frémont, Vrin, 1999.

GPG: *Die philosophischen Schriften*, herausgegeben von C. Gerhardt, Berlin 1875~1890, reprint Georg Olms Verlag 1978, suivi du numéro du volume et de la page.

Grua: *Textes inédits, d'après les manuscrits de la bibliothèque provinciale de Hanovre*, publiés et annotés par Gaston Grua, tome 1, 2, Puf, 1998 (2e éd.).

L: Leibniz, Gottfried Wilhelm, *Philosophical Papers and Letters*, Trans. L. Loemker, 2d ed. Dordrecht, 1969.

LC: *Correspondance Leibniz-Clarke*, Présentée d'après les manuscrits originaux des bibliothèque de Hanovre et de Londres par André Robinet, Paris, PUF, 1957.

Le Roy: *Discours de métaphysique et correspondance avec Arnauld*. Introduction, texte et commentaire par Georges Le Roy, Paris, J. Vrin, 1957.

Monadologie: *Principes de la nature et de la grâce fondés en raison.* —*Principes de la Philosophie ou Monadologie.* Publiés intégralement d'après les manuscrits de Hanovre⋯ par André Robinet, Paris, PUF, 1954.

NE: *Nouveaux essais sur l'entendement humain,* Chronologie, bibliographie, introduction et notes par Jacques Brunschwig, Flammarion, 1990.

OP: *Opuscules philosophiques choisis,* Texte latin établi et traduit par Paul Schrecker, Paris, J. Vrin, 2001.

PV: 'Primae veritates', in Revue de Metaphysique et de morale, Janvier—Mars, 1995.

Recherches: *Recherches générales sur l'analyse des notions et des vérités,* Introductions et notes par Jean—Baptiste Rauzy, Textes traduits du latin par E. Cattin, L. Clauzade, F. D. Buzon, M. Fichant, J. B. Rauzy et F. Worms, Paris, PUF, 1998.

SN: *Système nouveau de la nature et de la communication des substances et autres textes 1690~1703,* Présentation et notes de Christiane Frémont, Flammarion, 1994.

Theodicee: *Essais de théodicée, sur la bonté de Dieu la liberté de l'homme et l'origine du mal,* chronologie et introduction par J. Brunschwig, Flammarion, 1969.

2차 문헌

마이클 루 (2010), 박제철 역,『형이상학 강의: 전통 형이상학에 대한 분석적 탐구』, 아카넷.

박삼열 (2002),「라이프니츠의 현상론」,『철학』(70집), 한국철학회.

박제철 (2007) a,「라이프니츠의 관점에서 본 실체의 시간적 동일성」,『철학논집』(제14집), 서강대학교 철학연구소.

――― (2007) b,「라이프니츠의 개체적 실체 개념에서 기체의 의미」,『근대철학』(제2권 제2호), 서양근대철학회.

――― (2008),「라이프니츠 철학 체계 내에서의 식별 불가능자 동일성의 원리와 우연 속성의 개체성의 원리」,『철학』(95집), 한국철학회.

――― (2009),「라이프니츠 철학의 결정론적 성격: 가능세계와 개체의 통세계적 동일성」,『철학』(98집), 한국철학회.

――― (2010),「구별 불가능자 동일성의 원리: 막스 블랙의 논변에 대한 비판적

고찰」, 『철학논집』(21집), 서강대학교 철학연구소.

──── (2011), 「라이프니츠의 관계적 시간론」, 『철학』(109집), 한국철학회.

백종현 (2000), 「뉴턴과 칸트의 시간」, 『과학사상』(32호), 범양사.

송하석 (2007), 「라이프니츠의 진리론과 충족이유의 원리」, 『철학적 분석』(vol. 15), 한국분석철학회.

조지 맥도널드 로스 (2000), 문창옥 역, 『라이프니츠』, 시공사.

Adams, R. M. (1974), "Theories of Actuality", *Noûs*, 8, pp. 211~231. (repris in: Loux éd., 1979, pp. 190~209).

──── (1994), *Leibniz: Determinist, Theist, Idealist*, New York/Oxford.

Allaire, E. B. (1963), "Bare Particulars", *Philosophical Studies*, 14, 1−2, pp. 1~8. (repris in: Loux éd., 2001, pp. 114~120).

Aristoteles (1991), *Métaphysique, Tome 1, 2*, Traduction et notes par J. Tricot, Vrin.

──── (1963), *Categories and De interpretatione*, translated with notes and glossary by J. L. Ackrill, Oxford University Press.

Armstrong, D. (1980), "Identity through Time", in Van Inwagen.

Arnauld, A. & Nicole, P., *La logique ou l'art de penser*, Paris, 1662 (édition critique par Clair, P. & Girbal, F., PUF, 1965).

Belaval, Y. (1960), *Leibniz critique de Descartes*, Gallimard, Paris.

──── (1962), *Leibniz. Initiation à sa philosophie*, Vrin, Paris.

Berlioz, D. & Nef, F. (éd.) (2005), *Leibniz et les puissances du langage*, Vrin.

Black, M. (1952), "The Identity of Indiscernibles", *Mind*, LXI, (repris in: Loux éd., 2001, pp. 104~113).

Blumenfeld, D. (1982), "Superessentialism, Counterparts and Freedom", in: Hooker éd., pp. 103~123.

Boudot, M. (1986), "L'individuation, vrai ou faux problème", in: Vuillemin éd., pp. 49~78.

Broad, C. D. (1923), *Scientific Thought*, London: Kegan Paul.

Brunschvicg, L. (1922), *Les étapes de la philosophie mathématique*, Paris, Félix Alcan.

Carnap, R. (1958), *Introduction to Symbolic Logic and its Applications*, Dover.

———— (1974), *Philosophical Foundations of Physics: An Introduction to the Philosophy of Science*, Basic books.

Clatterbaugh, K. (1973), "Leibniz's Doctrine of Individual Accidents", *Studia Leibnitiana*, Sonderheft 4, Wiesbaden.

Couturat, L. (1901), *La logique de Leibniz*, Félix alcan, Paris(reprint Georg Olms Verlag, 1985).

———— (1902), "Sur la métaphysique de Leibniz", in: *Revue de métaphysique et de morale*, X, 1, pp. 1~25 (repris, 1995, in: Revue de métaphysique et de morale, 1).

De Buzon, F. (1995), "L'harmonie: métaphysique et phénoménalité", in: *Revue de métaphysique et de morale*, 1, pp. 95~120.

Descartes, R., *Œuvres complètes*, édition Adam et Tannery, Paris, Vrin, 1897~1913.

Fichant, M. (1991), *G. W. Leibniz, De l'horizon de la doctrine humaine, La restitution universelle*, Vrin, Paris.

———— (1994), *G. W. Leibniz. La réforme de la dynamique*, Vrin, Paris.

———— (1998), *Science et métaphysique dans Descartes et Leibniz*, PUF, Paris.

Frankfurt, H. G. (éd.) (1972), *Leibniz: A Collection of Critical Essays*, Garden City, New York.

Frege, G. (1891), "Funktion und Begriff", Jena, (trad. Fr. in: *Ecrits logiques et philosophiques*, traduits par Claude Imbert, Paris, 1971, pp. 80~101).

———— (1892₁), "Über Sinn und Bedeutung", in: *Zeitschrift für Philosophie und Philosophische Kritik*, pp. 25~50 (trad. Fr. in: *Ecrits logiques et philosophiques*, traduits par Claude Imbert, Paris, 1971, pp. 102~126).

———— (1892₂), "Über Begriff und Gegenstand", in: *Vierteljahrschrift für wissentschaftlische Philosophie*, 16, (trad. Fr. in: *Ecrits logiques et philosophiques*, traduits par Claude Imbert, Paris, 1971, pp. 127~141).

Gracia, J. E. (1988), *Individuality. An Essay on the Foundations of Metaphysics*, State University of New York Press.

Grayling, A. C. (1997), *An Introduction to Philosophical Logic*, Blackwell.

Gueroult, M. (1967), *Leibniz, Dynamique et métaphysique*, Aubier‒Montaigne.

Haack, S. (1978), *Philosophy of Logics*, Cambridge University Press.

Hacking, I. (1972), "Individual Substance", in: Frankfurt éd., pp. 137~153.

───── (1982), "A Leibnizian Theory of Truth", in Hooker, pp. 185~195.

Heller, M. (1990), "Temporal Parts of Four‒Dimensional Objects", in: Heller, M., *The Ontology of Physical Objects*, Cambridge University Press, 1990, Chap. 1. (repris in: Loux éd., 2001, pp. 328~352).

Hooker, M. (éd.) (1982), *Leibniz: Critical and Interpretive Essays*, Manchester University Press, Manchester.

Hughes, G. E. & Cresswell, M. J. (1968), *An Introduction to Modal Logic*, Methuen, London.

Ishiguro, H. (1972), *Leibniz's Philosophy of Logic and Language*, Londres.

───── (1981), "Contingent Truths and Possible Worlds", in R. Woolhouse.

───── (1982), "Leibniz on Hypothetical Truths", in: Hooker, M. (éd.) pp. 90~102.

Jolley, N. (éd.) (1995), *The Cambridge Companion to Leibniz*, Cambridge.

Kant, E. (1800), *Logigue*, Traduction Par L. Guillermit, vrin, 1997.

Kneale, W. & M. (1962), *The Development of Logic*, Oxford.

Kripke, S. (1971), "Identity and Necessity", in: Milton K. Munitz (éd.) *Identity and Individuation*, New York University Press, pp. 135~164. (repris in: Loux éd., 2001, pp. 218~247).

Lewis, D. (1976), "Survival and Identity", in Rorty.

───── (1986), *On the Plurality of Worlds*, Blackwell.

Loux, M. J. (éd) (1979), *The Possible and the Actual, Readings in the Metaphysics of Modality*, Cornell University Press.

───── (éd.) (2001), *Metaphysics, Contemporary Readings*, Routledge.

Martin, G. (1960), *Leibniz. logik und Metaphysik*, Köln (tr. Fr.: Leibniz, Logique et métaphysique, Paris, 1966).

Mates, B. (1961), *Stoic Logic*, University of California Press.

───── (1968), "Leibniz on Possible Worlds", in: van Rootselaar, B. and Staal, J.‒F.

(éds) *Logic, Methodology and Philosophy of science*, vol. 3, North Holland, pp. 507~529. (repris in: Frankfurt, 1972, pp. 335~364).

———— (1972), *Elementary Logic* (2e éd.), Oxford University Press, New York.

———— (1986), *The Philosophy of Leibniz: Metaphysics and Language*, Oxford University Press, New York.

McTaggart, J. M. E. (1927), "Time", in: McTaggart, *The Nature of Existence*, Cambridge University Press, 1927, Vol. II, pp. 9~23. (repris in: Loux éd., 2001, pp. 260~271).

Merricks, T. (1994), "Endurance and Indiscernibility", *Journal of Philosophy*, XCI: 4, pp. 165~184. (repris in: Loux éd., 2001, pp. 353~373).

Nef, F. (2000), *Leibniz et le langage*, PUF.

Oaklander, L. N. (2004), *The Ontology of Time*, Prometheus books, New York.

Plantinga, A. (1974), *The Nature of Necessity*, New York, Clarendon press. Oxford.

———— (1976), "Actualism and Possible Worlds", Theoria, 42, pp. 139~160. (repris in: Loux éd., 2001, pp. 168~187).

———— (1979), "Transworld Identity or Worldbound Individuals", in: Loux éd, 1979, pp. 146~165.

Prior, A. N. (1970), "The Notion of the Present", *Studium Generale*, 23. (repris in: Loux éd., 2001, pp. 289~293).

Quine, W. V. (1948), "On What There Is", *The Review of Metaphysics*, 2, pp. 21~38. (repris in: Loux éd., 2001, pp. 42~56).

———— (1960), *Word and Object*, Cambridge, MA: MIT Press.

———— (1986), *Philosophy of Logic* (2e édtion), Harvard University Press.

Rescher, N. (éd.) (1988), *Leibnizian Inquiries: A Group of Essays*, University Press of America, Lanham.

Russell, B. (1900), *The Philosophy of Leibniz*, Cambridge University Press, Cambridge.

———— (1912), "The World of Universals", in: *The Problems of Philosophy*, Clarendon, pp. 91~100. (repris in: Loux éd., 2001, pp. 14~19).

———— (1921), *Introduction to Mathematical Philosophy*, George Allen & Unwin, Londres.

Smart, J. J. C. (1963), "The Space−Time World", in: Smart, J. J. C., *Philosophy and*

Scientific Realism, Routledge, pp. 131~142. (repris in: Loux éd., 2001, pp. 294~303).

Swinburne, R. (1984), "Personal Identity: The Dualist Theory", in: Shoemaker, S. & Swinburne, R. (éd), *Personal Identity*, pp. 192~209. (repris in: Loux éd., 2001, pp. 420~446).

Tarski, A. (1995), *Introduction to Logic. And to the Methodology of Deductive Sciences*, Dover, New York.

Taylor, R. (1963), *Metaphysics*, Garden City, NJ: Prentice Hall.

Vna Inwagen, P. (ed.) (1980), *Time and Change*, Dordrecht: Reidel.

Vuillemin, J. (1960), *Mathématiques et métaphysique chez Descartes*, PUF.

―――― (éd.) (1986), *Mérites et limites des méthodes logiques en philosophie*, Vrin, Paris.

Wiggins, D. (1980), *Sameness and Substance*, Blackwell, Oxford.

Williams, D. C. (1951), "The Myth of Passage", *Journal of Philosophy*.

Wilson, C. (1989), *Leibniz' Metaphysics: A Historical and Comparative Study*, Princeton University Press, Princeton.

Woolhouse, R. (1981), *Leibniz: Metaphysics and Philosophy of Science*, Oxford: Oxford University Press.

―――― (1982), "The Nature of an Individual Substance", in: Hooker, M. éd., pp. 45~64.

Yost, R. (1954), *Leibniz and Philosophical Analysis*, Berkeley and Los Angeles.